Deutschbuch

Differenzierende Ausgabe

Arbeitsheft 8

Arbeitstechniken
Texte schreiben
Texte verstehen
Grammatik
Rechtschreibung
Lernstandstest

Herausgegeben von
Markus Langner,
Bernd Schurf und
Andrea Wagener

Erarbeitet von
Friedrich Dick,
Agnes Fulde
Marianna Lichtenstein und
Toka-Lena Rusnok

Name: ____________________

Klasse: __________

Cornelsen

Autoren- und Quellenverzeichnis

S. 6: M 1: Auszug aus der Internetseite der Philipp Lahm-Stiftung. Shongi Soccer (Auszug). Aus: http://www.philipp-lahm-stiftung.de/projekte-aktuelles/shongi-soccer.html [18.01.2015]; M 2: Kurzbeschreibung seines Buchs (Auszug): Aus: http://www.amazon.de/feine-Unterschied-Philipp-Lahm/dp/3888977290/ref=sr_1_1?s=books&ie=UTF8&qid=1405684198&sr=1-1&keywords=Philipp+Lahm [18.07.2014]; M 3: Philipp Lahm im Interview mit dem Handelsblatt Online (Auszug). Aus: http://www.handelsblatt.com/sport/fussball/nachrichten/philipp-lahm-im-interview-ich-habe-die-aufmerksamkeit-und-die-plattform/9229708.html) [18.07.2014] – **S. 7**: Philipp Lahm ist ... Frei nach: http://de.wikipedia.org/wiki/Philipp_Lahm [18.07.2014] – **S. 8**: Seine ersten Schritte ... Frei nach: http://de.wikipedia.org/wiki/Philipp_Lahm [18.07.2014] – **S. 26**: Josephina Maier: Skaten in Kabul. Aus: DIE ZEIT Leo – Das Magazin für Kinder Nr. 1/2013, S. 18–21 – **S. 28**: siehe S. 26 – **S. 30**: Katja Heins: Teenie-Tristesse in Deutschland. Aus: Bonner General-Anzeiger v. 11.04.2013, S. 31 – **S. 34**: Hermann-Josef Schüren: Auf dem Kriegspfad. Aus: Rührmichtnichtan. Verweigerungsgeschichten. Hg. v. Alice Franck. Rowohlt Verlag: Reinbek bei Hamburg 1988, S. 24 – S. 38–39: Cili Wethekam: Neid ist grau mit gelben Punkten. Aus: Bei uns zu Haus und anderswo. Hg. v. Michael Ende u. Irmela Brender. Thinemann: Stuttgart 21976, S. 80–82 – **S. 42**: Alfred Wolfenstein: Städter. Aus: Deutsche Großstadtlyrik von Naturalismus bis zur Gegenwart. Hg. v. Wolfgang Rothe. Stuttgart: Reclam 1973, S. 194 – **S. 45**: Hoch hinaus. Nach: http://www.welt.de/vermischtes/kurioses/article106288382/Spiderman-klettert-ungesichert-auf-Wolkenkratzer.html [07.10.2014] – **S. 46**: Tief hinab. Nach: http://www.welt.de/vermischtes/article13946274/James-Cameron-taucht-zum-tiefsten-Punkt-der-Welt.html [07.10.2014] – **S. 55**: Sprung aus 31.300 Metern Höhe. Nach: Susanne Decker: https://www.planet-wissen.de/natur_technik/klima/erdatmosphaere/hoehenrekorde.jsp [07.10.2014] – **S. 56**: Skateboard-Weltrekord. Aus: http://www.spiegel.de/panorama/skateboard-weltrekord-der-mann-der-ueber-die-mauer-sprang-a-364625.html [07.10.2014] – **S. 59**: „Was wäre, wenn ..." Nach: Isabelle Auerbach/Yvonne Weindel: Was wäre, wenn wir fliegen könnten? Gedankenspiele und Wissenswertes für Kinder und Erwachsene. Carlsen: Hamburg 2010, S. 8, 9, 10 – **S. 60**: „Ich träume von einer Zeitmaschine ..." Aus: Jörg Böckem: http://www.zeit.de/2008/52/Traum-Funke-52 [07.10.2014] Wortlaut leicht verändert – **S. 60**: „Ich singe und spiele ein bisschen Gitarre ..." Aus: Ralph Geisenhanslüke: http://www.zeit.de/2010/07/Traum-Juergen-Vogel [07.10.2014] Wortlaut leicht verändert – **S. 60**: „Mein Traum ist ..." Aus: Ralph Geisenhanslüke: http://www.zeit.de/2009/50/Traum-Pallaske [07.10.2014] Wortlaut leicht verändert – **S. 61**: Ich habe einen Traum. Aus: Marc Kayser: http://www.zeit.de/2001/40/200140_traum_smith.xml [07.10.2014] Wortlaut leicht verändert und gekürzt – **S. 62**: „2004 schlossen sich rund 20.000 Wolkenfreunde ..." Nach: Jasmin Fischer: http://www.wz-newsline.de/home/gesellschaft/leute/himmels-poesie-wolke-7-ist-fuer-ihn-ein-realer-ort-1.147788 [07.10.2014] – **S. 63**: „ZEIT ONLINE: Herr Pretor-Pinney ..." Aus: Jessica Braun: http://www.zeit.de/reisen/2013-02/pretor-pinney-wolken [07.10.2014] Wortlaut leicht verändert – **S. 64**: „FAZ.NET: Für viele hat der Urlaub die Funktion ..." Aus: Barbara Wege: http://www.faz.net/aktuell/stil/leib-seele/gespraech-mit-einem-wellenfan-wellen-sind-die-mimik-des-ozeans-12273915.html [07.10.2014] Wortlaut leicht verändert –**S. 85**: Ungefähr zur Zeit ... Nach: Sigrid Belzer: Die genialsten Erfindungen der Natur. Fischer: Frankfurt a.M. 2010, S. 233 – **S. 96**: Der Roboter BigDog ... Nach: Sigrid Belzer: Die genialsten Erfindungen der Natur. Fischer: Frankfurt a.M. 2010, S. 138 – **S. 97**: Insektenfühler. Nach: Birgit Kuhn u. Jürgen Brück: Bionik – Der Natur abgeschaut. Wissen auf einen Blick. Naumann & Göbel, Köln 2008, S. 200 – **S. 98**: Alle Lebewesen .../ Wärme ist .../ Für die meisten ... Nach: Sigrid Belzer: Die genialsten Erfindungen der Natur. Fischer: Frankfurt a.M. 2010, S. 296–298

Bildquellenverzeichnis

S. 5: © picture alliance/sampics / Ste, **S. 6** © Verlag Antje Kunstmann GmbH, München 2011, **S. 8**: © mauritius images/Uwe Umstätter, **S. 9**: © action press/Utrecht, Robinaction press, **S. 14**: © Iain Sarjeant/Spaces Images RM/F1online, **S. 16**: © akg-images/Rainer Hackenberg, **S. 17 u. Lösungsbeileger S. 5**: © doc-stock, **S. 22**: © PHOTOMORPHIC PTE. LTD., **S. 24**: © Fotolia Foto: Internet search ©Jürgen Fälchle, **S. 26**: © Ulrich Ladurner/laif, **S. 28**: © picture alliance/dpa, **S. 29 r.o, m, r.u.**: © www.skateistan.org/content/our-story [12.02.15], mit freundlicher Genehmigung, **S. 30**: © Shutterstock/Shutterstock /wrangler, **S. 31**: ©Chepko Danil Chepko@yandex.ru, **S. 33**: © picture-alliance/dpa-infografik, **S. 34**: © Rieder Media/Uwe Rieder, **S. 41**: © Shutterstock/Shutterstock/Thorsten Schmitt, **S. 45**: © picture alliance/dpa, **S. 47**: © mauritius images/Cultura, **S. 52**: © imago/ZUMAPress, **S. 54**: © mauritius images/Alamy, **S. 55**: © NASA/Corbis, **S. 56**: © Reuters, **S. 60 r.o.**: © picture alliance/dpa, **S. 60 l.m.**: © picture alliance/dpa, **S. 60 l.u.**: © picture-alliance/ZB, **S. 61**: © picture-alliance/dpa, **S. 63**: © Shutterstock/Shutterstock/Ollie Taylor, **S. 66**: © Carlsen Verlag GmbH, Hamburg 1998, **S. 68**: © action press/REX FEATURES LTD., **S. 69**: © mauritius images/United Archives, **S. 70 l.o.**: © picture alliance/Everett Collection, **S. 70 r.m.**: © Courtesy Everett Collection, **S. 70 l.u.**: © picture alliance/Everett Collection, **S. 71**: © picture alliance/dpa, **S. 76**: © Ron Sachs/Corbis, **S. 80**: © Fotolia/mapoli-photo, **S. 82**: © Fotolia/Umjb, **S. 90**: © 2000-2006 Adobe Systems, Inc. All Rights Reserved., **S. 95**: © Corbis, **S. 96**: © action press/Ferrari Press Agencyaction press, **S. 101**: © mauritius images/Alamy, **S. 103**: © nach: © step21 – Initiative für Toleranz und Verantwortung, Jugend fordert!, **S. 105**: © Fotolia/Foto: kurzfristig oder nachhaltige Lösung?, **S. 107 r.o.**: © Shutterstock/Shutterstock/mike_expert, **S. 107 r.u.**: © picture-alliance/ZB, **S. 109**: © Fotolia/Foto: Erdkugel Rettungsring (copyright)

Impressum

Redaktion: Thorsten Feldbusch, Christian Köpcke

Coverfoto: Thomas Schulz, Teupitz

Illustrationen:
Friederike Ablang, Berlin: S. 18, 20, 21
Carlos Borrell Eiköter, Berlin: S. 9, 12; Lösungsbeileger, S. 3, 4
Susanne Kuhlendahl, Tönisvorst: S. 48, 50, 57–59, 65, 67, 73–75
Sulu Trüstedt, Berlin: S. 34, 42

Layoutkonzept: werkstatt für gebrauchsgrafik, Berlin
Layout und technische Umsetzung: Ines Schiffel, Berlin

www.cornelsen.de

Alle Drucke dieser Auflage sind inhaltlich unverändert
und können im Unterricht nebeneinander verwendet werden.

Druck: Parzeller print & media GmbH & Co. KG, Fulda

1. Auflage, 4. Druck 2018
Arbeitsheft ohne CD
ISBN 978-3-06-062670-0

1. Auflage, 3. Druck 2017
Arbeitsheft mit CD
ISBN 978-3-06-062682-3

PEFC zertifiziert
Dieses Produkt stammt aus nachhaltig bewirtschafteten Wäldern und kontrollierten Quellen.
www.pefc.de
PEFC
PEFC/04-31-1308

Inhaltsverzeichnis

Kennzeichnungen in diesem Arbeitsheft:

1 Aufgabe

4 Zusatzaufgabe

●○○ Aufgaben mit Starthilfen
●●○ etwas schwierigere Aufgaben mit Starthilfen
●●● Aufgaben, die mehr Wissen und Können von dir verlangen

▸ Der Pfeil sagt dir, auf welcher Seite du etwas nachschlagen kannst.

Mit dem beigefügten Lösungsheft kannst du deine Arbeitsergebnisse selbst überprüfen.

Einen Kurzvortrag halten – Philipp Lahm

Methode **Einen Kurzvortrag vorbereiten**

- Mit einem **Kurzvortrag informiert** man **genau und knapp** über ein Thema. Er sollte nicht länger als **fünf bis zehn Minuten** dauern.
- Zuerst sollte man das, **was man** bereits **zum Thema weiß, notieren.**
- Anschließend **sammelt** man **weitere Ideen** und **ordnet** alles **für die** abschließende **Recherche** z. B. in einer **Mind-Map.**

1 **Was weißt du bereits über Philipp Lahm? Notiere Stichpunkte.**

2 **Ergänze in deinem Heft die folgende Mind-Map über Philipp Lahm.**
Ordne deine Notizen aus Aufgabe 1 sowie passende Formulierungen aus dem Wortspeicher den vier Ästen zu.

*11.11.1983 in München • Vereine der Jugend (FT Gern München, FC Bayern München) • Realschulabschluss • verheiratet und seit 2012 Vater eines Sohnes • 2007 Gründung der „Philipp Lahm Stiftung“ • Unterstützung sozialer Projekte in Deutschland und Südafrika • Sommercamp fördert Kinder aus sozial benachteiligten Familien • Fußballspieler beim FC Bayern München und beim VfB Stuttgart • von 2004 bis 2014 Nationalmannschaft • spielte 2013 sein 100. Länderspiel mit der Nationalmannschaft: 3. Platz bei der WM 2006, 2010; 2. bei der EM 2008; Weltmeister 2014 • Nominierung zur Wahl des Weltfußballers des Jahres 2006, 2007, 2010, 2013 • UEFA Team of the Year 2006, 2008, 2012, 2013 • Auszeichnung der UNESCO für das Sommercamp der „Philipp Lahm Stiftung“ • Lesebotschafter für die Stiftung Lesen • Botschafter beim Welt-AIDS-Tag • Unterstützer der Stiftung „Bündnis für Kinder. Gegen Gewalt“ und des LILALU-Projekts „Mädchen an den Ball“ • Botschafter für SOS-Kinderdörfer

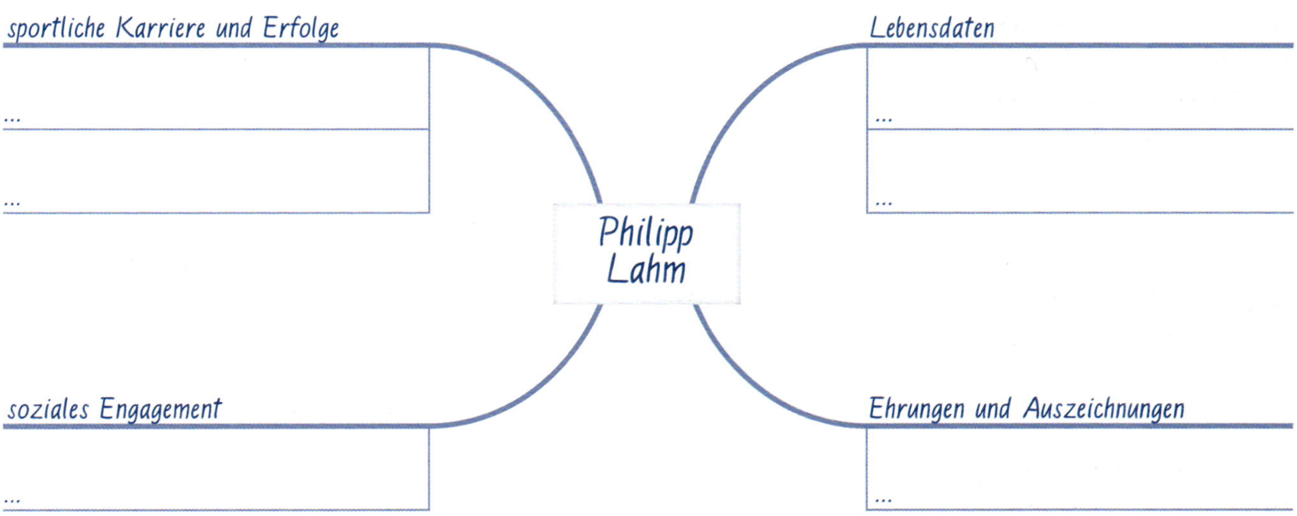

Methode **Informationen recherchieren – Eine Stoffsammlung anlegen**

Um ein Thema zu erfassen, sollte man möglichst unterschiedliche Informationsquellen nutzen:
- **Printmedien:** Texte aus Zeitungen, Fachbüchern, Lexika. Man findet sie in einer Bibliothek.
- **elektronische Medien:** CD-ROMs, Internet
- Prüfe, ob die **Materialien**, die du findest, **Antworten auf offene Fragen** geben:
  - Überfliege **Inhaltsverzeichnisse und Überschriften,** lies **Textpassagen** und schau dir **Bilder** an.
  - Wichtig: Die **Quellen**, denen du deine Informationen entnommen hast, musst du angeben, z. B.: *Lahm, Philipp: Der feine Unterschied, München 2011, S. 56; www.philipplahm.de [07. 07. 2015]*

3 **Stell dir vor, du hättest für deine Stoffsammlungen die folgenden Texte und Bilder M 1 bis M 4 gefunden. Markiere Informationen, die du für deinen Kurzvortrag verwendet könntest.**

M 1 Auszug der Internetseite der „Philipp Lahm Stiftung“

Shongi Soccer
Mit dem Projekt „Shongi Soccer“ hat die Philipp Lahm-Stiftung Ende 2008 den Bau eines Sportplatzes zwischen zwei Townships unweit der südafrikanischen Stadt Johannesburg übernommen. Hier wohnen viele junge Menschen, die ohne jegliche Zukunftsperspektiven aufwachsen. Armut und Krankheiten zerstören Familien, viele Kinder sind sich selbst überlassen. Nur durch Ausbildung bekommen diese Jugendlichen eine Chance, auf eigenen Beinen zu stehen.

M 2 Kurzbeschreibung seines Buchs:

Philipp Lahm erzählt von unvergesslichen Momenten deutscher Fußballgeschichte und schildert, was hinter den Kulissen von Bundesliga, Champions League und großen Turnieren geschieht. Und er beantwortet Fragen wie: Welchen Anforderungen muss ein Spitzenfußballer heute genügen? Was bedeutet es, in der Öffentlichkeit zu stehen? Was heißt es, im richtigen Moment Zivilcourage zu zeigen, und wie kann man eine ganze Mannschaft mitreißen?

M 3 Philipp Lahm im Interview mit dem Handelsblatt Online

HO: *Sie haben [...] eine Stiftung gegründet. Auf Ihrer Internetseite sagen Sie, eine Reise nach Afrika war der Auslöser. Können Sie ein konkretes Beispiel nennen?*
Lahm: Mich hat vor allem der extreme Gegensatz von Reichtum und Armut bewegt. Wir sind an wahren Luxusvillen vorbeigefahren und haben nur wenige Kilometer davon entfernt die Townships besucht. Dort leben Tausende von Menschen auf engstem Raum. Viele Kinder müssen sich um ihre jüngeren Geschwister kümmern, weil die Eltern krank oder tot sind. Das waren sehr intensive Eindrücke, die in mir das Bedürfnis geweckt haben, etwas zu unternehmen.
HO: *Inwiefern – glauben Sie – kann der Sport bei der Entwicklung von Kindern helfen?*
Lahm: Ich halte Sport für ein sehr wirkungsvolles Instrument in der Vermittlung von Bildung, das immer noch unterschätzt wird. Sport ist wie eine Sprache, die auf der ganzen Welt verstanden wird. Über den Sport werden zentrale Werte wie Teamgeist, Toleranz, FairpPlay und Respekt vor Regeln vermittelt.
HO: *Dank Ihrer fußballerischen Erfolge ist Ihr Name in Deutschland und auch weltweit bekannt. Inwiefern profitiert auch Ihre Stiftung von Ihren Erfolgen?*
Lahm: Die Stiftung profitiert natürlich von meiner Bekanntheit und meinem Namen. Ich selber hatte eine behütete Kindheit und das Glück, immer die Unterstützung zu erfahren, um ein erfolgreicher Fußballer zu werden. Daher habe ich eine Stiftung gegründet, um selber aktiv zu helfen. Sportlicher Erfolg begeistert Fans. Viele Fans sind zu Spendern geworden.

M 4 Zitate über Philipp Lahm

„Er ist der intelligenteste Spieler, den ich jemals hatte“, sagt Bayern-Trainer Pep Guardiola.
„Er ist ein absolutes Vorbild an Seriosität und Einsatz“, befindet Bundestrainer Joachim Löw.

4 **Recherchiere weitere interessante Informationen zu Philipp Lahm, die du für den Vortrag brauchen könntest. Notiere sie im Heft oder ergänze sie in deiner Mind-Map (► S. 5).**

Methode **Den Kurzvortrag gliedern**

Gliedere deinen Kurzvortrag in **drei Teile:**
- Die **Einleitung führt zum Thema hin** und weckt das Interesse und die Neugier des Publikums, z. B. mit einer Frage, einer überraschenden Einzelheit oder einem interessanten Zitat.
- Der **Hauptteil** stellt die **Informationen in gut verständlicher und logischer Reihenfolge** dar. Fachbegriffe müssen erklärt werden.
- Der **Schluss** rundet den Vortrag ab und **fasst das Wichtigste** kurz **zusammen.** Hier kann auch eine **persönliche Stellungnahme** erfolgen.

5 **a Begründe, in welcher Reihenfolge du deinen Kurzvortrag über Philipp Lahm gliedern möchtest:**

☐ A zuerst Philipp Lahm als Person näher vorstellen, dann von der Arbeit in seiner Stiftung erzählen

☐ B zunächst von Philipp Lahms sozialem Engagement berichten, ihn anschließend ausführlicher vorstellen

Ich wähle Reihenfolge ________, *weil* ____________________________________

____

b Ordne die folgenden vier Zwischenüberschriften nach der von dir gewählten Reihenfolge. Nummeriere sie für den Hauptteil deines Kurzvortrags.

☐ Ehrungen und Auszeichnungen

☐ Lebensdaten

☐ soziales Engagement

☐ sportliche Karriere und Erfolge

Methode **Stichwortkarten für einen Kurzvortrag erstellen**

Der freie Vortrag fällt dir leichter, wenn du deine Informationen gut **gegliedert auf Stichwortkarten** schreibst (Größe: DIN A6). Du kannst die Karten als Gedächtnisstütze locker in der Hand halten:
- Beschrifte deine Stichwortkarten in **deutlicher Schrift einseitig und nummeriere** sie. Kennzeichne farbig, was zur Einleitung, zum Hauptteil oder zum Schluss gehört.
- Schreibe die **Informationen stichwortartig** und **gegliedert** auf die Karte. Nutze z. B. Farben: **Blau** für wichtige Gedanken, **Grün** für Zitate, **Lila** für Fachbegriffe und Erklärungen.
- Verwende Symbole für Fragen, für Wichtiges oder Überleitungen: **? ! →**
- Notiere auch, **mit welchem Material** du die **Informationen präsentieren** willst, z. B.: mit passenden Bildern oder Gegenständen, Folie, Textkopie, ...

6 **a Erstelle mit Hilfe der folgenden Informationen passende Stichwortkarten. Beachte auch S. 8.**
b Lege für deinen Kurzvortrag weitere Stichwortkarten zu den Zwischenüberschriften aus Aufgabe 5 b an.

Philipp Lahm ist ein deutscher Fußballspieler und Kapitän des FC Bayern München. Er war Kapitän der deutschen Nationalmannschaft.
Philipp Lahm (*11. November 1983 in München) wuchs im Münchner Stadtteil Gern gemeinsam mit einer zwei Jahre älteren Schwester und den Großeltern auf. Lahm hat einen Realschulabschluss. Er ist seit 2010 verheiratet und wurde 2012 Vater eines Sohnes.

Seine ersten Schritte als Fußballer im Verein absolvierte Lahm als Kind für die FT Gern. Ab 1995 spielte er zunächst in der Jugend des FC Bayern München. 2003 wurde er für zwei Spielzeiten an den VfB Stuttgart ausgeliehen. Für Stuttgart war er siebenmal in der Champions League und sechsmal im UEFA-Pokal aktiv. Nachdem er 2005 nach München zurückgekehrt war, spielte Lahm sich in die Stammformation. Schnell wurde er zu einem der Führungsspieler.

7 **a Kreuze an: Um welche Art Einleitung handelt es sich bei den Beispielen A bis C?**

A „Ich möchte gern etwas zurückgeben." Das ist Philipp Lahms selbst formuliertes Ziel. Deshalb engagiert er sich für andere.

- ☐ eigenes Interesse am Thema
- ☐ Zitat
- ☐ spannende Frage
- ☐ Zahlen und Fakten

B Könnt ihr euch vorstellen, wieso sich ein junger Mensch zum Ziel setzt, anderen Menschen zu helfen?

- ☐ eigenes Interesse am Thema
- ☐ Zitat
- ☐ spannende Frage
- ☐ Zahlen und Fakten

C Da Philipp Lahm der Namensgeber einer Stiftung ist, wollte ich wissen, wer dieser Mann ist. Ich fand heraus, dass er Kindern hilft, weil er selbst eine glückliche Kindheit hatte.

- ☐ eigenes Interesse am Thema
- ☐ Zitat
- ☐ spannende Frage
- ☐ Zahlen und Fakten

b Überlege dir für deinen Vortrag eine eigene Einleitung. Notiere sie auf eine Karteikarte.

Methode **Frei vortragen**

- **Sprich** bei deinem Vortrag **langsam und deutlich,** damit dir die Zuhörer gut folgen können.
- Versuche, möglichst **frei vorzutragen**. So sprichst du automatisch langsamer. **Übe** dazu deinen Vortrag **mehrfach zu Hause,** damit du ihn gut im Kopf hast.
- Lies wenig ab. **Schau dein Publikum an**, damit du bemerkst, ob es zuhört oder Fragen hat.

8 **Bestimme, wie man gut und sicher vorträgt.**
Wähle für die folgenden Satzanfänge A bis C passende Fortsetzungen aus.
Streiche Unpassendes.
Tipp: Es sind auch mehrere Fortsetzungen sinnvoll.

A Meine Karteikarten nutze ich, ...
... um den Text abzulesen. / ... als Gedankenstütze. / ... um den roten Faden nicht zu verlieren.

B Um den Vortrag anschaulich zu gestalten ...
... zeige ich Bilder. / ... verwende ich Folien. / ... benutze ich für mich bunte Karteikarten.

C Während des Vortags ...
... laufe ich durch das Klassenzimmer. / ... bewege ich mich nicht. / ... stehe ich aufrecht vor dem Publikum.

9 **Kennst du weitere berühmte Persönlichkeiten, die sich sozial engagieren?**
Bereite einen Kurzvortrag vor.

Informieren – Einen Informationstext verfassen

Methode **Einen Informationstext verfassen**

Ein informierender Text fasst in **knapper** und für die Leser **gut verständlicher Weise das Wichtigste** über **Personen, Sachverhalte oder Gegenstände** zusammen.
- Er hat eine **klare gedankliche Gliederung,** z. B.: 1. Problem, 2. Lösung, 3. Folgen.
- Im Verlauf des Textes werden in **sachlicher Sprache** die wichtigsten **W-Fragen** zusammenhängend beantwortet: Wer? Was? Wann? Wo? Wie? Warum? Mit welchen Folgen?
- Informiert ein Informationstext über etwas, was in der Vergangenheit geschah, dann nutzt man dafür das **Präteritum,** z. B.: *Malala* ***wurde*** *durch ein Attentat schwer* ***verletzt.*** *Man* ***flog*** *sie in eine englische Klinik.*

1 **Du möchtest durch einen kurzen Text zum Thema „Vorbilder" deine Klasse über Malala Yousafzai informieren. Sie ist die Friedensnobelpreisträgerin 2014 und Preisträgerin des Friedenspreises 2013.**
Werte zunächst das Material M 1 aus:
a **Markiere in M 1 Hinweise über ihre Ziele.**
b **Betrachte auf dem Foto den Friedenspreis. Überlege, inwieweit dieser Malalas Verdienste unterstützt.**
c **Fasse deine Ergebnisse zu den Aufgaben a und b in mindestens vier Sätzen zusammen. Schreibe in dein Heft.**

2 **Werte das Material M 2 aus:**
a **Lerne die Karte näher kennen: Male das Swat-Tal aus. Unterstreiche Pakistan, Swat-Tal, Indien, Afghanistan.**
b **Wandle die Meldungen des Newstickers in vollständige Sätze um und ordne sie. Schreibe ins Heft.**

M 1: Die Preisträgerin Malala Yousafzai

– geb. am 12. Juli 1997
– Kinderrechtsaktivistin aus dem Swat-Tal in Pakistan
– ab 2009 eigener Internetblog: Tagebuch über Gewalttaten der pakistanischen Taliban, die z. B. Mädchen den Schulbesuch verboten

Zitate:
– „Ich möchte in einer Welt leben, in der Bildung für Mädchen selbstverständlich ist."
– „Sie dachten, die Kugeln würden uns zum Schweigen bringen. Aber es ist ihnen nicht gelungen."
– „Ich bin hier, um für jedes Kind das Recht auf Bildung einzufordern."

M 2: Karte + Newsticker

+++ Madala bekommt den Friedensnobelpreis 2014
+++ Malala bekommt den Friedenspreis für Kinder, 2013 in Den Haag ausgezeichnet
+++ Malala überlebte einen Mordanschlag der Taliban 2012 schwer verletzt
+++ forderte mehr Rechte für pakistanische Kinder vor allem für Mädchen
+++ Operation in englischer Spezialklinik
+++ Friedenspreis mit 100 000 Euro verbunden
+++ Ziel: in Pakistan auch für Mädchen Bildungsprojekte ermöglichen +++

3 **Fasse zusammen: Worum geht es in den Materialien M 1 und M 2 auf S. 9? Kreuze die treffende Aussage an:**

- ☐ A In den Materialien geht es um Pakistan, wo Schulbildung für Mädchen keine Normalität ist.
- ☐ B In den Materialien geht es um die Gewinnerin des Friedensnobelpreises 2014 und der Friedenspreises 2013, die sich für das Recht auf Bildung für pakistanische Mädchen einsetzt.
- ☐ C In den Materialien geht es um den Kampf pakistanischer Terroristen gegen Kinder und Bildung.
- ☐ D In den Materialien geht es um den Einsatz junger Menschen im weltweiten Kampf um gleiche Bildungschancen indischer Schulkinder.

4 **Erkläre mit Hilfe der Materialien M 1 und M 2 die folgenden Begriffe:**

Taliban ______________________________

____

Aktivistin ______________________________

____

Swat-Tal ______________________________

____

Planen

5 **Plane deinen Informationstext über Malala Yousafzai: Was solltest deine Leser über sie erfahren? Beantworte dazu die folgenden Fragen 1 bis 6 mit Hilfe der Materialien M 1 und M 2.**

1 Um wen geht es? (WER?) ______________________________

2 Was erlebte diese Person? (WAS?) ______________________________

3 Wie/Wodurch wurde die Person bekannt? Wofür setzte sie sich ein? (WAS? WIE?) ______________________________

4 Wann begann sie mit ihrer Arbeit? (WANN?) ______________________________

5 In welchem Land/Gebiet setzte sie sich ein? (WO?) ______________________________

6 Welche Reaktionen auf ihr Engagement gab es? (WIESO? MIT WELCHEN FOLGEN?) ______________________________

6 **Gliedere deinen Informationstext nach dem folgenden Muster: 1. Problem, 2. Lösung, 3. Folgen. Ordne die Fragen und Antworten aus Aufgabe 5 diesen drei Gliederungspunkten zu. Arbeite in deinem Heft.**

1. Problem: Stelle die Ausgangssituation dar. ↓	*1. Um wen geht es? ...*
2. Lösung: Gehe darauf ein, wie Malala dem Problem in Pakistan begegnete. ↓	
3. Folgen: Informiere über Reaktionen auf ihr Tun.	*3. Welche Reaktionen auf ihr Engagement gab es? ...*

Schreiben und Überarbeiten

7 **Trainiere, den Hauptteil deines Informationstextes auszuformulieren.**

a **Stelle sinnvolle Zusammenhänge her. Verbinde die folgenden Informationen mit geeigneten Verknüpfungen. Nutze die Wörter aus dem Wortspeicher.**

Wortspeicher

wenn nachdem deshalb da außerdem denn damit sodass schließlich um zu weil

1 Mädchen in Pakistan haben es sehr schwer, ____________ ihnen der Schulbesuch verboten wird.

2 Malala nutzt ihren Internetblog, ____________ auf die Gewalttaten der pakistanischen Taliban aufmerksam zu machen.

3 Durch ihren Internetblog erfuhr ____________ die ganze Welt von der Benachteiligung der pakistanischen Mädchen bei der schulischen Bildung.

4 ____________ Malala in ihrem Blog auf die Missstände in ihrem Land hingewiesen hatte, wurde sie Opfer eines Anschlags.

5 Sie wurde in einer englischen Klinik operiert, ____________ ihr Leben gerettet werden konnte.

b **Formuliere in deinem Heft einen weiteren Satz über Malala, in dem du zwei Informationen sinnvoll miteinander verknüpfst.**

c **Berücksichtige die richtige Zeitform für Vergangenes.**
Setze die in Klammern gesetzten Infinitive in der richtigen Präteritumform ein.

Malala ____________ (schreiben) für den britischen Sender BBC einen Tagebuchblog.

Sie ______________________ (informieren) darin die ganze Welt über ihre Situation in Pakistan.

Ihre Aktion ____________ (gefallen) den Taliban nicht.

Zum Glück ______________________ (überleben) Malala einen Mordanschlag.

Bei der Preisverleihung ____________________ (fordern) sie mehr Rechte für pakistanische Kinder.

d **Formuliere für deinen Informationstext eine zum Thema passende Überschrift.**

____

8 **Verfasse mit Hilfe deiner Vorarbeiten einen zusammenhängenden Informationstext über Malala. Schreibe deinen Text sauber in dein Heft oder tippe ihn am Computer.**

9 **Vergleiche deinen fertigen Text mit den Hinweisen in der Information auf S. 9.**

a **Notiere unter deinem Text, was du beachtet hast.**

b **Verbessere deinen Text, wenn nötig.**

Bildung weltweit – Grafiken lesen, Satzverknüpfungen üben

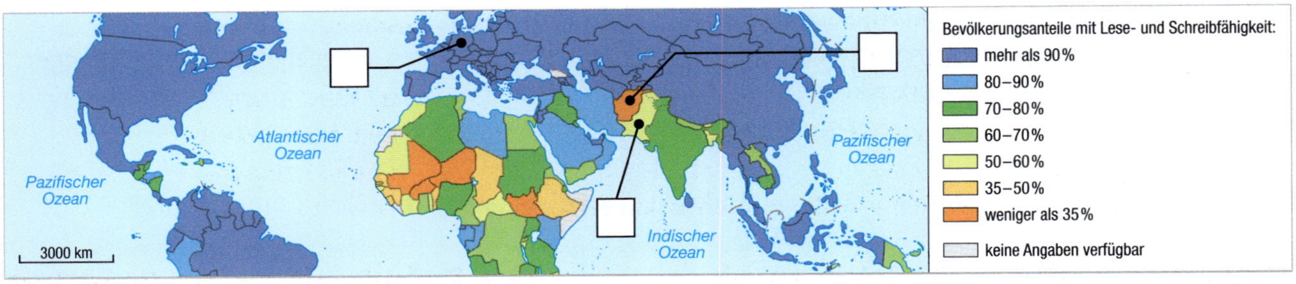

1 ●○○ **Auf der Karte zur Lese- und Schreibfähigkeit weltweit findest du Industriestaaten (blau), die sehr gut entwickelt sind, sowie Schwellen- und Entwicklungsländer, in denen die Entwicklung im Vergleich noch hinterherhinkt.**

a Markiere in der Karte mit den Anfangsbuchstaben Deutschland (D), Pakistan (P) und Afghanistan (A).

b Was fällt dir an dem Entwicklungsstand von Malalas Heimatland auf? Notiere im Heft.

2 ●○○ **Was sagt die Grafik aus?**
Ordne die folgenden Aussagen richtig zu. Verbinde mit Pfeilen und ergänze die Lücken.

A Besonders in Zentralafrika gibt es viele Länder, …	1 … was der Wert von ______ bis ______ % klar aussagt.
B Über 90 % der Menschen in den Schwellen- und Industriestaaten der Erde …	2 … in denen die ______________________ ______________ unter 35 % liegt.
C Nur etwas mehr als jeder Zweite in Pakistan kann lesen und schreiben, …	3 … können lesen und ______________________.

3 ●○○ **a Der folgende Text über die weltweite Lese- und Schreibfähigkeit ist unvollständig. Entscheide, welche Satzverbindungen richtig sind. Unterstreiche sie.**

Die Grafik zeigt die Lese- und Schreibfähigkeit der Menschen weltweit. *Hierunter/Deshalb/Des Weiteren* versteht man die Fähigkeit der Menschen, nicht nur lesen(,) *oder/sondern/noch* auch schreiben zu können. Die Grafik zeigt, *das/dass/die* es hierbei große Unterschiede auf der Welt gibt.
Als/Nachdem/Während besonders in Industriestaaten über 96 % der Menschen diese Fähigkeiten besitzen, wird deutlich, dass es Länder auf der Welt gibt, *da/weil/wo* dies nicht der Fall ist.
Der Anteil der Menschen, *die/denen/deren* weder schreiben noch lesen können, ist in einigen Ländern, *die/deren/dessen* in Zentralafrika liegen, sehr hoch. Hier liegt der Anteil z. T. zwischen 35 bis 50 % *oder/sowie/sondern* noch darunter.

b Wähle aus: Welche der beiden Überschriften passt besser zum Informationstext? Kreuze an.

☐ A Bildung – eine wichtige Angelegenheit

☐ B Weltweite Unterschiede in der Fähigkeit des Lesens und Schreibens

4 **Traust du dir einen Informationstext über den Kinder-Friedenspreis zu? Bearbeite die folgende Seite.**

Der Kinder-Friedenspreis – Informationen ordnen

1 ●●● **Verfasse für deine Mitschüler einen Informationstext über den Kinder-Friedenspreis. Nutze die Materialien M 1 bis M 3. Gehe so vor:**

a **Ergänze die Informationen in M 1 durch passende W-Fragen:** ***Wann? Wo? Was? Welche Ziele? Wofür?***

b **Bringe die W-Fragen in eine geeignete Reihenfolge für deinen Informationstext. Nummeriere sie.**

c **Zu welchen W-Fragen kannst du weitere Informationen aus den Materialien 2 und 3 zuordnen? Ziehe Verbindungslinien von der jeweiligen Information zur W-Frage.**

M 1: Internationaler Kinder-Friedenspreis

☐ ______________? Amsterdam/Sitz der Kinderhilfsorganisation: „KidsRights Foundation"/vergibt den Preis

☐ ______________? Internationaler Kinder-Friedenspreis/mit 100 000 Euro verbunden

☐ ______________? wird jährlich vergeben

☐ ______________? Einsatz für Kinderrechte/Verbesserung der Situation von benachteiligten Kindern, z. B. Waisen, Kinderarbeit, Aids, ...

☐ ______________? öffentlich auf Probleme besonders benachteiligter Kinder hinweisen/ihre Situation verbessern

M 2: Preisträgerinnen und Preisträger

2009: Baruani Ndume, Tansania, *betreibt ein Kinder-Radioprogramm in einem Flüchtlingscamp in Tansania.*

2010: Francia Simon, Dominikanische Republik, *setzt sich für rechtlose Kinder aus Haiti ein.*

2011: Chaeli Mycroft, Südafrika, *Rollstuhltänzerin, kämpft für behinderte Kinder.*

2012: Chris „Kesz" Valdez, Philippinen, *organisiert Hilfsprojekt für Straßenkinder.*

2013: Malala Yousafzai, Pakistan

M 3: Auszug aus einer Website

The International Children's Peace Prize is an idea of Marc Dullaert. He is the founder of the prize. Every year the prize is given to a child, anywhere in the world, for his or her fight for children's rights.

2 ●●● **Schreibe deinen Informationstext in dein Heft. Beginne z. B. so:**
Der „Internationale Kinder-Friedenspreis" geht zurück auf eine Initiative von Marc Dullaert, dem Vorsitzenden und Gründer ...

3 ●●● **Prüfe mit Hilfe der Checkliste, ob du die genannten Schreibtipps umgesetzt hast. Kreuze an oder überarbeite deinen Text noch einmal.**

Checkliste

Einen Informationstext verfassen

- Habe ich die von mir erarbeiteten Informationen in meinen Text aufgenommen?
- Habe ich meinen Text nach einer klaren gedanklichen Gliederung verfasst?
- Habe ich Verknüpfungswörter genutzt, um Informationen sinnvoll miteinander zu verbinden?
- Habe ich einzelne Informationen näher erläutert, damit sie verständlicher werden?
- Habe ich meinen Text sachlich genug geschrieben und eigene Wertungen vermieden?
- Habe ich alle Sätze, in denen es um Vergangenes geht, im Präteritum verfasst?
- Habe ich eine passende Überschrift zu meinem Text gewählt?
- Habe ich die Rechtschreibung und Zeichensetzung geprüft?

4 **Recherchiere über einen weiteren Preisträger aus M 2. Stelle ihn in einem Informationstext vor.**

Einen Ort beschreiben – Ein Arbeitsplatz

Methode **Einen Ort beschreiben**

- **Einleitung:** Benenne den Ort und mache **allgemeine Angaben,** z. B. *zur Größe des Raumes.*
- **Hauptteil:** Beschreibe den Ort in einer **geordneten Reihenfolge,** z. B. *von links nach rechts* oder *von vorne nach hinten* oder *im Uhrzeigersinn.*
- **Schluss**: Fasse zusammen, wie der Ort insgesamt auf dich **wirkt.**
- Verwende eine **sachliche Sprache** und vermeide Wertungen und Gefühlsäußerungen.
- Nutze möglichst **treffende Nomen,** z. B. *Maschinenhalle,* und **Adjektive,** z. B. *stabil.*
- Verwende für die **Lage der einzelnen Gegenstände** passende **Verben,** z. B. *sich befinden, hängen,* und **Präpositionen,** z. B. *in, über,* und **Adverbien,** z. B. *links, oben, davor.*
- Verfasse deine Beschreibung im **Präsens**.

1 **Für deinen Praktikumsbericht beschreibst du den hier abgebildeten Arbeitsplatz. Vervollständige anhand des Bildes die folgende Einleitung. Nutze den Wortspeicher.**

Wortspeicher

Schreinerei Raum Maschinenhalle Holz

Einleitung

Mein Betriebspraktikum absolviere ich in einer

______________________. Die Werkstatt besteht aus

unterschiedlichen ________________. Es gibt eine

____________________ und einen Werkraum.

Dieser ist so eingerichtet, dass man dort das

______________ bearbeiten kann.

2 **Wähle geeignete Begriffe für die folgende Arbeitsplatzbeschreibung eines Maschinenraums. Streiche unsachliche Formulierungen durch.**

Hauptteil

In der *(megagroßen/hohen und weiten)* Maschinenhalle findet man eine *(atemberaubende/sehr große und stabile)* Plattensäge, die für den groben Zuschnitt der Holzplatten verwendet wird. Daneben steht die *(schöne/schallgedämpfte)* elektronische Tischkreissäge, die *(millimetergenau/ganz passabel)* zuschneidet.

3 **Kreuze unten an, welche Abfolge bei der nachstehenden Ortsbeschreibung gewählt wurde.**

Wenn man die Maschinenhalle betritt, stehen an der linken Wandseite die kleineren Zuschneidemaschinen, die an der Stirnseite durch Schleifmaschinen ergänzt werden. Die Tür zum Werkraum gegenüber den Zuschneidemaschinen trennt die große Absauganlage, die alle Spanabfälle abfängt, von einem kleineren Holzplattenlager. Mitten im Raum befinden sich die große Plattensäge und die Tischkreissäge.

- [ ] A im Uhrzeigersinn
- [ ] C von hinten nach vorne
- [ ] B durcheinander
- [ ] D von rechts nach links

4 **Beschreibe mit Hilfe der Adverbien im Wortspeicher die Lage einzelner Gegenstände möglichst genau. Setze sie passend zum Bild auf S. 14 in den folgenden Lückentext ein.**

Wortspeicher

vorderen hinteren rechts neben links oben oberhalb

Im ____________ Teil der Werkstatt stehen zwei Regale mit Werkzeugen, die zur Bearbeitung des Holzes benötigt werden. ____________ den Regalen ____________ und ____________ stehen Fertigungsteile. Auch ____________ auf den Regalen befinden sich weitere halbfertige Stücke. ____________ der Werkbänke hängen Kabel und Kabeltrommeln, aus denen die Arbeiter Strom für ihre Maschinen beziehen können. An der ____________ Seite jeder Werkbank ist ein Schraubstock befestigt, in den z. B. Holzplatten eingeklemmt werden können.

5 **Ersetze das Verb *sein* durch andere passende Verben und unterstreiche alle Präpositionen.**
Tipp: Vermeide Verbwiederholungen und achte auf zutreffende Präpositionen.

In dem kleineren Arbeitsraum (ist) → ____________ an der hinteren Wand ein Tisch, auf dem verschiedene Handwerkszeuge zur Nacharbeitung (sind) → ____________. Hier (sind) → ____________ an der Wand verschiedene Hobel, z. B. Feilen, Handsägen, Schraubenzieher oder Schleifwerkzeuge. Außerdem (sind) → ____________ dort alle Holzstücke, an denen noch gearbeitet werden muss. Sie (sind) → ____________ auf einem stabilen Rollwagen.

6 **Formuliere einen Schlusssatz. Beschreibe, welchen Eindruck der Ort auf dich macht.**

Schluss

Diese Schreinerei wirkt auf mich ____

____.

Rund um Fahrräder – Einen Ort beschreiben

1 ●○○ **Betrachte die Abbildung. Ergänze, wo das Betriebspraktikum stattfindet.**

Das Betriebspraktikum findet in einem ______________________________ statt.

2 ●○○ **Sammle weitere Beobachtungen für deine Ortsbeschreibung:**

a Kreuze an, wo sich der Arbeitsplatz genau befindet:

☐ A in einem Verkaufsraum
☐ B im Freien
☐ C in einer Praxis
☐ D in einer Werkstatt
☐ E in einem Studio
☐ F in einem Büro

b Wie ist der Arbeitsplatz ausgestattet? Zähle alles auf, was zu diesem Arbeitsplatz gehört:

Fahrradständer, Matten, ______________________________

____

3 ●○○ **Vervollständige die folgende Ortsbeschreibung:**

a Streiche die Falschaussagen durch.

b Ergänze deine Beobachtungen aus Aufgabe 1 b. Formuliere einen Schlusssatz.

Mein Praktikum absolviere ich in *einer Spielzeugfirma/einem Fahrradgeschäft*. In *einer mittelgroßen/riesigen* Halle im hinteren Bereich des Geschäfts befinden sich vor einer *langen/gläsernen* Werkbank mehrere Abstellplätze, an denen Fahrräder repariert werden. Die Fahrräder werden ______________________________

____

______________________________.

Insgesamt wirkt der Arbeitsplatz auf mich ______________________________.

4 **Möchtest du einen weiteren Praktikumsort kennen lernen? Dann bearbeite die Folgeseite.**

Deutschbuch

Differenzierende Ausgabe

Arbeitsheft 8

Lösungen

Name: ______________________________

Klasse: ______________

Cornelsen

Arbeitstechniken

Seite 5

Einen Kurzvortrag halten – Philipp Lahm

1 z. B.: Philipp Lahm war ein Fußballer im Team der deutschen Nationalmannschaft, er hatte die Aufgabe des Mannschaftsführers.

2 **Lebensdaten:** *11.11.1983 in München – Realschulabschluss – verheiratet und seit 2012 Vater eines Sohnes
Sportliche Karriere und Erfolge: Vereine der Jugend (FT Gern München, FC Bayern München) – Fußballspieler beim FC Bayern München und beim VfB Stuttgart – von 2004 bis 2014 Nationalmannschaft – spielte 2013 sein 100. Länderspiel mit der Nationalmannschaft: 3. Platz bei der WM 2006, 2010; 2. bei der EM 2008; Weltmeister 2014
Soziales Engagement: 2007 Gründung der „Philipp Lahm Stiftung" – Unterstützung sozialer Projekte in Deutschland und Südafrika – Sommercamp fördert Kinder aus sozial benachteiligten Familien – Lesebotschafter für die Stiftung Lesen – Botschafter beim Welt-AIDS-Tag – Unterstützer der Stiftung „Bündnis für Kinder. Gegen Gewalt" und des LILALU-Projekts „Mädchen an den Ball" – Botschafter für SOS-Kinderdörfer
Ehrungen und Auszeichnungen: Nominierung zur Wahl des Weltfußballers des Jahres 2006, 2007, 2010, 2013 – UEFA Team of the Year 2006, 2008, 2012, 2013 – Auszeichnung der UNESCO für das Sommercamp der „Philipp Lahm Stiftung"

Seite 7

5 a, b Zwei Möglichkeiten des Vorgehens sind denkbar:
- Variante 1: Ich wähle Reihenfolge *A*, weil *die Person Philipp Lahm im Vordergrund meines Vortrags stehen soll.* – Reihenfolge der Zwischenüberschriften: 1. Lebensdaten, 2. sportliche Karriere und Erfolge, 3. soziales Engagement, 4. Ehrungen und Auszeichnungen
- Variante 2: Ich wähle Reihenfolge *B*, weil *ich die Projekte, für die der Fußballer sich einsetzt, besonders interessant und spannend finde.* – Reihenfolge der Zwischenüberschriften: 1. soziales Engagement, 2. Ehrungen und Auszeichnungen, 3. Lebensdaten, 4. sportliche Karriere und Erfolge

6 a z. B.:

1 **Philipp Lahm – Lebensdaten:**
- deutscher Fußballspieler
- geb. 11. November 1983 in München
- Realschulabschluss
- Er ist seit 2010 verheiratet und wurde 2012 Vater eines Sohnes.

2 **Sportliche Karriere und Erfolge:**
- als Kind = FT Gern
- ab 1995 Jugend FC Bayern
- 2003 für 2 Spielzeiten → VfB Stuttgart ausgeliehen (dort: 7x Champions League; 6x UEFA-Pokal)
- 2005 Rückkehr zum FC Bayern
- Führungsspieler

(→ Fortsetzung: Karteikarte 3)

Seite 8

7 a Art der Einleitung: A = Zitat, B = spannende Frage, C = eigenes Interesse am Thema

8 A Meine Karteikarten nutze ich *als Gedankenstütze / um den roten Faden nicht zu verlieren.*
B Um den Vortrag anschaulich zu gestalten, *zeige ich Bilder / verwende ich Folien.*
C Während des Vortrags *bewege ich mich nicht / stehe ich aufrecht vor dem Publikum.*

Sprechen – Schreiben – Zuhören

Seite 9

Informieren – Einen Informationstext verfassen

1 a Hinweise über die Ziele von Malala Yousafzai geben in M 1 das erste und das dritte Zitat:
– „Ich möchte in einer Welt leben, in der Bildung für Mädchen selbstverständlich ist."
– „Ich bin hier, um für jedes Kind das Recht auf Bildung einzufordern."
b z. B.: Der Friedenspreis unterstützt Malalas Verdienste, da er ihr Engagement belohnt und durch ihn das öffentliche Interesse an dem Anliegen der Kinderrechtsaktivistin geweckt wird.

c Malala Yousafzai ist eine junge Frau, die in Pakistan für das Recht eines jeden Kindes auf Bildung kämpft; insbesondere setzt sie sich dafür ein, dass auch Mädchen Schulen besuchen dürfen. Dafür erhielt sie im Jahr 2013 den Friedenspreis. Dieser Preis ehrte Malalas soziales Engagement. Sie wird zum Vorbild im Kampf gegen die Unterdrückung von Frauen und Mädchen.

2 a

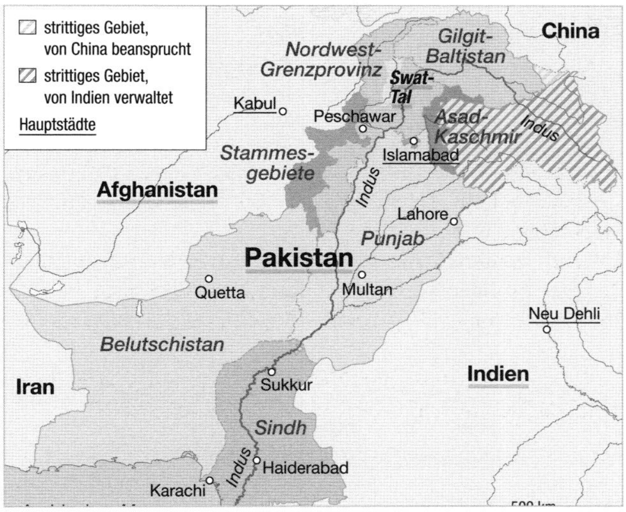

b Malala macht es sich zum Ziel, in Pakistan Bildungsprojekte für Mädchen zu ermöglichen. Sie fordert mehr Rechte für pakistanische Kinder und setzt sich vor allem für Mädchen ein. Im Jahr 2012 überlebte Malala schwer verletzt einen Mordanschlag der Taliban. Sie musste in einer englischen Spezialklinik operiert werden. Das Mädchen bekam den Friedenspreis für Kinder. Sie wurde im Jahr 2013 in Den Haag damit ausgezeichnet. Der Friedenspreis war mit 100 000 Euro verbunden. 2014 wurde Malala für ihr Engagement außerdem der Friedensnobelpreis zugesprochen.

Seite 10

3 Aussage B ist zutreffend.

4 z. B.:
Taliban: Gruppe, deren Mitglieder in Pakistan Gewalttaten begingen; hier: die pakistanische Mädchen am Schulbesuch hinderten und einen Mordanschlag auf Malala verübten
Aktivistin: eine Person, die sich aktiv für oder gegen etwas einsetzt; hier: Malala, die sich für mehr Kinderrechte einsetzt
Swat-Tal: eine Region im Norden Pakistans

5
1 Um wen geht es? (WER?): Malala Yousafzai; pakistanisches Mädchen
2 Was erlebte diese Person? (WAS?): Unterdrückung besonders von Mädchen in Pakistan; Verbot, eine Schule zu besuchen
3 Wie/Wodurch wurde die Person bekannt? Wofür setzte sie sich ein? (WAS? WIE?): Internetblog über Gewalttaten der pakistanischen Taliban; Kampf für Recht auf Bildung für alle, auch für Mädchen
4 Wann begann sie mit ihrer Arbeit? (WANN?): 2009 (Beginn des Internetblogs)
5 In welchem Land/Gebiet setzte sie sich ein? (WO?): in Pakistan, besonders im Swat-Tal
6 Welche Reaktionen auf ihr Engagement gab es? (WIESO? MIT WELCHEN FOLGEN?):
2012 Mordanschlag der Taliban, den sie nur dank Operation in Großbritannien überlebte;
2013 mit Friedenspreis für Kinder geehrt, 2014 Erhalt des Friedensnobelpreises

6 **Problem:** *1. Um wen geht es? 2. Was erlebte diese Person?*
Malala Yousafzai, ein pakistanisches Mädchen, erlebte die Unterdrückung der Kinder in ihrem Heimatland, insbesondere die Benachteiligung von Mädchen. Den Mädchen wurde von den Taliban der Schulbesuch verboten.
Lösung: *3. Wie/Wodurch wurde die Person bekannt? Wofür setzte sie sich ein?*
4. Wann begann sie mit ihrer Arbeit? 5. In welchem Land/Gebiet setzte sie sich ein?
Malala kämpfte in ihrer Heimat Pakistan für das Recht auf Bildung für alle, auch für Mädchen. Ab 2009 führte sie zu diesem Zweck einen Internetblog, in dem sie über die Gewalttaten der pakistanischen Taliban im Swat-Tal informierte.
Folgen: *6. Welche Reaktionen auf ihr Engagement gab es?*
Den Taliban missfiel die Arbeit von Malala, weshalb sie 2012 einen Mordanschlag auf sie verübten. Malala überlebte das Attentat schwer verletzt und musste in einer englischen Spezialklinik operiert werden. 2013 erhielt sie für ihr Engagement den Friedenspreis für Kinder, der mit 100 000 Euro verbunden war. 2014 wurde Malala sogar mit dem Friedensnobelpreis ausgezeichnet.

Seite 11

7 a geeignete Verknüpfungen: 1 weil/da, 2 um, 3 schließlich, 4 nachdem, 5 sodass
b z. B.: Malala überlebte das Attentat, *weil* sie in einer englischen Spezialklinik operiert werden konnte. / Malala engagiert sich, *um* in Pakistan auch für Mädchen Bildungsprojekte zu ermöglichen.

c richtige Präteritumsformen: schrieb – informierte – gefiel – überlebte – forderte
d z. B.: Malala Yousafzais Kampf für die Rechte der Mädchen in Pakistan

Seite 12

Bildung weltweit – Grafiken lesen, Satzverknüpfungen üben

1 a

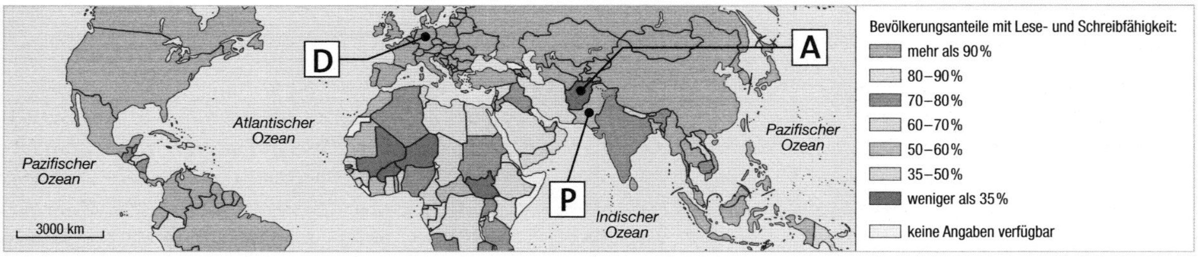

b In Malalas Heimatland ist die Entwicklung noch sehr weit zurück.

2 A + 2: Besonders in Zentralafrika gibt es viele Länder, in denen die *Lese- und Schreibfähigkeit der Menschen* unter 35 % liegt.
B + 3: Über 90 % der Menschen in den Schwellen- und Industriestaaten können lesen und *schreiben*.
C + 1: Nur etwas mehr als jeder Zweite in Pakistan kann lesen und schreiben, was der Wert von *50* bis *60* % klar aussagt.

3 a richtige Satzverbindungen: Hierunter – sondern – dass – während – wo – die – die – oder
b Überschrift B passt besser.

Seite 13

Der Kinder-Friedenspreis – Informationen ordnen

1 a passende W-Fragen: Wo? – Was? – Wann? – Wofür? – Welche Ziele?

b geeignete Reihenfolge: 1 Was? 2 Wo? 3 Wann? 4 Wofür? 5 Welche Ziele?

c Die Namen der Preisträger aus M 2 lassen sich z. B. der Frage „WER?" zuordnen; das jeweils genannte Engagement der Preisträger liefert weitere Informationen zu der Frage nach dem „WOFÜR?". Die Angaben zum Gründer des Internationalen Kinder-Friedenspreises aus M 3 ergänzen die Informationen zu der Frage „WAS?".

2 z. B.: Der „Internationale Kinder-Friedenspreis" geht zurück auf eine Initiative von Marc Dullaert, dem Vorsitzenden und Gründer der Kinderhilfsorganisation „KidsRights Foundation" mit Sitz in Amsterdam. Der „Internationale Kinder-Friedenspreis" ist mit 100 000 Euro verbunden und wird jährlich vergeben. Die Preisträger zeichnen sich dadurch aus, dass sie sich für Kinderrechte einsetzen oder durch ihr Engagement zur Verbesserung der Situation von benachteiligten Kindern (z. B. Waisen, Kinderarbeit, Aids) beitragen. Ziel des Preises ist es, öffentlich auf Probleme besonders benachteiligter Kinder hinzuweisen und deren Situation nach Möglichkeit zu verbessern.

Seite 14

Einen Ort beschreiben – Ein Arbeitsplatz

1 richtige Lückenwörter: Schreinerei – Räumen – Maschinenhalle – Holz

2 geeignete Begriffe: hohen und weiten – sehr große und stabile – schallgedämpfte – millimetergenau

Seite 15

3 Die Werkstatt wird im Uhrzeigersinn beschrieben.

4 passende Adverbien (in der Reihenfolge ihres Erscheinens im Text): hinteren – Neben – rechts/links – links/rechts – oben – Oberhalb – vorderen

5 In dem kleineren Arbeitsraum *steht/befindet sich* an der hinteren Wand ein Tisch, auf dem verschiedene Handwerkszeuge zur Nacharbeitung *angeordnet sind/liegen*. Hier *hängen/befinden* sich an der Wand verschiedene Hobel, z. B. Feilen, Handsägen, Schraubenzieher oder Schleifwerkzeuge. Außerdem *stehen/befinden sich/lagern* dort alle Holzstücke, an denen noch gearbeitet werden muss. Sie *liegen/stehen/lagern* auf einem stabilen Rollwagen.

6 z. B.: Diese Schreinerei wirkt auf mich sehr gut ausgestattet und strukturiert. Die Räume sind hell ausgeleuchtet und der Arbeitsplatz wirkt ordentlich und übersichtlich.

Seite 16

Rund um Fahrräder – Einen Ort beschreiben

1 Das Betriebspraktikum findet in einem *Fahrradgeschäft* statt.

2 a Richtig ist: A in einem Verkaufsraum, D in einer Werkstatt.
b Fahrradständer, Matten, Schraubstock, Werkbank mit Arbeitsplatte und Schubladen (mit Ersatzteilen), Werkzeug an einem Werkzeugbrett (Zangen, Schraubenzieher, Schraubenschlüssel, Sägen, Hammer), Anleitungen, Spray oder Fahrradöl in Spraydosen, Lappen

3 a, b z. B.: Mein Praktikum absolviere ich in *einem Fahrradgeschäft*. In *einer mittelgroßen Halle* im hinteren Bereich des Geschäfts befinden sich vor *einer langen* Werkbank mehrere Abstellplätze, an denen Fahrräder repariert werden. Die Fahrräder *werden in dem Fahrradgeschäft zur Reparatur oder Inspektion gelagert. Dazu werden sie in spezielle Fahrradständer eingespannt und mit dem benötigten Werkzeug, z. B. Schraubenziehern und Schraubenschlüsseln, bearbeitet. Die Werkzeuge hängen sortiert an einem Werkzeugbrett oberhalb der Werkbank. An der linken Seite der Werkbank können Einzelteile in einen Schraubstock eingespannt werden, um sie dort zu reparieren. Unterhalb der Fahrradreparaturplätze liegen zum Schutz Gummimatten auf dem Boden. Auf der Arbeitsplatte der Werkbank ist viel Platz, um dort zu arbeiten und Fahrradteile abzulegen, mit Lappen zu reinigen oder zu reparieren.*
Insgesamt wirkt der Arbeitsplatz auf mich *gut sortiert und aufgeräumt. Alles befindet sich an seinem Platz.*

Seite 17

Im Behandlungsraum – Einen Ort beschreiben

1

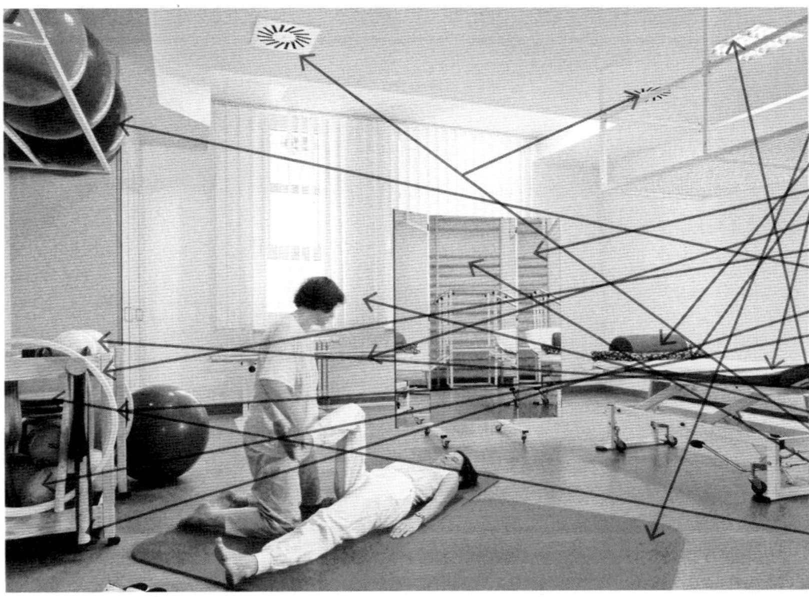

Matten
Liege
Keilkissen
Decke
Spiegel
Barren
Materialwagen
Gymnastikbälle
Gymnastikbänder
Medizinbälle
Reifen
kleine Bälle
Lamellenvorhang
Lüftungen
Sprossenwand
Deckenlampe
Hocker

2 a, b
1 In der Mitte des Raumes liegen *Matten.*
2 Oberhalb eines Wagens, der mit Materialien wie *kleinen Bällen, Reifen, Medizinbällen und Gymnastikbändern* bestückt ist, liegen auf einem Metallregal *Gymnastikbälle.*
3 Hinter dem Wagen aufgestapelt lagern *Hocker.*
4 Auf der rechten Seite befindet sich eine höhenverstellbare *Liege.*
5 Darauf liegen *eine Decke und ein Keilkissen (sowie eine Papierunterlage).*
6 Im Hintergrund steht *ein Barren.*
7 Durch den geöffneten Lamellenvorhang hindurch erkennt man *ein Fenster.*
8 Durch den Spiegel ist erkennbar, dass sich im Eingangsbereich des Raumes an der Wand *eine Sprossenwand befindet.*
9 An der Decke des Raumes befinden sich *Lüftungen.*

3 z. B.: Der Behandlungsraum der Physiotherapeutin wirkt durch die gute Beleuchtung und die farbigen Gegenstände freundlich und hell.

Seite 18

Einen Arbeitsablauf beschreiben – Beim Friseur

1 a Stichwortzettel zu 1: Umhang umlegen – Frottiertuch um die Schultern der Kundin legen – Kundin bitten, Platz zu nehmen

b Stichwortzettel zu 4: Shampoo im Haar verteilen und aufschäumen – mit den Fingern den Kopf massieren
Stichwortzettel zu 6: Wasserzulauf schließen – Haare leicht bündeln – Kopf leicht anheben und das Haarwaschbecken entfernen – Frottiertuch um den Kopf wickeln

2 z. B.: Bei der dargestellten Tätigkeit handelt es sich um *eine Haarwäsche beim Friseur*. Die Kundin wird damit *auf den Haarschnitt vorbereitet* und es ist für den Friseur *anschließend einfacher, das nasse Haar zu schneiden.*

Seite 19

3
1. *Zunächst* bekommt die Kundin zum Schutz ihrer Kleidung Umhang und Frottiertuch umgelegt.
2. *Sobald* das Waschbecken rückwärts zum Frisierstuhl herangezogen wird, neigt man die Rückenlehne, sodass *der Kopf der Kundin an den Beckenrand des Waschbeckens reicht.* Dabei ist es wichtig, darauf zu achten, dass *der Kopf genau in der Öffnung des Waschbeckens liegt, damit kein Wasser herunterläuft.*
3. *Nun wird warmes und kaltes Wasser gemischt und die Temperatur mit dem Handrücken geprüft, um das Haar mit der Handbrause gut anzufeuchten.*
4. *Als Nächstes verteilt man Shampoo im Haar der Kundin und schäumt es auf, damit die Haare gründlich gewaschen werden. Mit den Fingern wird der Kopf massiert.*
5. *Danach spült man das Shampoo gründlich aus und beachtet die Wassertemperatur. Man lässt das Wasser dabei von der Stirn über den Hinterkopf ablaufen, damit die Kundin kein Wasser ins Gesicht bekommt.*
6. *Sobald* die letzten Shampooreste ausgespült sind, schließt man den Wasserzulauf. Überschüssiges Wasser in den Haaren der Kundin wird mit der Hand abgestreift. Der Kopf der Kundin wird leicht angehoben, um das Haarwaschbecken gefahrlos entfernen zu können. *Zum Schluss* legt man *der Kundin ein Frottiertuch um den Kopf.*

4
A Die Wassertemperatur wird mit dem Handrücken geprüft.
B Man mischt warmes und kaltes Wasser.
C Das Shampoo wird gründlich mit viel Wasser ausgespült.

Seite 20

Tischtennisschläger beziehen – Eine Arbeitsbeschreibung gliedern

1 + 2 + 3 (Wörter, die die Reihenfolge verdeutlichen: unterstrichen, Passiv: **fett**)
1 Nachdem die alten Beläge des Tischtennisschlägers vorsichtig **entfernt wurden,** muss das Holz zuerst von alten Kleber- und Belagresten rückstandsfrei **gereinigt werden.** Nagellackentferner oder Aceton können hierbei sehr hilfreich sein.
2 Beide Seiten des Schlägers **werden** danach mit grobem und schließlich mit feinem Schmirgelpapier **angeraut.**
2 Anschließend muss **geprüft werden,** ob der Schläger trocken und sauber ist.
3 Nun beginnt die eigentliche Arbeit. Hierzu sollte ein Kleber **verwendet werden,** der keine Lösungsmittel enthält. Besonders geeignet sind Kleber auf Wasserbasis.
4 Im nächsten Schritt **werden** die Schlägerseite und der neue Belag dünn und gleichmäßig mit einem kleinen Schwamm oder Pinsel mit dem Kleber **bestrichen.**
4 Daraufhin lässt man den Kleber fünf bis zehn Minuten antrocknen.
5 Sobald dies geschehen ist, drückt man den neuen Belag auf das Schlägerholz. Dafür verwendet man am besten eine Trinkflasche oder ein Nudelholz.
5 Wenn der neue Tischtennisbelag keine Blasen aufweist, ist das ein Zeichen dafür, dass kräftig und gleichmäßig über den Belag **gerollt wurde.**
6 Schließlich schneidet man mit einem Cutter oder einer Schere den Belag auf die Schlägergröße zu.
6 Anschließend bearbeitet man die zweite Schlägerseite wie die erste.

Seite 21

Schwere Gegenstände heben – Einen Arbeitsablauf beschreiben

1 b z. B.: **Verben:** halten, tragen, „aus den Beinen heraus" heben, mit beiden Händen anfassen und anheben, breitbeinig hinstellen, greifen, hochziehen, sich befinden, aufrichten, aufstehen, gerade halten, leicht vorbeugen
Nomen: Bauchhöhe, Gegenstand, Kiste, Beine, Rücken, Knie, Körper, Unterarme, Ellenbogen, Hände, Bauch, Becken, Rumpf, Spannung

2 Bei dem dargestellten Ablauf handelt es sich um *das gesunde Heben eines schweren Gegenstands.* Denn man sollte aus gesundheitlichen Gründen beachten, dass *man dies vorsichtig und mit der richtigen Technik ausführt, um Verletzungen zu vermeiden.*
Zunächst stellt man sich *aufrecht hin. Dabei muss man den Rumpf gerade halten und breitbeinig stehen. Nun hält man die Unterarme parallel. Im nächsten Schritt werden die Knie langsam gebeugt, sodass man sich mit geradem Rücken dem Boden nähern kann. Man umfasst den Gegenstand fest und richtet sich schließlich mit geradem Rücken wieder auf.*

Seite 22

Argumentieren – Standpunkte schriftlich begründen

1 a In der Diskussion geht es um *den Einsatz von Computern bereits in Grundschulklassen.*
b Pro-Argumente in den Sprechblasen:
– macht den Kindern sicher viel Spaß, da er viele Vorteile gegenüber einem Schulbuch hat
– hat unser Kleiner zum Beispiel sehr früh die Wörter *Mama, Papa, Ball* und *Computer* gelernt
– gemeinsam arbeiten, denn wir wollen die Kinder doch richtig in die Welt der Mediengesellschaft begleiten
– wenn der Einsatz der Computer ... maßvoll und nur unter Anleitung durchgeführt wird
Kontra-Argumente in den Sprechblasen:
– nur Arbeitsblätter, die mit Ton, Bewegung und Farbe auf den Bildschirm gebracht werden
c Weitere Kontra-Argumente könnten z. B. sein: Anfälligkeit der Geräte – Wartung der Computer aufwendig – „Dummheiten", die mit dem Computer angestellt werden können

2 a, b

Pro-Argumente (mit Beispielen)	Kontra-Argumente (mit Beispielen)
– macht den Kindern Spaß, da Vorteile gegenüber Schulbuch, z. B. animierte Ergänzungsseiten, animierte Erklärungen – Kinder lernen früh Fachausdrücke (z. B. *Computer*), da diese durch täglichen Umgang eingeübt werden – Kinder auf Mediengesellschaft vorbereiten, da sie dadurch z. B. später Vorteile im Beruf haben – Einsatz der Computer maßvoll und nur unter Anleitung, weil sonst z. B. Abhängigkeit droht – Umgang mit dem Computer wird durch frühen Gebrauch immer selbstständiger, z. B. bei der Arbeit mit bestimmten Programmen	– nur „aufgepeppte" Arbeitsblätter – Gefahr illegaler Downloads, z. B. von brutalen Seiten – Kinder überblicken nicht die Gefahren des Internets, weil noch zu jung und unerfahren, z. B. beim Umgang mit persönlichen Daten – Kinder brauchen viel Zeit zum Spielen in der freien Natur, Bewegungsmangel infolge des langen Hockens vor dem Computer kann z. B. zu Fettleibigkeit führen – dem Suchtpotenzial elektronischer Medien wird Vorschub geleistet, z. B. im Zusammenhang mit bestimmten Computerspielen

Seite 23

4 a z. B.: Die Eltern von Grundschulkindern überlegen, ob die Computernutzung im Unterricht *bereits in Grundschulklassen beginnen sollte.* Mein Standpunkt in der Frage lautet: *Ich bin ein absoluter Befürworter eines frühen Einsatzes von Computern in der Schule.* Ich finde die Idee im Wesentlichen deshalb gut, *weil man angesichts der Bedeutung des Computers für unseren Alltag meiner Meinung nach gar nicht früh genug den Umgang mit ihm erlernen kann.*
b z. B.: Hierfür spricht vor allem, *dass es den Kindern sicher viel Spaß macht, da sie viele Vorteile gegenüber einem Schulbuch entdecken können. Zum Beispiel haben die Schülerinnen und Schüler die Möglichkeit, animierte Seiten als Erklärung heranzuziehen und auf Hilfeseiten zurückzugreifen.* Außerdem darf man nicht vergessen, dass *der Umgang mit dem Computer durch den frühen Gebrauch immer selbstständiger wird. Die Kinder wenden den Computer im täglichen Unterricht an und lernen so z. B. sehr früh, mit bestimmten Programmen zu arbeiten. Bei der späteren Berufssuche kann dies für die Kinder nur von Vorteil sein.*
Zwar kann ich verstehen, dass *manche Eltern bei einem frühzeitigen Einsatz von Computern Angst haben, dem Suchtpotenzial elektronischer Medien Vorschub zu leisten,* aber viel bedeutsamer ist, dass *unsere Kinder in ihrer Zukunft den Computer auf jeden Fall brauchen werden. Die Lösung kann daher nicht sein, Computer von unseren Kindern fernzuhalten, sondern Eltern und Lehrer müssen die Kinder zu einem maßvollen Umgang mit dem Computer erziehen.*

5 z. B.: Aus diesen Gründen bin ich für *einen frühen Einsatz von Computern im Unterricht.*

Seite 24

Notebook-Klassen? – Gegenargumente entkräften

1 a Karl ist für Notebook-Klassen.
b Wissenschaftler, Eltern und auch Lehrer fordern oft, man sollte Jugendlichen vor allem in der Schule Computerkenntnisse und den Umgang mit dem Internet beibringen. Diesen Standpunkt vertrete ich auch. Ich bin froh, Schüler in einer Notebook-Klasse zu sein. Viele Studien berichten von Vorteilen, wenn der Umgang mit einem Computer schon von frühester Kindheit an eine Selbstverständlichkeit ist. Gerade heute, wo wir überall von Computern umgeben sind, müssen wir damit umgehen können. Beispielsweise sind Computerfertigkeiten für eine erfolgreiche Karriere ausschlaggebend und im Grunde unverzichtbar.

2 a z. B.:
– Alle müssen die gleiche Software auf dem Notebook haben.
– Man muss aufpassen, dass die Rechner nicht zum Spielen oder nur zum Surfen im Internet benutzt werden.
– Die Gefahren des Internets müssen bekannt sein.
– Die Möglichkeit, Hausaufgaben „zu teilen", muss unterbunden werden.

b z. B.: Die Kritiker haben natürlich Recht, wenn sie sagen, dass die Notebooks nicht zum Spielen oder zum Surfen im Internet benutzt werden dürfen. Aber man muss auch bedenken, dass das Internet ein wichtiges Hilfsmittel bei der gezielten Suche nach Informationen oder Anschauungsmaterialien sein kann.
Sicherlich sollten die Gefahren, die im Internet lauern, bekannt sein. Viel entscheidender ist für mich jedoch ein selbständiger und vor allem kompetenter Umgang mit dem Medium.

Seite 25

iPads im Klassenzimmer? – Einen Forumsbeitrag verfassen

1 (Pro-Argumente: unterstrichen, Kontra-Argumente: *kursiv*)

Jola: Das fände ich klasse. Mit den iPads werden Internetrecherchen kinderleicht und es macht sehr viel Spaß, damit zu arbeiten. Außerdem müssten wir nicht mehr jeden Tag die schweren Bücher mit in die Schule schleppen, da sie durch digitalen Lesestoff ersetzt werden würden. Das würde auch Papier sparen und dann dem tropischen Regenwald nützen. iPads sind zudem kleiner und handlicher als Notebooks und sind Buch, Heft und sogar Hausaufgaben in einem.	**Kati:** Nein, diese *Geräte sind viel zu teuer!* Soll sie sich etwa jeder selbst anschaffen? Außerdem *gehen nicht alle Schüler pfleglich mit ihren Sachen um.* Was würde passieren, *wenn ein iPad runterfällt? Wer zahlt dann die Reparatur?* Auch die *Hausaufgaben könnten wir uns per Mausklick gegenseitig verschicken.* Doch *ob unsere Lehrer das so toll fänden, wage ich zu bezweifeln.*

2 a, b

Pro-Argumente	Beispiele
Internetrecherchen werden kinderleicht.	Braucht man z. B. eine Begriffserklärung, lässt sich diese sofort und problemlos im Internet finden.
Es macht Spaß, damit zu arbeiten.	Zum Beispiel lassen sich Zusatzmaterialien mit geringem Aufwand entdecken und die Vernetzung mit Mitschülern und Lehrern wird erleichtert.
Die schweren Bücher müssen nicht mehr jeden Tag in die Schule geschleppt werden.	Wenn z. B. das Mathe-, Englisch- und Deutschbuch auf dem iPad verfügbar sind, ist die Schultasche gleich um vieles leichter.
Papier wird gespart.	Man schreibt z. B. seine Deutschaufsätze mit dem iPad und kann auch die Überarbeitungen direkt auf dem Rechner machen.
Die Geräte sind kleiner und handlicher als Notebooks.	Kleine iPads haben z. B. nur eine Größe von 200,0 × 134,7 × 7,5 mm.
Die Geräte sind Buch, Heft und Hausaufgaben in einem.	Man kann z. B. sein Deutschbuch auf dem iPad hochladen und zugleich eine Datei für die Lösungen der dort gestellten Aufgaben anlegen.

3 z. B.: Sicherlich mögen sie zum heimlichen Surfen toll sein, aber der tägliche verantwortungsvolle Umgang in der Klassengemeinschaft würde diese Verlockung mit der Zeit immer kleiner werden lassen. Zumal man hierzu in der Freizeit doch noch genügend Gelegenheit hat.

4 z. B.: **Gazzolina:** Das wäre super! Endlich könnte man ohne Rucksack, Aktenkoffer oder Rolli das Haus verlassen, um zur Schule zu gehen. Alle wichtigen Unterlagen hätte man stets zur Hand. Selbst in der Bahn oder im Bus könnten noch letzte Aktualisierungen der Hausaufgaben oder wichtige Ideen festgehalten werden. Wenn man mit der Zeit gehen will, kann man nicht früh genug damit beginnen, den Umgang mit diesem Medium zu erlernen. Sicherlich verstehe ich den Einwand der Kosten, die durch die Einführung von iPads verursacht würden. Aber angesichts der Investition in die Zukunft handelt es sich doch um einen lächerlich geringen Betrag. Privat und beruflich sollte ein iPad zum ständigen Begleiter werden.

Lesen – Umgang mit Texten und Medien

Seite 26

Eine Reportage untersuchen – Skateistan

1 a, b z. B.: Überschrift und Bild wecken die Erwartung, dass es um das Thema „Skaten“ geht bzw. genauer: um Mädchen und Jungen, die in Kabul diese Sportart ausüben.

Seite 27

3 Antwort C ist zutreffend.

4 **Ollie:** Trick auf dem Skateboard, bei dem man so abspringt, dass man das Brett in der Luft unter den Füßen hält und danach wieder darauf landet (Z. 1–4)
Skatesistan: Skateboardschule in der afghanischen Hauptstadt Kabul (Z. 8–10)
Taliban: Gruppe, die lange in Afghanistan an der Macht war und strenge Regeln für die ganze Bevölkerung einführte (Z. 14–19)

5 a, b

1. Was erfährst du über Afghanistan?
Die Hauptstadt von Afghanistan ist Kabul. Bis vor zwölf Jahren regierten in Afghanistan die Taliban und führten strenge Regeln für die Bevölkerung ein. Im Jahr 2001 kamen Soldaten aus den USA, aus Frankreich, Deutschland und 40 weiteren Ländern, um gegen die Taliban zu kämpfen.

2. Welche Informationen liefert der Text über das Leben in Kabul?
Mädchen durften unter der Taliban-Regierung nur verschleiert auf die Straße und nicht in die Schule gehen, Sport war für sie ebenfalls verboten. Heute dürfen sie dies, aber sie werden immer noch komisch angeguckt, wenn sie auf der Straße mit einem Fahrrad oder Skateboard fahren. Sich auf der Straßen Kabuls zu bewegen ist gefährlich, da es bis heute immer wieder Bombenanschläge gibt. In vielen afghanischen Familien müssen Kinder Geld verdienen, damit alle genug zu essen haben.

3. Was erfährst du über die Skateboardschule?
Die Skateboardschule „Skateistan" betreibt in Kabul eine Skatehalle. Die Kinder müssen dort, wenn sie skaten wollen, auch eine Unterrichtsstunde belegen, sodass der Spaß mit Bildung verbunden wird. So lernen sie bei „Skateistan" Mathe und Englisch, aber auch den Umgang mit Computern; sie spielen Theater, fotografieren oder drehen Filme.

6 Reihenfolge der Zwischenüberschriften: 3, 1, 2, 5, 4

7 In Josephina Maiers Reportage *„Skaten in Kabul"* geht es um *eine Jugendliche*, die in der afghanischen Hauptstadt Kabul lebt und *als Trainerin in einer Skateboardschule arbeitet.* Im ersten Textabschnitt wird *dem Leser die junge Frau namens Tamana* vorgestellt. Dann wird das Leben in *Kabul beschrieben. Besonders unter der Regierung der Taliban haben Frauen und Mädchen kaum Rechte gehabt. Inzwischen dürfen Mädchen aber wieder zur Schule gehen.* Im dritten Abschnitt geht es um *den Australier Oliver Percovich, der die Skateboardschule „Skateistan" in Afghanistan gegründet hat. Als Nächstes erfährt man, dass „Skateistan" sich auch für die Bildung von Kindern einsetzt. Die Kinder erlernen dort nicht nur das Skateboardfahren, sondern haben auch Unterricht in Mathematik und Englisch, erwerben Computerkenntnisse, können Theater spielen, fotografieren oder Filme drehen.*
Da viele afghanische Kinder den Familien dabei helfen müssen, Geld zu verdienen, indem sie betteln oder Dinge verkaufen, bleibt ihnen für die Schulbildung nur wenig Zeit. Sie können bei „Skateistan" dann lesen und schreiben lernen.

Seite 28

Was ich erfahre – Textabschnitte zusammenfassen

1 b Weitere objektiv-sachliche Aussagen sind z. B.: „In vielen afghanischen Familien müssen die Kinder mitverdienen, damit alle etwas zu essen haben." (Z. 14–16) – „Mehr als der Hälfte der Skateistan-Schüler ergeht es so." (Z. 17–19)
Weitere subjektiv-schildernde Aussagen sind z. B.: „„Es ist Quatsch zu denken, dass Skateboarden nur was für Jungs ist."" (Z. 28–30) – „„Mit dem Skateboarden mache ich auf jeden Fall weiter", sagt sie, „und später werde ich es auch meinen Töchtern erlauben."" (Z. 32–34)

2

Über das Skaten bei Skateistan erfahre ich:	Über das Familienleben der Kinder in Afghanistan erfahre ich:
– Kinder sind dort sicher. – Für jede Stunde in der Halle müssen sie eine Stunde Unterricht belegen. – Es gibt nicht nur Trainer, sondern auch Lehrer. – Die Kinder lernen Mathematik, Englisch und den Umgang mit Computern. – Sie können Theater spielen, malen, fotografieren oder Filme drehen.	– Kinder müssen mitverdienen. – Sie gehen betteln oder verkaufen Kleinigkeiten. – Vielen von ihnen bleibt neben dem Arbeiten keine Zeit für die Schule.

3 In dem Auszug aus Josephina Maiers Reportage „Skaten in Kabul" geht es um afghanische Kinder, die in Kabul bei „Skateistan" ihre Freizeit verbringen.
Der erste Abschnitt des Auszugs handelt davon, dass *die Kinder bei „Skateistan" sicher sind und dort neben dem Skaten auch Bildung durch Lehrer erhalten. Es besteht eine Vereinbarung, dass sie für jede Stunde, die sie skaten, auch eine Stunde etwas lernen, z.B. Mathematik, Englisch oder den Umgang mit dem Computer.* Außerdem wird im zweiten Abschnitt berichtet, *dass viele Kinder in Afghanistan ihren Familien helfen, Geld zu verdienen, damit alle genug zu essen haben. Sie betteln dazu oder verkaufen Kleinigkeiten. Deshalb bleibt ihnen oft kaum Zeit für die Schule. Im letzten Textabschnitt werden Tamana und ein afghanischer Junge zitiert. Beide finden es gut, dass auch Mädchen Skateboard fahren.*

4 Auf Grund der schwierigen Lebensbedingungen afghanischer Kinder wirkt die Reportage vor allem Mitleid erregend.

Seite 29

Was ich sehe – Eine Reportage durch eine Grafik ergänzen

1 a Auf dem Logo der Hilfsorganisation erkennt man einen Menschen auf einem Skateboard, der einen Trick über einem zerbrochenen Maschinengewehr ausführt.
b Die Hilfsorganisation möchte mit ihrem Logo zum Ausdruck bringen, dass Skateistan den Friedensprozess in Afghanistan durch die Arbeit in der Skateboardhalle unterstützt. Indem die Kinder skaten lernen, können sie einer typischen, Freude stiftenden Freizeitbeschäftigung für Jugendliche nachgehen. Außerdem wird bei Skateistan die Freizeitbeschäftigung mit Bildungsangeboten für die Jungen und Mädchen verbunden, wodurch ebenfalls ein Beitrag zum Frieden geleistet wird.

2 a, b Piktogramm A passt besser zur Skateistan-Reportage, da die Darstellung eines Skateboards, auf dem ein aufgeschlagenes Buch steht, das Besondere dieser Skateboardschule, nämlich den Spaß am Skaten mit der Vermittlung von Bildung zu kombinieren, sehr schön versinnbildlicht.

Seite 30

Einen Sachtext zusammenfassen – Unzufriedene Teenies

1 In dem Zeitungsartikel geht es um „Jugendzufriedenheit".

2 A 3: Mit „Teenie-Tristesse" ist gemeint, dass viele Jugendliche zwischen 13 und 19 Jahren mit ihrer persönlichen Lebenssituation unglücklich sind.
B 1: Mit dem Begriff der „subjektiven Lebenszufriedenheit" ist die persönliche Einschätzung der eigenen Lebenslage gemeint.
C 2: Mit „Niveau" ist hier der Rang bzw. die Wertigkeitsstufe gemeint, anhand derer die Lebenszufriedenheit von Jugendlichen unterschiedlicher Länder verglichen werden kann.

Seite 31

Gewusst wie! – Einen Zeitungsartikel zusammenfassen

1 a Worum geht es in dem Zeitungsartikel? – Lebenszufriedenheit von Jugendlichen in Deutschland, Studie über Zufriedenheit, Experteneinschätzungen, Einschätzungen von Jugendlichen selbst
b Wer äußert sich zum Thema? Jugendliche zwischen 11 und 15 Jahren, Unicef, Jugendforscher, Professoren der Berliner Humboldt-Universität, zwei Kölner Abiturientinnen
c Was ist das Ergebnis? Das Ergebnis ist, dass viele Jugendliche unglücklich mit ihrer persönlichen Lebenssituation sind und dies beklagen.
d Welche Ursachen werden genannt? Als Ursachen werden Sorgen im schulischen Bereich, genannt, z. B. fehlende Mitbestimmung oder Einfluss auf Regeln und höherer Druck, aber auch dass Jugendliche heute zu verwöhnt seien und für nichts mehr kämpfen müssten.

2 Der Zeitungsartikel *„Teenie-Tristesse in Deutschland"* der Autorin *Katja Heins* stammt aus dem Jahr *2013*. Es geht darin um *eine Unicef-Studie, mit der herausgefunden wurde, dass viele Jugendliche in Deutschland unglücklich mit ihrer Lebenssituation sind.*

3 a z. B.:
1 Unicef-Studie deckt Unzufriedenheit vieler Jugendlicher in Deutschland auf
2 Experteneinschätzungen zu den Untersuchungsergebnissen
3 Auf und Ab in der Zufriedenheit je nach Bereich
4 Gründe für die Unzufriedenheit
5 Selbsteinschätzung der Jugendlichen: zu hoher Druck und zu verwöhnt
b Reihenfolge der Textabschnitte: 3, 1, 2
c z. B.:
4 Die Unzufriedenheit von Jugendlichen bezieht sich nicht auf ihre Eltern oder ihre Freizeitgestaltung, sondern auf den schulischen Bereich, in dem sie gerne mehr mitbestimmen würden.
5 Laut Selbsteinschätzung der Jugendlichen gibt es unterschiedliche Gründe für die Unzufriedenheit: Während einige ebenfalls den Druck in der Schule dafür verantwortlich machen, meinen andere, dass die Jugendlichen heute zu verwöhnt seien und für nichts mehr kämpfen müssten, sodass ihnen schnell langweilig würde.

Seite 32

Was andere sagen – Die indirekte Rede verwenden

1 Der Jugendforscher Klaus Hurrelmann sagt, man vergleiche sich als Kind nicht mit Gleichaltrigen in Russland oder gar Afrika, sondern mit dem direkten Umfeld.
Hans Bertram gibt zu bedenken, dass die deutschen Mädchen und Jungen sich und ihrer Umgebung ein erschreckendes Zeugnis ausstellten/ausstellen würden, das uns nachdenklich machen müsse.
Eine Schülerin meint, sie seien einfach zu verwöhnt und müssten für nichts mehr kämpfen.

2 z. B.: Der Zeitungsartikel „Teenie-Tristesse in Deutschland" der Autorin Katja Heins stammt aus dem Jahr 2013. Es geht darin um eine Unicef-Studie, mit der herausgefunden wurde, dass viele Jugendliche in Deutschland unglücklich mit ihrer Lebenssituation sind.
Man erfährt in dem Artikel, dass Forscher das Ergebnis der Studie ernst nehmen und Vermutungen über mögliche Gründe für dieses Ergebnis anstellen. Durch den Vergleich von unterschiedlichen Studien der letzten Jahre lässt sich feststellen, dass es Jugendlichen objektiv besser als vor drei Jahren geht, da sie in bestimmten Lebensbereichen um zwei Rangplätze auf Platz sechs gestiegen sind. Expertenmeinungen zufolge bezieht sich die Unzufriedenheit von Jugendlichen nicht auf ihre Eltern oder die eigene Freizeitgestaltung, sondern auf den schulischen Bereich, auf den sie gerne mehr Einfluss nehmen würden. Die Jugendlichen selbst sehen unterschiedliche Gründe für die negative Einschätzung ihrer persönlichen Situation: Während auch sie einerseits die höheren Anforderungen und den gestiegenen Druck in der Schule für die Unzufriedenheit verantwortlich machen, geben sie andererseits an, dass Jugendliche heute zu verwöhnt seien und für nichts mehr kämpfen müssten, sodass ihnen schnell langweilig würde.

Seite 33

Diagramme und Grafiken auswerten – Zeitung lesen

1 Das abgebildete Schaubild beschäftigt sich mit dem Informationsmedium Zeitung und stellt dar, wie viele Minuten bestimmte Altersgruppen täglich mit der Zeitungslektüre verbringen und wie viel Prozent der Leser sich jeweils für ein bestimmtes Ressort der Zeitung (Lokalteil, Politik, Sport, Feuilleton usw.) interessieren.

2 Die tägliche Dauer der Zeitungslektüre wird durch drei *als Uhren gestaltete Kreisdiagramme* dargestellt. Die unterschiedlichen Ressorts, die gelesen werden, lassen sich mit einem *Balkendiagramm* veranschaulichen.

3 Richtig sind die Aussagen: A, C, D, E, falsch sind die Aussagen: B, F, G.
Korrigierte Aussagen:
B Junge Menschen lesen im Durchschnitt 31 Minuten pro Tag Zeitung.
F An zweiter Position folgt in der Lesergunst das Ressort „Vermischtes".
G Die deutsche Politik wird eher gelesen als die internationale.

Seite 34

Eine Kurzgeschichte verstehen – Alles normal?

1 Als Themen der Kurzgeschichte passen „Konflikte mit Eltern" und „Erwachsenwerden". Begründung: Zwar hat der Junge in der Kurzgeschichte vordergründig keine Konflikte mit seinen Eltern, aber die Schlusspointe macht deutlich, dass er den Konflikt mit ihnen sucht bzw. einen Streit provozieren möchte, was zum Prozess des Erwachsenwerdens dazugehört.

2 Figuren aus dem Alltag, die in dieser Geschichte vorkommen: der Vater, die Mutter, der Sohn und dessen Freundin

Seite 35

Richtig sind die Antworten: C, D, falsch sind die Antworten: A, B.

4 In Hermann-Josef Schürens Kurzgeschichte „Auf dem Kriegspfad" von 1988 geht es um die Gedanken eines Jugendlichen, der *in der Pubertät ist und sich von seinen Eltern ablösen möchte, indem er mit seinem Verhalten und seinem Aussehen gegen sie rebelliert. Die Eltern wenden nichts gegen den wechselnden Kleidungsstil oder das provozierende Verhalten ihres Sohnes ein, stattdessen unterstützen sie ihn finanziell und erlauben ihm alles, z. B. auch dass seine neue Freundin bei ihm übernachtet. Sogar als der Sohn sich schließlich eine Irokesenfrisur schneidet und damit auf die Straße geht, kritisieren die Eltern ihn nicht.*

5 z. B.: Diese Situation hätte auch Menschen in meiner Umgebung passieren können, da viele Jugendliche in der Pubertät versuchen, sich gegen ihre Eltern aufzulehnen. Allerdings würden sich die meisten Eltern wohl nicht so nachgiebig verhalten und jede Verhaltensweise oder jeden Kleidungsstil ihres Sohnes/ihrer Tochter tolerieren.

6 a Zu Beginn der Geschichte erfährt man, dass der Junge es eigentlich nicht richtig findet, dass seine Eltern ihm alles erlauben („Er bekommt, was er will. Das ist ihm zu viel."). Er sehnt sich danach, Grenzen gesetzt zu bekommen. Am Ende taucht er sogar mit einer Irokesenfrisur auf und frühstückt im Stehen, was ein weiterer Versuch ist, seine Eltern zu provozieren. Der Erfolg bleibt aber aus, da sie auch dagegen nichts einwenden und ihn nicht kritisieren, als er beabsichtigt, in diesem Outfit auf die Straße zu gehen („... schmiert sich im Stehen ein Marmeladenbrot und begibt sich auf den Kriegspfad"), um möglicherweise dort jemanden zu finden, der sich von seinem rebellischen Verhalten provozieren lässt.

Seite 36

Was passiert? – Eine Kurzgeschichte genauer untersuchen (Teil 1)

1 Passende Zitate zu den Beschreibungen:
A „Das ist sein Reich, er allein entscheidet, wann aufgeräumt wird." (Z. 2–4)
B „Er bekommt, was er will." (Z. 1) „Sie finanzieren seine Wünsche." (Z. 5 f.)

C „Sie haben nichts dagegen einzuwenden, dass Ilona die Nacht über bleibt." (Z. 6 f.)
D „Sie gefällt ihnen. Sie macht einen vernünftigen Eindruck und kommt aus gutem Hause." (Z. 10–12) „Das wird bestimmt was Festes." (Z. 20)
E „Er allein entscheidet, wann aufgeräumt wird. Er streicht es in den Farben, die ihm gefallen. Er kleidet sich selbst ein. Sie finanzieren seine Wünsche." (Z. 3–6)
F „Ihren Sohn haben sie in den unterschiedlichsten Erscheinungsformen gesehen. Beinahe täglich wechselt er Aussehen, Gehabe, seinen Umgangston." (Z. 14–16)

2 z. B.: Der Junge wirkt unzufrieden und ist genervt davon, dass seine Eltern ihm alles erlauben. („Das ist ihm zu viel", Z. 1). Er wirkt auch abweisend („In seinem Zimmer haben sie nichts zu suchen. Das ist sein Reich", Z. 2 f.) und distanziert sich von seinen Eltern („Als sie zum Frühstück erscheinen, steht ein Irokese vor ihnen, schmiert sich im Stehen ein Marmeladenbrot und begibt sich auf den Kriegspfad", Z. 20–23). Der Sohn erfährt es als selbstverständlich, dass seine Eltern tolerant auf ihn reagieren („Sie stören nicht. Sie klopfen nicht. Sie nehmen Rücksicht. Schließlich sind sie ja auch einmal jung gewesen", Z. 7–9). Gerade dieses Übermaß an Toleranz lässt den Sohn aber auch verzweifeln, da seine Eltern sich darin als ein wirkliches Gegenüber entziehen.

3 a Textstelle B markiert den Wendepunkt.
b Der Wendepunkt ist überraschend, weil die Eltern nicht damit gerechnet haben, dass ihr Sohn auch weiterhin versuchen würde, sie durch sein Verhalten und Aussehen zu provozieren. Stattdessen hatten sie gehofft, er würde sich durch den Einfluss der neuen vernünftigen Freundin auf den richtigen Weg bringen lassen (vgl. Z. 18 f.).
c Der Satz zeigt, dass der Junge auch weiterhin provozieren möchte und vielleicht sogar das Gefühl hat, zu immer extremeren Mitteln greifen zu müssen, um sein Ziel zu erreichen.

Seite 37

Merkmale deuten – Eine Kurzgeschichte genauer untersuchen (Teil 2)

1 a z. B.: Die Verwendung der vielen Pronomen anstelle von konkreten Namen ist zunächst etwas verwirrend, lässt die Geschichte aber auch sachlich und neutral wirken.
b In der Kurzgeschichte werden deshalb Pronomen anstelle von Namen verwendet, weil *so deutlich wird, dass hier kein Einzelfall beschrieben wird, sondern die geschilderte Situation auf viele Menschen – Eltern und ihre Kinder in der Pubertät – übertragbar ist.*

2 Die Aussage trifft für die Kurzgeschichte „Auf dem Kriegspfad" zu, weil die Figuren dem Leser nicht vorgestellt werden und man direkt in die Konfliktsituation hineinspringt.

3 Der Junge hat sich die Irokesenfrisur geschnitten, um dadurch eine ablehnende Reaktion seiner Eltern bzw. seines Umfelds zu provozieren. Er begibt sich damit insofern auf den „Kriegspfad", als sein Aussehen ein Mittel ist, seine Mitmenschen anzugreifen bzw. gegen die Erwartungen, die an ihn herangetragen werden, zu rebellieren. Da seine Eltern jedoch vermutlich auch die Irokesenfrisur tolerieren werden, bleibt dem Jungen schließlich nur, außerhalb der Familie die Konfrontation zu suchen. „Sich auf den Kriegspfad begeben" bedeutet daher auch, das Zuhause zu verlassen und außerhalb der Familie nach einer Autorität Ausschau zu halten, an der man sich abarbeiten kann, weil sie einem Grenzen setzt.

5 Schüleraussage B erklärt am besten, inwiefern in der Kurzgeschichte „Auf dem Kriegspfad" ein aussagekräftiger Abschnitt im Leben eines Menschen geschildert wird.

Seite 38/39

Eine Inhaltsangabe schreiben – Darum geht es!

1 a Aussage C fasst die Kurzgeschichte am besten zusammen.
b Vor Anitas Geburtstag ist das Verhältnis angespannt, von Neid, Missgunst, Konkurrenzdenken und Bosheit geprägt. – Belegstellen: Z. 1–9, 26–29, 35–37
Nach Anitas Geburtstag ist die Stimmung gelassener, ruhiger, harmonischer und friedlicher. Anita schämt sich für ihr Verhalten und ihre Gefühle der Schwester gegenüber, aber möchte daraus auch lernen. – Belegstellen: Z. 92, 103–109, 111–114
c Das Verhältnis zwischen Anita und ihrer jüngeren Schwester ist aus Anitas Sicht angespannt und schlecht. Sie ist neidisch und eifersüchtig auf Mareike, weil ihre Schwester ein positiver Mensch ist, ihrer Umgebung Freude spendet und ihr vieles im Leben leichtfällt. Dadurch wird sie gemocht. Anita muss sich sehr anstrengen, um die Sympathie von anderen zu gewinnen, und wäre gerne so wie ihre jüngere Schwester. Der Titel der Geschichte greift einen Gedanken von Anita auf: Sie weiß, dass Mareike die Farbe Grau nicht schön findet, und sucht gerade deshalb, aus Bosheit und von ihrer Eifersucht geleitet, einen grauen Stoff mit gelben Punkten als Geschenk für die Schwester aus. Sie erkennt selbst, dass sie dies nur aus Neid getan hat, und schlussfolgert: „Neid ist grau mit gelben Punkten."

2 Alle genannten Merkmale einer Kurzgeschichte treffen auf die Geschichte zu.

Seite 40

Einleitung, Hauptteil, Schluss – Eine Kurzgeschichte zusammenfassen

1 Die Kurzgeschichte *„Neid ist grau mit gelben Punkten"* der Autorin *Cili Wethekam* stammt aus dem Jahr *1976*. Sie handelt von der Beziehung zwischen den Schwestern *Anita und Mareike, die von Neid und Missgunst geprägt ist.*

2 Anita muss zugeben, dass sie auf ihre Schwester Mareike sehr neidisch ist. Sie ist hübsch, das Lernen fällt ihr leicht und alle mögen sie. Anita wünscht sich auch einmal im Mittelpunkt zu stehen. Dies erhofft sie sich an ihrem Geburtstag. Kurz vor diesem Tag hat Anitas Mutter die Idee, *zusammen mit Anita einen Stoff für Mareike zu kaufen, damit diese am Geburtstag der älteren Schwester nicht leer ausginge.* Einen Tag später gehen Anita und ihre Mutter *in ein Stoffgeschäft.* Dann lässt die Mutter Anita *einen Stoff für Mareike aussuchen.* Nachdem Anita sich für einen grauen Stoff entschieden hat, der *mit gelben Punkten bedruckt ist, schämt sie sich, weil sie weiß, dass Mareike die Farbe Grau überhaupt nicht mag. Anita hat absichtlich einen Stoff gewählt, den sie und die Schwester nicht schön finden.* An ihrem Geburtstag findet sie *den grauen Stoff auf ihrem Gabentisch und ist überrascht und sehr enttäuscht.* In dem Augenblick, als sie die Mutter fragt, wieso *sie weine, stellt sich heraus, dass die Mutter auch mit der jüngeren Schwester im Stoffgeschäft war und vorgegeben hat, diese einen Stoff für Anita aussuchen zu lassen, der aber eigentlich für Mareike selbst bestimmt war. Die jüngere Schwester hat einen blauen, sehr schönen Stoff gewählt, der Anita sehr gut gefallen hat und den sie eigentlich gerne selbst gewählt hätte. Die Mutter hat also angenommen, dass die Mädchen gegenseitig einen Stoff aussuchen würden, den sie selbst auch schön fänden. Mareike bietet Anita einen Tausch an, weil sie merkt, dass ihre Schwester traurig und enttäuscht ist.* Schließlich bereut Anita, dass *sie den grauen Stoff gewählt hat, um ihre Schwester zu ärgern. Sie erkennt, dass ihre Gedanken gemein waren, und lehnt den Tausch ab. Sie möchte den grauen Stoff behalten, damit er sie daran erinnert, dass ihr Verhalten nicht richtig war.*

4 Anita meint damit, dass der Stoff sie daran erinnern soll, wie gemein ihr Verhalten und ihre Gedanken der jüngeren Schwester gegenüber waren.

Seite 41

Was denke ich? – Eine erweiterte Inhaltsangabe schreiben

1 Die Kurzgeschichte „Neid ist grau mit gelben Punkten" *der Autorin Cili Wethekam stammt aus dem Jahre 1976. Sie handelt von der Beziehung zwischen den Schwestern Anita und Mareike, die von Neid und Missgunst geprägt ist.*

2 a

Anita Kurze Beschreibung der Figur: ältere Schwester *(ihr 13. Geburtstag), ihr fällt das Lernen schwerer als der Schwester, sie findet es schwierig, die Sympathie anderer zu gewinnen, ist neidisch auf ihre jüngere Schwester*	Anitas Gefühle gegenüber Mareike: *geprägt von Neid, Missgunst, Eifersucht, Konkurrenzdenken*	**Mareike** Kurze Beschreibung der Figur: *die jüngere Schwester von Anita, ein fröhlicher Mensch, ihr fällt alles leicht, kommt bei anderen gut an*
– Sie sucht einen *grauen* Stoff für Mareike aus, den sie aber selbst *nicht schön findet.* – *Sie weiß, dass auch Mareike die Farbe nicht gefällt. Sie gönnt ihrer Schwester keinen schönen Stoff.*		– Sie sucht einen *schönen blauen* Stoff für Anita aus, den sie aber selbst *auch gerne hätte.* – *Sie findet ihn sehr schön und wählt ihn deshalb auch für ihre ältere Schwester aus.*
	Anitas Geburtstag	**Mareike** will den Stoff *tauschen.*
Anita will aber *nicht tauschen*, weil *sie sich für ihr eigenes Verhalten schämt. Es ist ihr unangenehm, dass sie so boshaft gehandelt und ihrer Schwester absichtlich einen grauen, hässlichen Stoff ausgesucht hat. Sie möchte nun den grauen Stoff behalten, damit er sie daran erinnert, sich in Zukunft nicht mehr so zu verhalten und weniger neidisch zu sein.*		

b Siehe die Lösung zu Aufgabe 2 auf S. 40 dieses Arbeitsheftes.

Seite 42

Ein Stadtgedicht untersuchen – Form und Inhalt

1 a Aussage A trifft am besten auf das Gedicht zu.

b In der ersten Strophe wird die bedrückende Enge zwischen den Häusern und auf den Straßen in der Stadt beschrieben.
In der zweiten Strophe geht es um die Menschen in der Stadt, die dicht aneinandergedrängt leben, und um ihre Begierden und Sehnsüchte, die ebenfalls eng sind.
In der dritten Strophe schildert das lyrische Ich, dass es in der Gedrängtheit der Stadt keine Privatsphäre gibt.
Die vierte Strophe sagt aus, dass die Menschen sich trotz der Nähe, die räumlich besteht, alleine, einsam und verlassen fühlen. Das Leben ist anonym und man kennt sich kaum.

2 Das Gedicht besteht aus *vier* Strophen mit jeweils *vier* Versen (Strophe 1 und 2) bzw. *drei* Versen (Strophe 3 und 4). Die vierzeiligen Strophen weisen einen *umarmenden* Reim auf *(abba cddc)*. Das Reimschema der dreizeiligen Strophen lautet *efg gef*.

3 Aussage A ist richtig, die Aussagen B und C sind falsch.

Seite 43

„wie Löcher ..." – Die Bildsprache untersuchen (Teil 1)

1 a Strophe 1: dicht, drängend, *geschwollen* – Strophe 2: *dicht, eng* – Strophe 3: *dünn* – Strophe 4: *stumm, abgeschlossen, unberührt, ungeschaut, fern, alleine*

b Das Leben in der Stadt wirkt *durch diese Adjektive und Partizipien beklemmend und bedrückend. Es entsteht ein eher negativer Eindruck vom Lebensgefühl als „Städter".*

2 a, b

A 5: Die Fenster der Häuser werden mit den Löchern eines Siebes verglichen, weil sie so dicht und eng beieinanderliegen.

B 4: Die Häuser werden mit Gewürgten verglichen, weil sie so eng beieinanderstehen, dass dazwischen wenig frische Luft und wenig Raum ist.

C 3: Die Einsamkeit wird mit einer Höhle verglichen, in der man gefangen ist und aus der man nicht entkommen kann.

D 2: Das Flüstern wird mit Gegröle verglichen, weil es so wenig Privatsphäre in der Stadt gibt, dass immer jemand zuhört oder Privates mitbekommt.

E 1: Die Wände werden mit der Haut verglichen, weil beides so dünn ist, dass durch sie alles hindurchdringen kann. Wieder geht es um die fehlende Privatsphäre.

c Aussage A ist richtig.

Seite 44

„fassen Häuser sich ... an" – Die Bildsprache untersuchen (Teil 2)

1 a Personifikationen in der ersten Gedichtstrophe: „stehn / Fenster beieinander" (V 1 f.) – „drängend fassen / Häuser sich [...] an" (V. 2 f.)

b Die Personifikationen wecken im Leser eine bedrückende Stimmung; man kann die Enge und Beklemmung innerhalb der Stadt gut nachempfinden.

2 In der zweiten Strophe des Gedichts wird das *Geschehen* in einer Straßenbahn („Tram") beschrieben. Hier wird *im Gegensatz* zur vorherigen Strophe etwas „verdinglicht". *Menschen* sitzen in der *Straßenbahn* und werden als *„Fassaden"* bezeichnet. Mit Hilfe dieser *Verdinglichung* werden die Anonymität und die *Gefühlskälte* zwischen den Menschen veranschaulicht.

3 Den Aussagen A und B kann man zustimmen, Aussage C ist unpassend.

Grammatik

Seite 45

Das kann ich schon! – Wortarten, Zeitformen, Sätze

1 a, b der berühmte Fassadenkletterer *(Nominativ)* – Die *lebensgefährliche* Bezwingung *(Nominativ)* – *zahlreichen* Schaulustigen *(Dativ)* – des *riesigen* Wolkenkratzers *(Genitiv)* – Dem *mutigen* Extremkletterer *(Dativ)* – *ungewöhnliche* Kletteraktionen *(Nominativ)* – den 828 Meter *hohen* Wolkenkratzer *(Akkusativ)*

(je richtige Lösung 1 Punkt; höchste Punktzahl: a 6 Punkte; b 7 Punkte)

c

Personalpronomen	Possessivpronomen	Demonstrativpronomen	Relativpronomen
es, ihm	*seinen*	diese, *dieses*	*die*

(je richtige Lösung 1 Punkt; höchste Punktzahl: 5 Punkte)

2 a Satz (1): Aktiv, Satz (4): Passiv *(je richtige Lösung 1 Punkt; höchste Punktzahl: 2 Punkte)*

b (1) Der höchste Wolkenkratzer Frankreichs wurde gestern (von dem berühmten Fassadenkletterer Alain Robert) ohne Sicherungsseil erklommen.

(4) Im Gegensatz zu seinen anderen Kletterkunststücken genehmigten die Behörden dieses.

(je richtige Lösung 2 Punkte; höchste Punktzahl: 4 Punkte)

Seite 46

3 a Richtige Verbformen: tauchte – befindet sich – erreicht hatte – blieben – werde ... vergessen

(je richtige Lösung 1 Punkt; höchste Punktzahl: 5 Punkte)

b Satz (1): Prät., Satz (2): Prät., Satz (3): Präs., Satz (4): Plus. + Prät., Satz (5): Fut.
(je richtige Lösung 1 Punkt; höchste Punktzahl: 6 Punkte)

c Letzte Woche erfüllte sich Regisseur James Cameron einen lang gehegten Traum, als er mit einem Spezial-U-Boot zum Grund des Pazifischen Ozeans tauchte. *(je richtige Lösung 2 Punkte; höchste Punktzahl: 2 Punkte)*

d Letzte Woche erfüllte sich Regisseur James Cameron einen lang gehegten Traum, indem er mit einem Spezial-U-Boot zum Grund des Pazifischen Ozeans tauchte. *(je richtige Lösung 2 Punkte; höchste Punktzahl: 2 Punkte)*

4 a, b, c Mit einem U-Boot *(adverbiale Bestimmung der Art und Weise)* erreichte *(Prädikat)* James Cameron *(Subjekt)* gestern *(adverbiale Bestimmung der Zeit)* den tiefsten Punkt der Weltmeere *(Akkusativobjekt)*.
(je richtige Lösung 1 Punkt; höchste Punktzahl: a 5 Punkte; b 5 Punkte; c 2 Punkte)

5 James Cameron sagt, die Tiefseegräben seien die letzte unerforschte Grenze unseres Planeten.
(je richtige Lösung 2 Punkte; höchste Punktzahl: 2 Punkte)

Seite 47

Wortarten unterscheiden – Hoch hinaus

Nomen, Adjektive und Präpositionen verwenden

1 a, b mit *großer* Faszination *(D)* – die *gelenkigen* Sportler/-innen *(N)* – *gefährliche* Höhe *(A)* – an den *künstlichen* Kletterwänden *(D)* – *spezieller* Kletterhallen *(G)* – für *schwierige* Kletterstrecken *(A)* – ein *umsetzbares* Bewegungsmuster *(A)*

c Bouldern – Klettern *in* niedriger Höhe
Bouldern – Klettern *mit* Köpfchen
Bouldern – Klettern *für* In- und Outdoorfans
Bouldern – Klettern *zu* jeder Jahreszeit

Seite 48

Pronomen verwenden

1 a, b, c (Personalpronomen: unterstrichen, Possessivpronomen: **fett**)

Bouldern ist mittlerweile ein beliebter Sport. Er spricht sowohl Indoor- als auch Outdoorfans an, denn man kann ihn in Kletterhallen oder unter freiem Himmel ausüben. Boulderer sind flexibel, weil sie nicht unbedingt einen Kletterpartner für **ihre** Absicherung brauchen. In den Kletterhallen wird für den Schutz der Boulderer gesorgt. **Ihre** verschiedenen Kletterbereiche sind mit besonderen Matten („Crashpads") ausgelegt. Mit ihnen können Stürze abgefangen und Fußverletzungen verhindert werden. Im Outdoorbereich gibt es einige berühmte Bouldergebiete, so zum Beispiel im Wald von Fontainebleau in Frankreich. Das Klettergebiet umfasst verschiedene Schwierigkeitsstufen. **Seine** Kletterfelsen ziehen Sportler aus aller Welt an.

2 Wenn man beim Bouldern eine besonders schwierige Stellte geschafft hat, ist das ein wahnsinnig befriedigendes Erlebnis.
Fürs Bouldern braucht man sowohl Kraft als auch ein gutes Bewegungsgefühl. Jene baut der Anfänger relativ schnell auf, dieses kommt erst mit zunehmender Erfahrung.
Fahrt nach Fontainebleau in Frankreich! Ein solches Klettergebiet gibt es nicht noch einmal auf der Welt.

Seite 49

Verben verwenden

1 a A Du trainierst mit voller Konzentration und *versuchst* stets, dein Bestes zu geben.
B Du *kennst* deine Stärken und Schwächen und *wählst* danach die Kletterrouten *aus*.
C Du *lässt* dich von Misserfolgen und Fehlern nicht *abschrecken*.
D Du *machst* auch Kletterpausen und *gönnst* deinem Körper eine Erholung.

b A Ihr *trainiert* mit voller Konzentration und *versucht* stets, euer Bestes zu geben.
B Ihr *kennt* eure Stärken und Schwächen und *wählt* danach die Kletterrouten *aus*.
C Ihr *lasst* euch von Misserfolgen und Fehlern nicht *abschrecken*.
D Ihr *macht* auch Kletterpausen und *gönnt* eurem Körper eine Erholung.

Seite 50

Verben im Aktiv und Passiv verwenden

1 Beim Hallenklettern wird eine künstliche Kletterwand erklommen. Künstliche Haltegriffe werden beim Aufstieg genutzt.
Beim Eisklettern wird an vereisten Wasserflächen emporgeklettert. Steigeisen und Eispickel werden verwendet.
Beim Free-Solo-Gebäudeklettern wird ohne Absicherung die Fassade von Gebäuden erstiegen. Fenstersimse und Rohre werden als Haltpunkte benutzt.

2 a, b
A 2008 *wurde* die Steilwand „El Capitan" in Rekordtempo von Hans Florine und Yuji Hirayama *erklommen*.
B 2010 *wurde* der Gipfel des Mount Everest vom 13-jährigen Jordan Romero *erreicht*.
c A Hans Florine und Yuji Hirayama erklommen 2008 die Steilwand „El Capitan" in Rekordtempo.
B Der 13-jährige Jordan Romero erreichte 2010 den Gipfel des Mount Everest.

Seite 51

Teste dich! – Wortarten

1 a, b der dreizehnjährigen Inderin *(Dativ)* – des höchsten Berges *(Genitiv)* – einem kleinen Dorf *(Dativ)* – das mutige Vorhaben *(Akkusativ)* – der gefährliche Aufstieg *(Nominativ)*
(je richtige Lösung 1 Punkt; höchste Punktzahl: a 5 Punkte; b 5 Punkte)

2 a richtige Possessivpronomen (in der Reihenfolge ihres Erscheinens im Text): ihre – ihrer – seiner
(je richtige Lösung 1 Punkt; höchste Punktzahl: 3 Punkte)
b Poorna → *Sie* – Den Kindern → *Ihnen* – Die Südseite → *Sie*
(je richtige Lösung 1 Punkt; höchste Punktzahl: 3 Punkte)

3 +++ Der höchste Gipfel der Welt wird von Dreizehnjähriger erklommen +++
+++ Der Mut und die Entschlossenheit eines indischen Schulmädchens wurden von der Welt bestaunt +++
(je richtige Lösung 2 Punkte; höchste Punktzahl: 4 Punkte)

Seite 52

Das Tempus des Verbs – Auf dem Sprung

Gegenwärtiges, Zukünftiges und Vergangenes ausdrücken

1 Der Österreicher Felix Baumgartner *hat* einen gewagten Plan: Heute Nachmittag *wird* er aus 36,5 Kilometern Höhe aus der Kapsel eines Ballons *springen*. „Kein Mensch vor mir *hat* jemals eine solche Höhe mit einem Ballon *erreicht*", so Baumgartner. Aber eigentlich *geht* es ihm um etwas anderes: Vermutlich *wird* er als erster Mensch ohne Flugzeug oder Rakete die Schallmauer *durchbrechen*. Baumgartners freier Fall zurück in Richtung Erde *wird* voraussichtlich fünf Minuten *dauern*. „Ich *habe* mich in den letzten Wochen intensiv auf diesen Sprung *vorbereitet*", so der Extremsportler.

Seite 53

Verbformen im Präteritum bilden

1 **senkrecht:** 1) begann, 4) geschah, 8) stieg, 11) misslang, 13) trug, 14) sprang, 15) empfahl, 17) riet, 19) griff, 20) mied, 22) besaß, 23) befahl
waagerecht: 2) brachte, 3) brach, 5) genoss, 6) stahl, 7) hieß, 9) geriet, 10) sandte, 12) gelang, 16) blieb, 18) maß, 21) sah

Seite 54

Damals ... (Teil 1) – Das Präteritum verwenden

1 André-Jacques Garnerin *gelang* im Jahr 1797 der erste Sprung mit dem Fallschirm.
Der Franzose *stieg* mit einem Heißluftballon zu großer Höhe *auf*.
Über einem Park *stürzte* er *sich* mit seinem selbst konstruierten Fallschirm in die Tiefe.
Seine kühne Tat *machte* den Franzosen schlagartig berühmt.

2 a, b richtige Verbformen (starkes Verb: **fett**, schwaches Verb: *kursiv*): *begeisterte* – **kam** – **geriet** – **entwarf** – **misslang** – *wagte* – **brachte** – **sprang ... ab** – **besaß** – **kamen** – *landete*

Seite 55

Damals ... (Teil 2) – Das Präteritum verwenden

1 a, b richtige Verben (in der Reihenfolge ihres Erscheinens im Text; starkes Verb: **fett**, schwaches Verb: *kursiv*): **nahm ... teil** – *interessierten sich* – **brachte** – **sprang** – **aufging** – *raste* – *erreichte* – *stellte ... auf* – *durchführte* – *erzielte* – **kam ... an**

2 a Rekordhöhe! Testpilot Kittinger gelingt Absprung aus 31300 Metern
Spitzenleistung am Himmel: Pilot bricht vier Weltrekorde
Im freien Fall: Amerikaner stürzt in Rekordgeschwindigkeit auf die Erde zu
Nach 13 Minuten und 45 Sekunden: Joe Kittinger landet wieder sicher auf der Erde
b Rekordhöhe! Testpilot Kittinger *gelang* Absprung aus 31300 Metern

Spitzenleistung am Himmel: Pilot *brach* vier Weltrekorde
Im freien Fall: Amerikaner *stürzte* in Rekordgeschwindigkeit auf die Erde *zu*
Nach 13 Minuten und 45 Sekunden: Joe Kittinger *landete* wieder sicher auf der Erde

c z. B.: Sprung aus 31300 Metern Höhe: Testpilot Kittinger *erreichte* Rekordgeschwindigkeit
Sensationssprung: Spektakuläres Experiment *glückte*
Astronaut *verließ* Rakete in 30 Kilometern Höhe

Seite 56

Das Plusquamperfekt verwenden

1 a A Way erzielte mit 16 Jahren erste Erfolge als Profi. Er fiel schon im Kindergartenalter durch sein Skateboard-Talent auf.
B Beim Surfen verletzte er sich als Zwanzigjähriger schwer. Er legte eine Sportpause ein.
C 2002 entwickelte Way eine spezielle Rampe. Er sprang damit erstmals in die Weite statt in die Höhe.
D Der Skateboarder wagte tatsächlich den Sprung über die Chinesische Mauer. Er trainierte lange.

b A Way erzielte mit 16 Jahren erste Erfolge als Profi, nachdem er schon im Kindergartenalter durch sein Talent aufgefallen war.
B Nachdem er sich als Zwanzigjähriger beim Surfen schwer verletzt hatte, legte er eine Sportpause ein.
C Nachdem Way 2002 eine spezielle Rampe entwickelt hatte, sprang er damit erstmals in die Weite statt in die Höhe.
D Bevor der Skateboarder tatsächlich den Sprung über die Chinesische Mauer wagte, hatte er lange trainiert.

Seite 57

Teste dich! – Das Tempus

1 a, b gelang *(Präteritum)* – vorbereitet hatte *(Plusquamperfekt)* – freute *(Präteritum)* – geschafft hat *(Perfekt)* – Ausruhen werde *(Futur I)* – planen *(Präsens)* *(je richtige Lösung 1 Punkt; höchste Punktzahl: a 6 Punkte; b 6 Punkte)*

2 a, b

	richtig	falsch
A Bevor Jed Mildon mit seinem BMX-Rad durch die Luft gewirbelt war, raste er eine 20 m hohe Rampe hinunter.		X
B Paul Everest, Gründer des Wettbewerbs in Taupo, beglückwünschte Mildon, nachdem dieser seinen Weltrekord aufgestellt hatte.	X	
C Nachdem er den Dreifachsalto schaffte, hatte Mildon einen weiteren Sprung gewagt, an dem er aber gescheitert war.		X

(je richtige Lösung 1 Punkt; höchste Punktzahl: a 3 Punkte; b 3 Punkte)

c A Bevor Jed Mildon mit seinem BMX-Rad durch die Luft wirbelte, war er eine 20 m hohe Rampe hinuntergerast.
C Nachdem er den Dreifachsalto geschafft hatte, wagte Mildon einen weiteren Sprung, an dem er aber scheiterte.
(je richtige Lösung 1 Punkt; höchste Punktzahl: 2 Punkte)

Seite 58

Der Modus des Verbs – Wenn ich träume ...

Den Konjunktiv II bilden und verwenden

1 er wusste → er wüsste | ich fuhr → ich führe | sie standen → sie stünden
ich ging → ich ginge | sie sah → sie sähe | wir brauchten → wir bräuchten

2 a, b (Konjunktiv II: unterstrichen, *würde*-Ersatzform: *kursiv*)
A Wenn alle dieselbe Sprache sprächen
Wir hätten keinen Fremdsprachenunterricht mehr. Egal, wohin wir *reisen würden*, wir verstünden alle Menschen. ...
B Wenn es keinen elektrischen Strom gäbe
Wir müssten auf elektrische Geräte verzichten. Unsere Wohnungen *würden* wir wieder mit Kerzen *beleuchten*. ...
C Wenn die Menschen auch auf dem Mars *leben würden*
Wahrscheinlich *würden* die Schulen Klassenfahrten zum Mars *organisieren*. Viele von uns hätten vielleicht eine Zweitwohnung auf dem Mars. ...

Seite 59

3 a richtige Verbformen: A wäre – B würde – C hätten – D verschwänden – E gäbe
b A Wenn die Erde eine vereiste Kugel wäre, *trügen* wir stets warme Kleidung.
B Wenn die Welt von einem König regiert würde, *wäre* unsere Mitbestimmung stark eingeschränkt.
C Wenn wir vor nichts und niemandem Angst hätten, *würden* wir größere Vorsicht *zeigen*.

D Wenn alle Menschen von der Erde verschwänden, *würden* die Tiere die Welt *beherrschen*.
E Wenn es kein Geld auf der Welt gäbe, *begännen* wir wieder mit dem Tauschhandel.

Seite 60

Ich träume von ... (Teil 1) – Den Konjunktiv II verwenden

1 Vor allem das 12. und 13. Jahrhundert *würde* ich gerne *besuchen*. [...] Zuvor *führe* ich ins mittelalterliche England.
Ich *würde* gerne Klavier *spielen*. [...] *Wäre* ich Pianist, *würde* ich vor allem die Werke von Bach *aufführen*.
Sie *zögen* ein Jahr lang durch die Welt, so wie es die Zimmermänner machen [...]. Abgesehen von dieser einjährigen Wanderschaft *fände* ich es toll, wenn es Augenschauhäuser *gäbe* [...]. In ihnen *säße* man sich in Kreisen gegenüber, die sich alle zwei, drei Minuten weiterdrehen, und *würde* eine Stunde lang verschiedenen Menschen in die Augen *schauen*.

2 z. B.: Wenn ich mir etwas wünschen könnte, *hätte* ich gerne einen großen Bruder.
Wären Zeitreisen möglich, *würde* ich ins Jahr 2099 *reisen*.
Wenn ich unendlich viel Geld hätte, *gäbe* ich allen Hilfsbedürftigen etwas ab.
Könnte ich eine andere Person sein, *wäre* ich gerne ein berühmter Popstar.

Seite 61

Ich träume von ... (Teil 2) – Den Konjunktiv II verwenden

1 a, b
Die Zutaten zu dieser Glückspille *wären* vielfältig. Zu den wichtigsten Bestandteilen aber *würden* zerbröselte Haarspitzen von Johann Sebastian Bach und John Lennon *gehören*. Das *brächte* den Swing in die Pille und die Finger zum Schnipsen.
Einmal am Tag – morgens vor Schulbeginn – *wäre* Doo-wop-Zeit. [...] Was *würde passieren*, wenn man diese Pille *nähme*? Kinder *kämen* entspannt und ausgeglichen in die Schule. Sie *wären* selbstbewusst gegenüber anderen Schülern, denn sie *würden* immer den *rhythm spüren*. Das *würde* sie weicher *machen*, sie *bekämen* eine empfindsame Natur, sie *wären* wach für die Umwelt und vor allem aufgeschlossen. [...] Wenn auch unsere Großeltern diese Pillen *schlucken würden*, *würden* sie ihre Weisheit nie verlieren. Und die Enkel *würden* sie freiwillig als Vorbilder *akzeptieren*, weil sie entspannt *wären*. Doo-wop *wäre* auch für Politiker gut. Sie *würden* nachdenklicher und *träfen* ihre Entscheidungen weitsichtiger. Sie *müssten* nicht mehr auf Konflikte reagieren, sondern *würden* sie schon im Vorfeld *entschärfen*. Die Wirkung von Doo-wop *bestünde* also vor allem darin, Balance zu schaffen zwischen Denken und Handeln. [...] Doo-wop *gäbe* es in keiner Apotheke, es *wäre* nicht käuflich. Es *würde* in der Musik *stecken*, und wir *hätten* es alle im Gefühl.

Seite 62

Der Konjunktiv I in der indirekten Rede

1 a (Redebegleitsätze: [umrahmt], Verbformen in der indirekten Rede: unterstrichen)
2004 schlossen sich rund 20 000 Wolkenfreunde in der britischen „Cloud Appreciation Society" (= Vereinigung der Wolkenfreunde) zusammen, darunter auch 500 Deutsche. Gavin Pretor-Pinney, der Verbandsgründer, gerät beim Blick in den Himmel immer wieder ins Schwärmen. (1) Wolken, [so erklärt er], würden sich wie Gesichter von Menschen lesen lassen. (2) Sie seien Ausdruck atmosphärischer Launen. (3) Die meisten Menschen wüssten jedoch nicht mehr, den Gesichtsausdruck der Natur zu entziffern, [beklagt der Brite.]
b Satz (1): w-Er   Satz (2): Kon I   Satz (3): Kon II

2 A Pretor-Pinney meint, in Deutschland und England würden wir die Wolken schlechtmachen, weil wir so viele davon hätten.
B Er behauptet, Wolken seien etwas Schönes, sie gäben uns ein Gefühl von Raum und Weite.
C Pretor-Pinney stellt fest, beim Beobachten der Wolken fühle man sich frei.

Seite 63

Wolken und Wellen (Teil 1) – Der Konjunktiv I in der indirekten Rede

1 b, c (Redebegleitsätze: [umrahmt], Verbformen in der indirekten Rede: unterstrichen)
[Pretor-Pinney behauptet], flache, von Hügeln umgebene Landschaften seien eine ideale Kulisse, wenn man den Himmel beobachten wolle. Wolken können laut Pretor-Pinney ganz verschiedene Bedeutungen haben. [Der Wolkenbeobachter sagt], in England stünden Wolken meist für etwas Dunkles oder Schlechtes, das auf einen zukomme. In den Niederlanden, [so fährt er fort], nenne man ein properes, rundes Baby eine „Wolke von einem Kind". Und im arabischen Raum bedeute der Satz „Sein Himmel ist immer voller Wolken", dass man vom Glück verwöhnt sei. Nicht in allen Ländern stößt die Website von Pretor-Pinney auf positive Resonanz. [Er räumt ein], es hänge wohl davon ab, ob in dem jeweiligen Land der Humor unserer Website verstanden werde oder nicht.

Seite 64

Wolken und Wellen (Teil 2) – Der Konjunktiv I in der indirekten Rede

1 b, c (Konjunktiv I: unterstrichen, Konjunktiv II: geschlängelt, *würde*-Ersatzform: *kursiv*)
Das Meer übt auf viele Menschen durch die gleichmäßige Bewegung der Wellen, die an die Küste schlagen, eine große Faszination aus. Der britische Wolken- und Wellenbeobachter Gavin Pretor-Pinney meint, es erinnere daran, dass es ein Grundprinzip des Lebens auf der Erde sei, Energie zu übertragen. Wenn man Kinder am Strand beim Spiel mit den Wellen beobachte, bekomme man ein Gefühl dafür, was für eine spannende Sache das Meer sei. Den Menschen, die durch einen Urlaub ihrem Alltag zu entkommen versuchen, empfiehlt der Brite das tägliche Wellenbeobachten als Alternative. Es bringe ihm mehr, als nur für zwei Wochen wegzufahren. Wellen zu beobachten, erscheint zwar auf den ersten Blick sinnlos. Aber durch Aktivitäten wie das Wellenbeobachten *würden* wir uns sozusagen das Nichtstun *erlauben,* so Pretor-Pinney weiter, und das wiederum ermögliche, Denkblockaden zu lösen. Freiräume täten sich auf, in denen man tiefer über Dinge nachdenken könne.

Seite 65

Teste dich! – Der Konjunktiv I in der indirekten Rede

1 a ich bin → ich sei; er trägt → er trage; wir ziehen → wir ziehen
ihr geht → ihr gehet; du suchst → du suchest; sie arbeitet → sie arbeite
(je richtige Lösung 1 Punkt; höchste Punktzahl: 6 Punkte)

b Konjunktiv II: wir zögen *würde*-Ersatzform: wir würden ziehen
(je richtige Lösung 1 Punkt; höchste Punktzahl: 2 Punkte)

2
A Tim erläutert, Wetterbeobachter *würden* täglich in den Himmel *schauen* und den Wolkenstand *prüfen*.
B Mia meint, die Flugsicherheit *hänge* entscheidend von den Informationen der Wetterbeobachter *ab*.
C Ben sagt, die Wetterbeobachter *säßen* meist in einem Häuschen am Rande des Rollfeldes.
D Leon erklärt, der Job des Wetterbeobachters *sei* ihm viel zu einsam.
(je richtige Lösung 2 Punkte; höchste Punktzahl: 8 Punkte)

3 a Mark Twain spottete einst, jeder schimpfe auf das Wetter, aber keiner tue etwas dagegen.
(je richtige Lösung 1 Punkt; höchste Punktzahl: 2 Punkte)
b „Jeder *schimpft* auf das Wetter, aber keiner *tut* etwas dagegen." (Mark Twain)
(je richtige Lösung 1 Punkt; höchste Punktzahl: 2 Punkte)

Seite 66

Sätze und Satzglieder – Unterwegs

Satzglieder bestimmen und verwenden

1 a, b Die adverbialen Bestimmungen in der Reihenfolge ihres Erscheinens im Text: von England nach Amerika *(adverbiale Bestimmung des Ortes)* – wochenlang *(adverbiale Bestimmung der Zeit)* – dem stürmischen Atlantik *(Dativobjekt)* – wohlbehütet *(adverbiale Bestimmung der Art und Weise)* – wagt *(Prädikat)* – Charlotte *(Subjekt)* – ihr Vertrauen *(Akkusativobjekt)* – wegen einer falschen Entscheidung *(adverbiale Bestimmung des Grundes)*

Seite 67

2 a, b (adverbiale Bestimmung der Zeit: unterstrichen, adverbiale Bestimmung des Ortes: *kursiv*, adverbiale Bestimmung der Art und Weise: **fett**, adverbiale Bestimmung des Grundes: geschlängelt)
A Ein 15-Jähriger taucht **mit einem U-Boot** tagelang *durch einen geheimnisvollen Tiefseegraben*.
B Ein Raumschiff fliegt im Jahr 2033 auf Grund eines Steuerungsfehlers *zum Roten Planeten*.
C Eine Jugendliche versteckt sich viele Monate lang *auf einer unbewohnten Südseeinsel*.
D Zwei Freunde wandern wegen einer verlorenen Wette **ohne Gepäck** *durch die Sahara*.
E Ein 16-jähriges Mädchen klettert **allein** *auf den höchsten Berg der Erde*.

Seite 68

Sätze zu Satzreihen und Satzgefügen verknüpfen

1 a Seine Mutter kennt er nicht, *weil* sie ihn und seinen Vater vor langer Zeit verlassen hat.
Früher hat Joel seinen Vater immer wieder nach seiner Mutter gefragt, *obwohl* Samuel ihm stets nur vage Auskünfte gegeben hat.
Doch plötzlich ändert sich alles, *als* ein Brief mit der Adresse von Joels Mutter auftaucht.
Der 15-Jährige macht sich schließlich alleine auf die Suche nach seiner Mutter, *nachdem* Samuel das Zusammentreffen mit ihr immer wieder hinausgezögert hat.

b Die neu gebildeten Sätze bestehen aus *Satzgefügen*.
c Mögliche neu verknüpfte Sätze mit der Konjunktion *denn*:
Seine Mutter kennt er nicht, *denn* sie hat ihn und seinen Vater vor langer Zeit verlassen.
Doch plötzlich ändert sich alles, *denn* ein Brief mit der Adresse von Joels Mutter taucht auf.
Der 15-Jährige macht sich schließlich alleine auf die Suche nach seiner Mutter, *denn* Samuel hat das Zusammentreffen mit ihr immer wieder hinausgezögert.
Möglicher neu verknüpfter Satz mit der Konjunktion *aber*:
Früher hat Joel seinen Vater immer wieder nach seiner Mutter gefragt, *aber* Samuel hat ihm stets nur vage Auskünfte gegeben.

Seite 69

Subjektsätze und Objektsätze verwenden

1 *Dass das vordere Fahrwerk klemmte*, zwang den Piloten einer Boeing 767 zu einer Notlandung.
Dass der Pilot zuvor fast den gesamten Treibstoff abließ, verringerte die Explosionsgefahr bei diesem riskanten Manöver.
Es grenzt an ein Wunder, *dass alle 231 an Bord befindlichen Fluggäste unverletzt blieben*.
Unter Experten gilt es als sehr ungewöhnlich, *dass ein Fahrwerk bei der Landung plötzlich ausfällt*.

2 Der Pilot beschreibt, *wie das Landemanöver ablief*.
Die Flugbehörden untersuchen, *warum das Fahrwerk klemmte*.
Die Passagiere freuten sich, *dass ihre Flugreise letztlich glücklich endete*.

Seite 70

Relativsätze verwenden

1 Charles Lindbergh, *der 1927 als erster Mensch alleine über den Atlantik flog*, ging als Held in die Geschichte der Fliegerei ein.
Amelia Earhart, *die aus Amerika stammte*, wagte 1928 als erste Frau alleine einen Transatlantikflug.
Wiley Post startete am 15. Juli 1933 zum ersten Alleinflug um die Erde, *der 8 Tage, 15 Stunden und 51 Minuten dauerte*.

2 a Käthe Paulus war eine berühmte Fallschirmspringerin des 19. Jahrhunderts.
b Käthe Paulus war eine Fallschirmspringerin, die im 19. Jahrhundert berühmt war.

Seite 71

Adverbialsätze bilden: Angaben zu Zeit, Ort, Art und Weise, Grund

1 a, b 2013 machte die Britin Sarah Outen Schlagzeilen, *als* sie als erste Frau den Pazifik alleine und ohne Zwischenstopp mit einem Ruderboot überquerte (AdZ). *Nachdem* sie in 150 Tagen auf See 7000 Kilometer zurückgelegt hatte *(AdZ)*, kam sie erschöpft, aber glücklich in Alaska an. Gestartet war die 28-jährige Extremsportlerin in Japan, *wo* sie ihr Boot „Happy Socks" zu Wasser gelassen hatte *(AdO)*. [...] Sie kenterte fünfmal und wurde im dichten Nebel fast von einem Frachtschiff gerammt, das sie nicht bemerkte, *weil/da* ihre Radaranlage ausgefallen war *(AdG)*. Die letzten paar Hundert Meter musste sie sich von einem Boot schleppen lassen, *da/weil* die Strömung wegen eines Sturms zu stark war *(AdG)*. Outen nutzte ihre Reise zudem für einen guten Zweck, *indem* sie zu Spenden für die Früherkennung von Brustkrebs aufrief *(AdAW)*.

Seite 72

2 A Sarah Outen verbrachte 150 Tage allein auf dem Pazifik, *wo sie immer wieder Gefahren ausgesetzt war*.
B Zielpunkt war die Küste Alaskas, *wohin Sarah Outen mit ihrem Boot ruderte*.
C Sarah Outen wurde auch in Großbritannien gefeiert, *woher die 28-Jährige stammt*.

3 Sarah Outen schrieb regelmäßig einen Blog, *während sie den Pazifik überquerte*.
Die Ruderin war erschöpft, aber glücklich, *nachdem sie die Küste Alaskas erreicht hatte*.
Sarah Outen testete ihr Ruderboot, *bevor sie zu ihrer Pazifiküberquerung aufbrach*.

4 Sie legte die Distanz zurück, *indem sie jeden Tag bis zu acht Stunden schwamm*.
Sie schützte sich vor den Haien, *indem sie in einem Käfig schwamm*.
Sie motivierte sich durchzuhalten, *indem sie mit dem Meer sprach*.

Seite 73

Konditional- und Finalsätze verwenden

1 a z. B.: Reisen ohne Geld ist möglich, *wenn/falls/sofern man sich auf Tauschgeschäfte einlässt*.
b [...] Darin waren seine Kamera, Kleidung, sein Laptop und Medikamente, falls er auf der Reise krank werden sollte. [...] Sofern man offen auf andere Menschen zugeht, kann man auch ohne Geld überleben. Wenn man es richtig anstellt, macht man sogar die Erfahrung, dass weniger oft mehr ist.

2 Wigge hat das Buch geschrieben, *damit die Leser die Vorteile ungewöhnlichen Reisens erkennen.*
Er hat seine Erfahrungen formuliert, *damit die Leser einen Sinn für den Wert einfacher Dinge entwickeln.*

Seite 74

Adverbialsätze verwenden und bestimmen

1 a, b (Adverbialsatz der Zeit: unterstrichen, Adverbialsatz der Art und Weise: *kursiv*, Adverbialsatz des Grundes: gepunktet, Adverbialsatz der Bedingung: **fett**, Adverbialsatz des Zwecks: geschlängelt)

+++ 28-Jährige wandert durch Deutschland, damit sie Spenden sammeln kann +++
+++ Extremsportler bricht geplante Weltumseglung ab, weil das Wetter schlecht ist +++
+++ Berühmter Kletterer gab ein Interview, bevor er den Gipfel erreichte +++
+++ Marathonläufer: „Jeder kann das Ziel erreichen, **wenn er entsprechend trainiert**!“ +++
+++ Weltumseglerin entkommt einem Sturm, *indem sie geschickt manövriert* +++
+++ Aktivistin reist nach Tibet, damit sie eine Blindenschule eröffnen kann +++
+++ Wüstenlauf: Favorit gibt auf, da er krank ist +++
+++ Extremschwimmer: „**Sofern das Wetter gut ist**, werde ich morgen starten“ +++
+++ Ruderin kenterte, nachdem sie erfolgreich gestartet war +++
+++ Segler bricht den Temporekord, *indem er ein neues Boot verwendet* +++

Seite 75

Auf Reisen (Teil 1) – Adverbialsätze verwenden

1 z. B.: Ich reise, *indem ich mein Auto nutze.*
Ich reise, *nachdem ich genug Geld zusammengespart habe.*
Ich reise, *wenn ich Zeit habe.*
Ich reise, *damit ich fremde Länder kennen lernen kann.*
Ich reise, *wohin mich meine Neugier trägt.*
Ich reise, *weil ich Menschen aus anderen Kulturkreisen kennen lernen will.*

2 a Man kann auf den höchsten Berg der Welt steigen, *wenn man ein Höhentraining absolviert hat.*
Sofern man genug Wasser dabeihat, kann man durch die Sahara wandern.
Man kann auf den tiefsten Meeresgrund tauchen, *falls man ein Sauerstoffgerät benutzt.*
Wenn man warme Kleidung trägt, kann man zum Nordpol reisen.
b *Wenn man ein Höhentraining absolviert hat*, kann man auf den höchsten Berg der Welt steigen.

Seite 76

Auf Reisen (Teil 2) – Adverbialsätze verwenden

1 a adverbiale Bestimmungen, die zu unterstreichen sind: Zur Unterhaltung der Zuschauer (Z. 2) – Durch das Filmen des Spaziergangs (Z. 9–11) – Nach dem Hinaustragen ins All (Z. 13) – Wegen der einzuhaltenden Sicherheitsvorschriften (Z. 15 f.)
b *Damit die Zuschauer unterhalten werden*, denken sich die Olympia-Organisatoren auch immer wieder neue, ungewöhnliche Reiseziele aus.
Indem der Spaziergang gefilmt wurde, konnte der historische Moment für die Öffentlichkeit festgehalten werden.
Nachdem sie ins All hinausgetragen worden war, blieb die Fackel rund eine Stunde dort und kehrte vier Tage später zur Erde zurück.
Weil die Sicherheitsvorschriften eingehalten werden mussten, durfte die Fackel allerdings während der gesamten Weltraummission nicht angezündet werden.

2 *Wenn die Eintrittspreise ansteigen*, werden die Zuschauerzahlen zurückgehen.
Viele Zuschauer werden enttäuscht sein, *falls die Olympiafavoriten scheitern.*

Seite 77

Teste dich! – Adverbialsätze

1 a *Indem er den Amazonas in 66 Tagen durchschwamm*, stellte Martin Strel 2007 einen Weltrekord auf.
Louis Palmer machte 2008 Schlagzeilen, *indem er die Welt mit einem Solartaxi umrundete.*
(je richtige Lösung 3 Punkte; höchste Punktzahl: 6 Punkte)
b Rob Thomson erlangte 2009 *durch das Umrunden der Welt mit einem Skateboard* einen Eintrag ins Guinness-Buch der Rekorde. *(je richtige Lösung 3 Punkte; höchste Punktzahl: 3 Punkte)*

2 a Sie sammelten Spenden im Internet, *damit sie die Kosten für ihre Reise decken konnten.*
Die Brüder führten während ihrer Reise einen Blog, *damit sich ihre Unterstützer regelmäßig über ihre Erlebnisse informieren konnten.* *(je richtige Lösung 2 Punkte; höchste Punktzahl: 4 Punkte)*

b Man muss mehr Zeit für krankheitsbedingte Pausen einplanen, *wenn man von Berlin nach Schanghai radeln will.*
(je richtige Lösung 2 Punkte; höchste Punktzahl: 2 Punkte)

Rechtschreibung

Seite 78

Das kann ich schon! – Mit Rechtschreibstrategien Fehler finden und berichtigen

1
- Wörter, die man so schreibt, wie man sie beim deutlichen Sprechen hört
- Verwandte Wörter mit *a* und *au* ableiten
- zusammengesetzte Wörter zerlegen
- unklare Auslaute und Einsilber verlängern

(je richtige Lösung 1 Punkt; höchste Punktzahl: 4 Punkte)

2 a, b
- das Skelett, wertvoll, das Werkzeug, der Querschnitt
- die Schildkröte, der Verbundstoff, der Schutzpanzer, der Halbkugelbau, der Bestandteil, die Ultraschalljagd
- das Gebäude, die Säuberung, die Wärme, auffällig
- M das Ohr, der Stahl, die Dehnung, die Zähmung

(je richtige Lösung 1 Punkt; höchste Punktzahl: a 14 Punkte; b 4 Punkte)

3 a das Eiweiß, schließlich, die Eiskugel, der Beweis, heiß, der Schuss, die Gießkanne, schießen, das Eisen, die Messe, der Reißverschluss, der Umriss, die Messmethoden
(je richtige Lösung 1 Punkt; höchste Punktzahl: 14 Punkte)

b
- das Eiweiß, der Beweis, heiß, der Schuss, der Reißverschluss, der Umriss
- schließlich, die Eiskugel, die Gießkanne, der Reißverschluss, die Messmethoden

(je richtige Lösung 1 Punkt; höchste Punktzahl: 14 Punkte)

Seite 79

4 a Fehler im Text: *e*inklang (Z. 2), *a*nregungen (Z. 3), Umgan*k* (Z 4), Mü*l*vermeidung (Z. 6), Rü*k*führung (Z. 6), Naturkrei*ß*lauf (Z. 7), *i*nneren (Z. 8), erke*n*bar (Z. 8 f.), *m*aterial (Z. 10), schwa*m*artige (Z. 11), Kno*c*henbelkchen (Z. 11), gi*p*t (Z. 15)
(je richtige Lösung 1 Punkt; höchste Punktzahl: 12 Punkte)

b
- Umgan*g*, gi*b*t
- Mü*ll*vermeidung, Rü*ck*führung, Naturkrei*s*lauf, erke*nn*bar, schwa*mm*artig
- Knochenb*ä*lkchen
- XX im *E*inklang, viele *A*nregungen, in ihrem *I*nneren, viel *M*aterial

(je richtige Lösung 1 Punkt; höchste Punktzahl: 12 Punkte)

c Fehlerschwerpunkt: *unklare Laute in zusammengesetzten Wörtern.* Die Rechtschreibstrategie *Zerlegen* hat der Verfasser am wenigsten beachtet.
(je richtige Lösung 1 Punkt; höchste Punktzahl: 2 Punkte)

5 a, b
Bereits im 19. Jahrhundert kamen Ingenieure auf die Idee**,** die Leichtbauweise der Knochen als Vorbild für technische Konstruktionen zu nehmen. Sie begeisterte beispielsweise der Gedanke**,** dass der Elefantenkopf trotz seiner leichten Knochen in der Lage ist**,** schwere Lasten ohne Probleme wegzuschieben. Hier holten sie sich Ideen dafür**,** leichte und trotzdem leistungsfähige Lastenkräne zu konstruieren. Auch Architekten reizte es**,** das Leichtbauprinzip der Knochen auf die Stahlkonstruktion von Gebäuden zu übertragen. Der Eiffelturm in Paris ist zum Beispiel weltberühmt. Seine Erbauer wandten das Prinzip des Knochenbaus an (,) und sie sparten so 20 Prozent an Gewicht und Material ein. Dass er trotzdem alle Stürme und Umwelteinflüsse aushält, beweist er seit 1889.
(je richtige Lösung 1 Punkt; höchste Punktzahl: a 6 Punkte; b 1 Punkte)

c Fehlerschwerpunkt: *Komma beim Infinitiv mit „zu"*
(je richtige Lösung 1 Punkt; höchste Punktzahl: 1 Punkt)

Seite 80

Rechtschreibstrategien anwenden – Fehler vermeiden

Strategien: Wörter verlängern und zerlegen

1 Verlängert werden müssen: *der Gepard, der Leopard, der Hund.*

2 a, b, c Zerlegen muss man: die Sand\fischhaut – die Sande, der Schlag\flug – die Schläge und die Flüge, der Flug\samen – die Flüge, das Urpferd|chen| – die Pferde.

3 a,b sorgsam (7), unbeugsam (4), erheblich (11), überheblich (6), weiblich (3), grundlos (1), neidlos (5), belanglos (2), empfindlich (9), gelblich (8), randlos (10)

Seite 81

Strategien: Wörter ableiten und merken

1 die Kräuter – das Kraut, das Gebäude – bauen, der Wärter – warten, die Schläuche – der Schlauch, stählern – der Stahl, wählen – die Wahl, versäumen – der Saum, aufbäumen – der Baum, die Saugnäpfe – der Napf, die Säugetiere – saugen, die Quälgeister – die Qual, das Zähnchen – der Zahn

2 a, b

L					M	Ä	D	C	H	E	N
Ä							K		G		D
S	Ä	B	E	L	K	N	Ä	U	E	L	Ä
T							S		S		M
E	G	E	L	Ä	N	D	E	R	C	K	L
R	Ä	U	S	P	E	R	N		H	Ä	I
N	S	Ä	U	L	E				Ä	N	C
K			K	Ä	F	E	R		F	G	H
R	B	Ä	R					S	T	U	
Ä	A	U	T	O	R	I	T	Ä	T	R	
H								G		U	
E								E			

Autorität
Bär
dämlich
Geländer
Geschäft
Käfer
Känguru
Käse
Knäuel
Krähe
lästern
Mädchen
räuspern
Säbel
Säule

3 Ableitungswörter: aussätzig, ergänzen, das Gefäß, gefräßig, das Pflänzchen, der Träger, die Säure, der Verstärker, erklären, die Dämmwirkung
Merkwörter M: ständig, der Jähzorn, ächzen

Seite 82

Einen Text überarbeiten – Strategien anwenden

1+2

verlängern	zerlegen	ableiten	merken M
Bild (Z. 4)	Zugfreien (Z. 17)	Wände (Z. 28)	Ihre (Z. 2)
Hauptbaustoff (Z. 20), sinkt (Z. 28), Sauerstoff (Z. 31), Vorbild (Z. 32), Luftzug (Z. 35), Termitenwand (Z. 37), gelingt (Z. 38 f.)	Zugluft (Z. 13), entlangströmt (Z. 37), möglich (Z. 44)	Wände (Z. 23), luftdurchlässig (Z. 24), Wärme (Z. 38), lässt (Z. 38), Gebäude (Z. 39), Hälfte (Z. 40)	sind (Z. 11, 23), Sie (Z. 13, 24), kühlt (Z. 27), während (Z. 29), Vorteil (Z. 36)

Seite 83

Teste dich! – Dein Strategiewissen

1 Richtige Aussagen:
– Verlängern ist eine Strategie, um die Schreibung am Wortende zu ermitteln.
– Verlängern ist eine Strategie, um die Schreibung einsilbiger Wörter herauszufinden.
– Zerlegen muss man zusammengesetzte Wörter mit Verlängerungsstellen.

– Zerlegen muss man Wörter mit Bausteinen.
– Ableiten gilt nur für Wörter mit *ä* und *äu*.

(je richtige Lösung 1 Punkt; höchste Punktzahl: 5 Punkte)

2 a, b

das Jahrtausen*d* die Schwi*mm*blase *käu*flich kr*ä*nkeln spannen*d*

die Stüc*k*zahl die Oberfl*ä*che der Aufwan*d*

(je richtige Lösung 1 Punkt; höchste Punktzahl: a 8 Punkte; b 8 Punkte)

3 a Fehler im Text: angepast (Z. 2), Decher (Z. 3 f.), Kompastermiten (Z. 7), aufwermen (Z. 10), ka*n* (Z. 10), Heusern (Z. 11), auffellig (Z. 14), Wenden (Z. 15), Wintfenger (Z. 16), Wintfenger (Z. 16), Wint (Z. 17), Gebeudeinnere (Z. 17), komt Z. 18), staupfrei (Z. 19)

(je richtige Lösung 1 Punkt; höchste Punktzahl: 14 Punkte)

b, c

verlängern	**zerlegen**	**ableiten**	**merken**
angepa*ss*t (Z. 2), ka*nn* (Z. 10), Win*d* (Z. 17), ko*mm*t (Z. 18)	Kompa*ss*termiten (Z. 7), Win*d*fänger (Z. 16), stau*b*frei (Z. 19)	D*ä*cher (Z. 3 f.), aufw*ä*rmen (Z. 10), H*äu*sern (Z. 11), auff*ä*llig (Z. 14), W*ä*nden (Z. 15), Windf*ä*nger (Z. 16), Geb*äu*deinnere (Z. 17)	z. B.: i*h*rem (Z. 1), w*ä*hrend (Z. 3), sin*d* (Z. 8, 12), ma*n* (Z. 11), Le*h*m (Z. 13), *sie* (Z. 3, 6, 12, 14, 19), kü*h*lenden (Z. 17)

(je richtige Lösung 1 Punkt; höchste Punktzahl: b 14 Punkte; c 5 Punkte)

Seite 84

Rechtschreibung verstehen – Regeln anwenden

Doppelte Konsonanten – Achte auf die erste Silbe

1 **l/ll:** brü*ll*en, die Pu*l*te, so*ll*en, be*ll*en, die Wä*l*der, ho*l*en
m/mm: su*mm*en, die Pu*m*pe, der Hu*m*or, fli*mm*ern, das Zi*mm*er
t/tt: ra*t*en, die Ra*tt*e, die Ra*t*e, die Ren*t*e, der Win*t*er
n/nn: ze*n*tral, ne*nn*en, we*n*den, die Ka*n*te, wei*n*en, ke*nn*en

2 + 3

Erste Silbe *offen*	**Erste Silbe *geschlossen***	
	Zwei *verschiedene* Konsonanten	**Zwei *gleiche* Konsonanten**
ho len, der Hu mor, ra ten, die Ra te, wei nen	die Pul te, die Wäl der, die Pum pe, die Ren te, der Win ter, zen tral, wen den, die Kan te	brül len, sol len, bel len, sum men, flim mern, das Zim mer, die Rat te, nen nen, ken nen
ro te, grü ne, brau ne	Fän ge, lan ge, Bil der, gel be	Fäl le/fal len, knal len, hel le

Seite 85

Wörter mit *h* – Wenn die erste Silbe offen ist, ...

1 gähnen gehen Nahrung erwähnen fahren bestehen vergehen die Röhre unzählig lehren

2 a, b, c

Wörter mit silbenöffnendem *h*	**Merkwörter mit *h***
Rehe, Zehen	wahre, Zehner, Uhren, der Stahl – stählern, die Bahnen, die Jahre, die Wahlen, die Zahlen, die Mahle
Die erste Silbe ist *offen*. Das *h* gehört zur *zweiten* Silbe. Man spricht das Wort *ohne h*.	Die erste Silbe ist *geschlossen*. Das *h* gehört zur *ersten* Silbe. Man spricht das Wort *ohne h*.

3 Merkwörter M: ungefä*h*r, Ja*h*r, Dra*h*t\gitter, de*h*nte, Ba*h*n\schwelle, Sta*h*l\beton

Seite 86

ss und *ß* in einer Wortfamilie – Achte auf die erste Silbe

1 hei*ß*en, hi*ss*en, vermi*ss*en, pre*ss*en, gie*ß*en, flie*ß*en, bei*ß*en

2 a, b gie*ß*en – der Gu*ss*, bei*ß*en – der Bi*ss*, rei*ß*en – der Ri*ss*, fre*ss*en – der Fra*ß*, beschlie*ß*en – der Beschlu*ss*, verge*ss*en – verga*ß*, mü*ss*en – mu*ss*, schlie*ß*en – das Schlo*ss*, la*ss*en – lie*ß*, wi*ss*en – wei*ß*, me*ss*en – ma*ß*

3 a das Gebi*ss*, der Bei*ß*ring, er bei*ß*t, er bi*ss*, die Bi*ss*wunde, er hat gebi*ss*en

b z. B.: **essen:** er i*ss*t, er hat gege*ss*en, er a*ß*, das E*ss*zimmer, das E*ss*besteck
fließen: sie flo*ss*, sie ist geflo*ss*en, die Flie*ß*richtung, der Flu*ss*, der Abflu*ss*
schießen: es hat gescho*ss*en, der Schu*ss*, die Schu*ss*waffe, die Schie*ß*anlage

4 a

A Das Wasser eines Flusses flie*ß*t nicht überall gleichmä*ß*ig schnell.

B Ein Hund, der bei*ß*t, kann mit seinem Gebi*ss* große Bi*ss*wunden verursachen. Deshalb sollte er immer einen Bei*ß*schutz tragen.

C Weil der Regengu*ss* ausblieb, mu*ss* Gustav das Beet mit der Gie*ß*kanne bewässern.

Seite 87

i oder *ie*? – Achte auf die Silbenzahl

1 Graff*i*ti, die Emot*i*on, die Informat*i*on, das Prakt*i*kum, die Z*ie*le, die B*i*onik, das Lex*i*kon, der Opt*i*mist, der Pess*i*mist, der Z*ie*genkäse, das S*i*l*i*z*i*um, die Turb*i*ne

2 a, b

							1	F	I	N	G	I	E	R	E	N
						2	P	A	R	O	D	I	E	R	E	N
							3	S	T	U	D	I	E	R	E	N
				4	K	A	P	I	T	U	L	I	E	R	E	N
						5	P	L	O	M	B	I	E	R	E	N
						6	F	L	A	M	B	I	E	R	E	N
							7	H	A	L	B	I	E	R	E	N
						8	B	L	O	C	K	I	E	R	E	N
							9	P	R	O	B	I	E	R	E	N
10	V	E	R	B	A	R	R	I	K	A	D	I	E	R	E	N
								11	R	A	D	I	E	R	E	N
					12	M	A	R	S	C	H	I	E	R	E	N

im gleichmäßigen Schritt gehen (12)
unterbinden (8)
vortäuschen (1)
aufgeben (4)
etwas komisch nachmachen (2)
lernen (3)
Löcher in Zähnen füllen (5)
Alkohol in Speisen anzünden (6)
verkleinern (7)
versuchen (9)
absperren (10)
Bleistift beseitigen (11)

3 a Ukra*i*ne, Masch*i*ne, Kab*i*ne, Turb*i*ne, Gard*i*ne, Masch*i*ne, Apfels*i*ne, Mandar*i*ne, Vasel*i*ne, Sultan*i*ne, Terr*i*ne, Ru*i*ne, Badu*i*ne, Law*i*ne

4 Bei der Nachsilbe *-ine* wird die regelhafte *ie*-Schreibung bei zweisilbigen deutschen Wörtern nicht außer Kraft gesetzt, denn das *i* bei *-ine* kommt ja nicht in der ersten Silbe vor.
Die Verbindung *-ieren* muss man sich merken, weil das *ie* eben nicht in der ersten Silbe des Wortes steht.

Seite 88

Fremdwörter mit *ph*, *th*, *ch* und *y* – Im Wörterbuch nachschlagen

1 a spanische Wörter: Fisika, Coro, Fisioterapia

b (Merkstellen (M): *kursiv*)
die *Ph*ysik, das *Ch*loro*ph*yll, die *Th*eologie, das *Th*eater, der *Ch*or, die *Ph*ysio*th*erapie, die *Ph*rase, der *Rh*y*th*mus

c eine Wissenschaft = die Physik – Blattgrün = das Chlorophyll – Gruppe von Sängern = der Chor – Religionswissenschaft = die Theologie – Schauspielhaus = das Theater – Heilbehandlung = die Physiotherapie – leere Redensart = die Phrase – Takt, z. B. in der Musik = der Rhythmus

2 b deutsche Schreibweisen: *F*oto, Dikta*f*on, *F*antasie, Gra*f*ik, *T*unfisch

3

Man spricht das *y* wie ein *i*.	Man spricht das *y* wie ein *ü*.
das Baby, die City, die Story, der Body, die Party	das Gymnasium, das Acrylglas, typisch, hydraulisch, die Dynamik, das Dynamit, der Dynamo, psychisch, das Symbol

4 a (Merkstellen M: *kursiv*)
A In der *Ph*ysikstunde ist das *Th*ema die Leistung des Dynamos.
B Im *Th*eater gibt es einen *Th*emenabend rund um das Stück „Das *Ph*antom der Oper".

Seite 89

Teste dich! – Dein Regelwissen

1 Richtig sind Aussage: B, C, E, F, G, falsch sind Aussage: A, D.
(je richtige Lösung 1 Punkt; höchste Punktzahl: 7 Punkte)

2

Doppelkonsonanten	*i-ie*-Schreibung	*ss-ß*-Schreibung	Fremdwörter
kö*nn*ten (Z. 12), Abschni*tt*en (Z. 17), geste*ll*t (Z. 18)	Archi*t*ekten (Z. 7), v*ie*le (Z. 7), R*ie*senackerschachtelhalm (Z. 14), versch*ie*denen (Z. 16), durchz*ie*hen (Z. 21 f.), stab*i*l (Z. 29), flex*i*bel (Z. 29 f.)	au*ß*en (Z. 18), desse*n* (Z. 25)	Symbol (Z. 1), systematisch (Z. 2 f.), mathematische (Z. 6), Skyline (Z. 24)

(je richtige Lösung 1 Punkt; höchste Punktzahl: a 16 Punkte; b 16 Punkte)

3 a Beispiele für zweisilbige Wörter, deren erste Silbe offen ist: da her (Z. 2), bau en (Z. 3, 5), hö her (Z. 5), Na tur (Z. 7), Grä ser (Z. 8) *(je richtige Lösung 1 Punkt; höchste Punktzahl: 5 Punkte)*
b Beispiele für Wörter, deren erste Silbe geschlossen ist: Wol kenkratzer (Z. 1), bil den (Z. 8), Hal me (Z. 8), kön nen (Z. 10), wel che (Z. 11) *(je richtige Lösung 1 Punkt; höchste Punktzahl: 5 Punkte)*

Seite 90

Groß- und Kleinschreibung – Nomen schreibt man groß

Nomenproben anwenden

1 a Wenn fliegen hinter fliegen fliegen, fliegen fliegen fliegen hinterher.
b Wenn *die* Fliegen hinter *den* Fliegen fliegen, fliegen *die* Fliegen *den* Fliegen hinterher.
c z. B.: Wenn *vier* Fliegen hinter *vielen* Fliegen fliegen, fliegen *vier* Fliegen hinter *vielen* Fliegen her.
Wenn *lästige* Fliegen hinter *nervösen* Fliegen fliegen, fliegen *lästige* Fliegen *nervösen* Fliegen hinterher.

2 a, b (Artikelformen: umrahmt, Adjektive: unterschlängelt)
*F*liegen (Z. 1), lästige *S*törenfriede (Z. 1), der *M*ensch (Z. 2), dem *K*ampf (Z. 3), *S*ieger (Z. 3), den *Ü*berraschungseffekt (Z. 4), erfolgreiche *A*ktion (Z. 4 f.), kleine *N*ervensäge (Z. 6), der *M*ensch (Z. 6 f.), winzig kleines *G*ehirn (Z. 7), die *F*acettenaugen (Z. 8 f.), der *F*liege (Z. 9), einen *R*undumblick (Z. 9), der *M*ensch (Z. 11), *A*ugen (Z. 11), *K*opf (Z. 11), die *S*inneszellen (Z. 12 f.), der *F*liege (Z. 13), *L*ichtveränderungen (Z. 13 f.), des *M*enschen (Z. 14), die *F*liege (Z. 15), den *S*chatten (Z. 15), der *H*and (Z. 15), das *G*ehirn (Z. 17), gewöhnlichen *S*tubenfliege (Z. 17 f.), die *I*nformationen (Z. 18 f.), kurze und einfache *W*ege (Z. 19), vom *A*uge (Z. 20), zum *G*ehirn (Z. 20), *F*orscher (Z. 21), das *F*liegengehirn (Z. 21 f.), *N*ervenzellen (Z. 22), *A*ufgaben (Z. 22 f.), das *G*ehirn (Z. 24), *E*rfolg (Z. 24), die *S*chaltungen (Z. 25), *R*oboter (Z. 25), *A*ufgaben (Z. 26)
c z. B.: Artikelprobe: *die* Fliegen (Z. 1), *der* Sieger (Z. 3), *die* Augen (Z. 11), *der* Kopf (Z. 11)
Zählprobe: *viele* Lichtveränderungen (Z. 13 f.), *zwei* Forscher (Z. 21), *einige* Nervenzellen (Z. 22), *drei* Aufgaben (Z. 22 f.)
Adjektivprobe: *großer* Erfolg (Z. 24), *kleiner* Roboter (Z. 25), *leichte* Aufgaben (Z. 26)

Seite 91

Verben wie Nomen nutzen

1 Menschen *lernen* die Bewegungsabläufe beim *Heranwachsen*. Bei Maschinen wird natürliches *Lernen* durch das *Entwickeln und Funktionieren* von Technik ersetzt.

2 A Menschen erwarten von den Robotern das *Schleppen* schwerer Lasten, das *Lösen* schwieriger Aufgaben, das *Abnehmen* langweiliger Arbeit und das *Meistern* gefährlicher Situationen.
B Aufgabe der Roboter in Industriehallen ist das *Übernehmen* bzw. *Erleichtern* ermüdender Arbeiten.
C Ihre Aufgabe ist das *Herstellen* von Waren, das *Verpacken* von Waren, das *Heben* von Gegenständen, das *Mischen* von Farben, das *Verschweißen* von Teilen, das passende *Abf*üllen von Tanks mit Treibstoff.
D Ziel der Bioniker ist das *Ausstatten* der Roboter mit menschlichen Eigenschaften, um sie auch in Privathaushalten einzusetzen. Ihre Aufgabe ist das *Mähen* des Rasens, das *Helfen* im Haushalt, das *Pflegen* alter Menschen und vieles mehr.

Seite 92

Adjektive wie Nomen nutzen

1 Richtige Aussagen sind:
- Vor der Nominalisierung kann ein Artikel stehen.
- Vor der Nominalisierung kann ein unbestimmtes Zahlwort stehen.
- Die Grundformen nominalisierter Adjektive werden verändert.

2 passende nominalisierte Adjektive (in der Reihenfolge ihres Erscheinens im Text): Alten – Kranken – Bekanntes – Wichtiges – Besondere – Neue – Praktisches – Wichtige – Erstrebenswertes

Seite 93

Zusammen- und Getrenntschreibung – Achte auf die Wortarten

Zusammenschreibung – *Wassereis* und *wasserblau*

1

A **Nomen + Nomen**	B **Nomen + Adjektiv**	C **Adjektiv + Adjektiv**
Wassereis, Zitroneneis, Zitronenwasser, Schneewasser	schneeweiß, blutrot, zitronengelb, wasserblau, eiskalt, nachtschwarz	hellblau, dunkelblau, mittelblau, hellrot, dunkelrot, mittelrot, ...

2 a z. B.: anfahren, ausgehen, ausstatten, aufstehen, ablaufen, vorbeifahren, hingehen, loslaufen, weiterlaufen, hinterherlaufen, umfahren, weiterarbeiten, zurückweichen, stattfinden, mitgeben, ...

b sinnvolle Zusammensetzungen (in der Reihenfolge ihres Erscheinens im Text): loslaufen – ausweichen – umfahren – zurückfahren – weiterfahren – hinterherfahren – ausstatten – aufhalten

Seite 94

Zusammenschreibung – Von *weiterentwickelten Robotern* und *Zukunftsforschern*

1 a Zu streichende Fehlschreibungen sind: Roboter Entwickler (Z. 1), Aufrecht gehen (Z. 3), über tragen (Z. 4), nach bauen (Z. 6), weiter entwickeln (Z. 7), super leicht (Z. 9), Service Roboter (Z. 11), Empfangs Dame (Z. 12), ein gesetzt (Z. 13), Grund Lage (Z. 14), Zukunfts Forschung (Z. 15), Strom Kabel (Z. 18), Strom Quelle (Z. 19 f.), an sehen (Z. 21).

b

Nomen + Nomen	**Zusammensetzungen mit Adjektiven**	**Verben + unveränderliche Wörter**
Roboterentwickler, Serviceroboter, Empfangsdame, Grundlage, Zukunftsforschung, Stromkabel, Stromquelle	superleicht	Aufrechtgehen, übertragen, nachbauen, weiterentwickeln, eingesetzt, ansehen

2 a Fehlschreibungen sind: herum schleppen (Z. 2), super schwer (Z. 4), Energie Fresser (Z. 4 f.), auf geladen (Z. 6), Roboter Entwickler (Z. 7), Energie Sparern (Z. 8), Fortbewegungs Weise (Z. 10 f.), auf nehmen (Z. 11), Einfalls Reichtum (Z. 16).

b

Nomen + Nomen	**Zusammensetzungen mit Adjektiven**	**Verben + unveränderliche Wörter**
Energiefresser, Roboterentwickler, Energiesparen, Fortbewegungsweise, Einfallsreichtum	superschwer	herumschleppen, aufgeladen, aufnehmen

Seite 95

Getrenntschreibung – *Forschungen betreiben* und *erfolgreich sein*

1 z. B.: dabei sein, da sein, zurück sein, hinüber sein, aus sein, bereit sein

2 a

A **Nomen + Verb**	B **Verb + Verb**
Roboter entwickeln, Ultraschall messen, Reflektoren nachbauen, Sensoren erforschen, Muskeln nachbilden, Schlangen fotografieren, ...	entwickeln können, aussenden wollen, nachbauen können, nachbilden sollen, erforschen lernen, fotografieren sollen, auswerten können, ...

b passende Verbverbindungen (in der Reihenfolge ihres Erscheinens im Text): nachbauen können – auswerten können – sollen fotografieren

Seite 96

Getrenntschreibung – Wenn Hunde und Ratten *Vorbilder sind*

1 a Zu streichende Fehlschreibungen sind: Lastentragen (Z. 3 f.), Geländefortbewegen (Z. 4), Hügelerklettern (Z. 5), Wasserwaten (Z. 7), Schlammstapfen (Z. 7), verfügbarsein (Z. 7), tragenkann (Z. 9 f.), abstützenkann (Z. 11 f.), stürzensollte (Z. 13), drehensoll (Z. 17), laufensoll (Z. 18), fallenlassen (Z. 18)

b

Nomen + Verben	Verb + Verb	Verbindungen mit *sein*
Lasten tragen, (im) Gelände fortbewegen, Hügel erklettern, (durchs) Wasser waten, (durch) Schlamm stapfen	tragen kann, abstützen kann, stürzen sollte, drehen soll, laufen soll, fallen lassen	verfügbar sein

2 a Fehlschreibungen sind: Impulsegeliefert (Z. 4), leichtist (Z. 5), gelenktwird (Z. 7), Wirbelsäulebefinden (Z. 8), kletternkann (Z. 12), festhaltenkann (Z. 14), Schädenfeststellen (Z. 19), ausgestattetsind (Z. 20), durchführenkönnen (Z. 23).

b

Nomen + Verben	Verb + Verb	Verbindungen mit *sein*
Impulse geliefert, in der Wirbelsäule befinden, Schäden feststellen	gelenkt wird, klettern kann, festhalten kann, durchführen können	leicht ist, ausgestattet sind

Seite 97

Teste dich! – Groß oder klein, getrennt oder zusammen?

1 Richtig sind die Aussagen: A, B, D, E, F.

(je richtige Lösung 1 Punkt; höchste Punktzahl: 5 Punkte)

2 a Fernsteuer*ung* (Z. 1 f.), Voraussetz*ung* (Z. 3 f.), Orientier*ung* (Z. 4 f.), Beweg*ungen* (Z. 17), Umgeb*ung* (Z. 18), Berühr*ung* (Z. 19), Hinder*nis* (Z. 21, 24), Programmier*ung* (Z. 26) *(je richtige Lösung 1 Punkt; höchste Punktzahl: 7 Punkte)*

b *selbstständige* Roboter (Z. 1), *gute* Bewegungsapparatur (Z. 3), *weitere* Voraussetzung (Z. 3 f.), *künstlichen* Fühler (Z. 11, 16 f., 21), *langen* Plastikstabpaar (Z. 14), *ovale* Bewegungen (Z. 17) *(je richtige Lösung 1 Punkt; höchste Punktzahl: 5 Punkte)*

c Sensoren (Z. 4): *moderne* Sensoren – Insekten (Z. 5): *viele* Insekten – Roboter (Z. 9): *zwei* Roboter – Fühlern (Z. 10): *den* Fühlern – Vibrationen (Z. 19): *einige* Vibrationen *(je richtige Lösung 1 Punkt; höchste Punktzahl: 5 Punkte)*

3 Verbindungen von Nomen: Stabheuschrecke, Beschleunigungsmotor, Rückschlüsse
Verbindungen mit Verben: konstruiert sind, fortbewegen, auszustatten, nachgebildet, angetrieben, ausgelenkt

(je richtige Lösung 1 Punkt; höchste Punktzahl: 9 Punkte)

Seite 98

Zeichensetzung – Kommaregeln

Das Komma in Satzgefügen – *Energie, die man braucht*

1 a, b Alle Lebewesen benötigen zum Leben Energie, die sie auf unterschiedliche Weise aufnehmen. *(N)*
Während Menschen und Tiere Nahrung zu sich nehmen, nutzen Pflanzen die Sonnenenergie. *(V)*
Die Technik kann von den Tieren lernen, wie man mit Energie und Rohstoffen sparsam umgeht. *(N)*
In der Arktis, wo Lebewesen sich gegen eisige Kälte schützen müssen, sorgt dickes Fell für Wärme. *(E)*

2 a, b Wärme ist für viele Prozesse im Körper wichtig, *die* bei abfallenden Temperaturen nicht mehr funktionieren.
Menschen, *die* stark frieren, schlottern und bekommen eine Gänsehaut.
Schlottern ist eine Reaktion des Körpers, *die* zusätzliche Wärme erzeugt.
Die Gänsehaut ist ein Reflex aus der Urzeit, *in der* der menschliche Körper noch ein dichtes Fell hatte.
Gesträubtes Fell bildet Luftpolster, *die* den Körper warm halten und ihn gut isolieren.

3 a, b Für die meisten warmblütigen Säugetiere ist es bequem, *dass* sie sich auf ihr Fell verlassen können.
Damit sich ein Eisbär tarnen kann, hat er ein Fell aus farblosen Haaren, *das* weiß aussieht.
Damit ist gesichert, *dass* er für seine Beute bei der Jagd nur schwer zu erkennen ist.
Das Problem eines weißen Felles ist aber, *dass* das Sonnenlicht von hellen Oberflächen abprallt.
Das bedeutet, *dass* ein weißer Eisbär sich nicht gut im kalten Klima durch die Sonne aufwärmen kann.
Es wäre wärmetechnisch günstiger, wenn er schwarzes Fell hätte. Was macht die Natur?
Das Fell des Bären, *das* ihm zu einer so guten Tarnung verhilft, ist weiß. Dafür ist seine Haut schwarz.

Seite 99

Das Komma in Satzgefügen – *Weißt du, dass Eisbären ...?*

1 a, b, c *Dass* die Haut des Eisbären schwarz ist, kann man an der Nase, an den Lippen und an der Unterseite der Tatzen sehen. *(V)* Dadurch(,) *dass* die Haut die Sonnenstrahlen am Nordpol gut einfangen kann, können Eisbären sich auch bei wenig Sonne aufwärmen. *(E) Das* ist nur der erste Trick, der eine Anpassung an das kalte Klima darstellt. *(N)* Die Haare des Eisbärfells, die dick und wuschelig wirken, sind innen hohl. *(E)* Ein Eisbärhaar sieht aus wie eine Röhre, während das Haar des Menschen dünn und fest ist. *(N)* Das Haar des Eisbären leitet das Sonnenlicht auf die schwarze Haut, wo es zur optimalen Erwärmung führt. *(N)* Nun würden Forscher gerne wissen, wie das funktioniert. *(N)* Es wäre nämlich sehr gut, wenn man diese Technik auf die Dämmung von Häusern übertagen könnte. *(N)*

2 a, b, c

A Eigentlich entweicht die als Wärme gespeicherte Sonnenenergie in kalten Gebieten sehr rasch, was für den Eisbären ein besonderes Problem darstellt.
Oder: Dass die als Wärme gespeicherte Sonnenenergie in kalten Gebieten sehr rasch entweicht, stellt für Eisbären ein besonderes Problem dar.

B Er braucht eine gleichbleibende Körpertemperatur, weil er ohne sie nicht leben könnte.

C Er ist an die Lebensbedingungen insofern angepasst, als er die Energie in seiner Fettschicht speichern kann.
Oder: Dadurch(,) dass er die Energie in seiner Fettschicht speichern kann, ist er an die Lebensbedingungen angepasst.
Oder: Er, der die Energie in seiner Fettschicht speichern kann, ist an die Lebensbedingungen angepasst.

D Weil sein Fell außerdem wie eine Wärmedämmung wirkt, hält es die Wärme am Körper.
Oder: Sein Fell, das wie eine Wärmedämmung wirkt, hält die Wärme am Körper.

E Außen ist der Eisbär so kalt wie seine Umgebung, sodass man ihn selbst mit einer Wärmekamera nicht in seiner Umgebung aus Eis und Schnee auffinden kann.

Seite 100

Das Komma in Infinitivsätzen mit *zu* (Teil 1) – *Beobachten, um zu lernen*

1 a, b, c Multifunktionale Körperteile von Tieren sind eine Voraussetzung *dafür*, in der Natur überleben zu können. *(H)*
Das Fell des Eisbären ist *dafür* geeignet, ihn im Eis zu tarnen und ihn warm zu halten. *(H)*
Aufgabe des Vogelgefieders ist *es*, gegen Feinde zu tarnen, warm zu halten und das Fliegen zu ermöglichen. *(H)*
Katzenpfoten sind wahre Wunderwerke: *Um* sich anzuschleichen, werden die Krallen eingezogen. *(E)*
Um Beute zu fangen, werden die Krallen ausgefahren. *(E)*
Um beim Klettern nicht abzurutschen, werden die Krallen als Kletterhaken genutzt. *(E)*
Vom Menschen entwickelte Maschinen sind kaum in der Lage *dazu*, mit diesen Leistungen mitzuhalten. *(H)*
Meist gelingt *es* ihnen, nur eine Sache gut zu machen. *(H)*
Dennoch arbeiten Bioniker *daran*, Produkte mit vielen Leistungsmöglichkeiten zu entwickeln. *(H)*

2 Meist gelingt es ihnen nur, eine Sache gut zu machen.
Meist gelingt es ihnen, nur eine Sache gut zu machen.

3 a, b Wissenschaftler arbeiten mit Hochdruck *daran*, multifunktionale Geräte zu entwickeln. *(H)*
Bioniker erforschen die Tierwelt, *um* sich Anregungen zur Entwicklung neuer Techniken zu holen. *(E)*
Die Wirtschaft setzt *darauf*, neue Märkte zu erschließen. *(H)*

Seite 101

Das Komma in Infinitivsätzen mit *zu* (Teil 2) – *Beobachten, um zu lernen*

1 a, b *Um* Wärmeenergie in Gebäuden zu sparen, orientieren sich die Forscher am Eisbärfell. *(E)*
Ihr Ziel ist *es*, Isolationsmaterialien zu entwickeln, die besonders viel Wärme im Gebäude bewahren. *(H)*
Andererseits sollen sie *dazu* in der Lage sein, wenig Wärme wieder an die Umgebung abzugeben. *(H)*
Ursprünglich hatte man Kunststoffröhrchen eingesetzt, *um* gute Isolationsmaterialien zu entwickeln. *(E)*
Den Forschern war *es* dabei aber nicht gelungen, zufriedenstellende Ergebnisse zu erzielen. *(H)*
Anstatt Kunststoffröhren zu verwenden, nutzen neu entwickelte Dämmungen Glasröhrchen. *(E)*
Und *anstatt* sie auf Hartschaumplatten zu montieren, werden sie auf schwarzer, dünner Folie befestigt. *(E)*
Es scheint auf den ersten Blick unlogisch, mit dünneren Stoffen höhere Dämmwerte zu erzielen. *(H)*
Die Forschungen am Eisbärfell führten *dazu*, eine neue Wärmedämmung zu entwickeln. *(H)*

2
A Die Inuit in den kalten Eiswüsten brauchten Tierfelle, *um überleben zu können.*
B Bärenfelle brauchten sie, *um sich gegen die Kälte schützen zu können.*
C Robbenfelle waren wichtig, *um sich im und auf dem Wasser aufhalten zu können.*
D Heute setzen Inuit auf moderne Materialien, *ohne dann aber die schützenden Eigenschaften der Tierfelle erwarten zu dürfen.*
E In der Textilindustrie ist das Eisbärfell Vorbild, *um Garne mit Hohlräumen zu entwickeln.*
F Diese neuartigen Materialien werden schon verwendet, *um vor allem Schlafsäcke daraus herzustellen.*
G Die Garne sind für die Dämmung geeignet, *ohne jedoch die Lichtdurchlässigkeit zu gewährleisten.*

Seite 102

Teste dich! – Satzgefüge und Infinitivsätze mit *zu*

1 H dass – I Das – L das *(je richtige Lösung 1 Punkt; höchste Punktzahl: 3 Punkte)*

2 a, b, c, d

A An Land verhilft das Fell dem Eisbären dazu, es auch bei kältesten Temperaturen schön warm zu haben. *(I)*
B Im Wasser hilft ihm das allerdings nicht, weil einem nassen Fell die isolierenden Luftkammern fehlen. *(Sg)*
C Im kalten Wasser hilft dann die dicke Speckschicht, die auch Robben und Wale im Wasser überleben lässt. *(Sg)*
D Techniker für Gebäudedämmungen nehmen sich solche Tiere zum Vorbild, die auch in eiskalten Gewässern überleben können. *(Sg)*
E Wenn die Wassertemperatur bei minus 2 °C liegt, dann wird ein Thermometer auf der äußeren Robbenhaut minus 1,5 °C anzeigen. *(Sg)*
F Im Körperinneren der Robbe bleibt die Temperatur bei 37 °C, die sie für die Lebensprozesse braucht. *(Sg)*
G Dabei ist die Speckschicht, die für diese Leistung verantwortlich ist, nur ca. sechs Zentimeter dick. *(Sg)*
H Ihre Anpassungsfähigkeit macht es möglich, *dass* die Außenhaut der Weddellrobbenhaut immer nur ein wenig wärmer ist als die Außentemperatur. *(Sg)*
I *Das* ist unabhängig davon, ob das Wasser plus 20 °C hat oder minus 5 °C. *(Sg)*
J Aber eine Fingerlänge körpereinwärts wird bereits die Temperatur erreicht, die das Tier benötigt. *(Sg)*
K Das gelingt nur, weil die Speckschicht fast keine Wärme ableitet. *(Sg)*
L Damit hat die Robbe ein Energiesparsystem entwickelt, *das* auf zusätzliches Heizen und Kühlen vollständig verzichten kann. *(Sg)*

(je richtige Lösung 1 Punkt; höchste Punktzahl: a 13 Punkte; b 12 Punkte; c 1 Punkt; d 5 Punkte)

3 *Damit man Gebäude isolieren kann*, muss man heute noch viel Material für die Dämmung verbrauchen.
(je richtige Lösung 1 Punkt; höchste Punktzahl: 1 Punkt)

4 a Wenn man Häuser ohne zusätzlichen Energieaufwand dämmen will, ist noch viel Entwicklungsarbeit nötig.
(je richtige Lösung 1 Punkt; höchste Punktzahl: 1 Punkt)
b *Um die Häuser ohne zusätzlichen Energieaufwand dämmen zu können*, ist noch viel Entwicklungsarbeit nötig.
(je richtige Lösung 1 Punkt; höchste Punktzahl: 1 Punkt)

Ich teste meinen Lernstand

Seite 103

Test A – Texte und Schaubilder lesen und verstehen

Seite 104

1 C ist richtig. *(richtige Lösung 1 Punkt; höchste Punktzahl: 1 Punkt)*

2 a, b B ist richtig, vgl. Z. 4–6. *(richtige Lösung 1 Punkt; höchste Punktzahl: a 1 Punkt; b 1 Punkt)*

3 A ist richtig. *(richtige Lösung 1 Punkt; höchste Punktzahl: 1 Punkt)*

4 a, b Mit dem Diagramm können folgende Informationen verbunden werden: „4 % Jugendlichen, die ... sich selbst zum Vorbild nehmen“ (Z. 21–24), „50 % ... Menschen aus dem Alltag“ (Z. 27 f.), „Nur 2 % ... ‚klassische[n] Vorbilder‘“ (Z. 32 f.), „Schauspieler, Musiker und Sportler ... etwas über ein Viertel der Vorbilder“ (Z. 34 ff.),
(je richtige Lösung 1 Punkt; höchste Punktzahl: a 4 Punkte; b 4 Punkte)

5 richtig: D, E, F falsch: A, B, C *(je richtige Lösung 1 Punkt; höchste Punktzahl: 6 Punkte)*

6 Die Initiative wollte mit dem Wettbewerb herausfinden, wen Jugendliche als Vorbilder ansehen, wenn es um Verantwortung und Toleranz geht. *(richtige Lösung 1 Punkt; höchste Punktzahl: 1 Punkt)*

Seite 106

1 D ist richtig. *(richtige Lösung 1 Punkt; höchste Punktzahl: 1 Punkt)*

2 A 6, B 4, C 5, D 1, E 2, F 3 *(je richtige Lösung 1 Punkt; höchste Punktzahl: 6 Punkte)*

3 richtig: A, C, E, F, falsch: B, D *(je richtige Lösung 1 Punkt; höchste Punktzahl: 6 Punkte)*

4 A 3, B 2, C 4, D 1, E 5 *(je richtige Lösung 1 Punkt; höchste Punktzahl: 5 Punkte)*

Seite 107

5 a Z. 1–29 *(richtige Lösung 1 Punkt; höchste Punktzahl: 1 Punkt)*
b Jonas möchte zeigen, dass es viele Möglichkeiten gibt, sich für den Erhalt von Umwelt und Natur einzusetzen. Er möchte seine Mitmenschen sensibilisieren und motivieren. *(richtige Lösung 1 Punkt; höchste Punktzahl: 1 Punkt)*

1 A 2, B 3, C 1 *(je richtige Lösung 1 Punkt; höchste Punktzahl: 3 Punkte)*

2 Autor: *Joostein Gaarder* – Titel: *„2084 – Noras Welt"* – Thema: *Umweltschutz, Klimakatastrophe, Artensterben, Ökologie, Erderwärmung* – Originalsprache: *Norwegisch* – Übersetzer: *Gabriele Haefs* – Verlag: Hanser – Bekanntes Buch des Autors: *„Sofies Welt"* *(je richtige Lösung 1 Punkt; höchste Punktzahl: 6 Punkte)*

Seite 108

1 A: M 5, B: M 4, C: M 5, D: M 4 *(je richtige Lösung 1 Punkt; höchste Punktzahl: 4 Punkte)*

2 eher positiv: A, B, C, E, F, eher negativ: D, G *(je richtige Lösung 1 Punkt; höchste Punktzahl: 8 Punkte)*

Seite 109

Test B – Einen informierenden und einen argumentierenden Text schreiben

1 a, b In dem Jugendbuch „2084 – Noras Welt" von Joostein Gaarder aus dem Jahr 2013 geht es um eine Jugendliche, die sich auf Grund ihrer Sorgen vor der wachsenden Klimakatastrophe auf der Erde für den Umweltschutz engagiert.
Die Hauptfigur Nora ist 16 Jahre alt. Weil sie in ihren Träumen ihrer eigenen Urenkelin begegnet und mit ihr ein Leben in der Zukunft im Jahr 2084 erlebt, bei welchem die Erde durch Auswirkungen der Klimakatastrophe zerstört wird, fühlt sie sich verantwortlich, etwas zu verändern. Sie setzt sie sich zusammen mit ihrem Freund Jonas für ihre Umwelt ein. Die beiden Jugendlichen gründen eine Initiative, um ihre Mitmenschen zu motivieren und anzuregen, sich ebenfalls für den Erhalt der Erdatmosphäre zu engagieren.
(je Berücksichtigung der in der Checkliste genannten Aspekte 1 Punkt; höchste Punktzahl: 5 Punkte)

2 a trifft zu: A, B, C, D *(je richtige Lösung 1 Punkt; höchste Punktzahl: 4 Punkte)*
b Ich bin der Meinung, dass der Jugendroman „2084 – Noras Welt" als Klassenlektüre sehr gut geeignet ist, weil er zum Thema „Vorbilder" passt.
Da die Hauptfigur Nora 15 bzw. fast 16 Jahre alt ist, können sich Schülerinnen und Schüler der achten Klasse gut mit dem Mädchen identifizieren. Das Besondere an Nora ist, dass sie sich intensiv und gewissenhaft mit Fragestellungen rund um die Themen „Erderwärmung und Klimakatstrophe" auseinandersetzt. Diese betreffen nicht nur ihr eigenes Leben, sondern auch das von zukünftigen Generationen. Indem sie eine Initiative gründet, ruft sie auch andere Menschen dazu auf, etwas gegen die Auswirkungen des Klimawandels zu unternehmen – ein weiteres Argument dafür, warum Noras Verhalten vorbildlich, mutig und verantwortungsvoll ist.
Für unsere Klasse könnte der Roman interessant sein, weil wir im Alltag viel zu selten daran denken, wie schnell wir alle dazu beitragen, unseren Planeten zu zerstören. Er könnte sogar mithelfen, dass wir uns selbst für den Erhalt der Erdatmosphäre engagieren.
(je Berücksichtigung der in der Aufgabenstellung genannten Aspekte 2 Punkt; höchste Punktzahl: 6 Punkte)

Seite 110

Test C – Grammatik

1 a, b Bei der Abschlussfeier *des diesjährigen Wettbewerbs* (G) stellten *die aufgeregten Teilnehmer* (N) *den geladenen Gästen* (D) *ihre ausgezeichneten Beiträge* (A) vor.
(je richtige Lösung 1 Punkt; höchste Punktzahl: a 4 Punkte; b 4 Punkte)

2 Relativpronomen: die (Z. 5, 14); Possessivpronomen, z. B.: ihre (Z. 11), ihrer (Z. 12 f.), ihr (Z. 15), mein (Z. 17)
(je richtige Lösung 1 Punkt; höchste Punktzahl: 2 Punkte)

3 a *Prämiert wurde vorbildliches Verhalten im Rahmen von Projekten,* die sich um Toleranz und Verantwortung drehten. (Z. 4–6)
(richtige Lösung 1 Punkt; höchste Punktzahl: 1 Punkt)
b Der Satz steht im Präteritum. *(richtige Lösung 1 Punkt; höchste Punktzahl: 1 Punkt)*
c *Die Jury prämierte vorbildliches Verhalten im Rahmen von Projekten,* die sich um Toleranz und Verantwortung drehten.
(richtige Lösung 1 Punkt; höchste Punktzahl: 1 Punkt)

4 a Sie ist der Meinung, wer an sich selbst *glaube, erreiche* fast alles. Deshalb *sei* sie ihr Vorbild, denn wer *wisse* besser als sie, was gut für sie *sei* und was sich gut *anfühle*. Auch Popstars *seien* nur Menschen wie du und ich.
(je richtige Lösung 1 Punkt; höchste Punktzahl: 7 Punkte)
b Sinan sagt: „Meine Freunde sind meine Vorbilder." *(richtige Lösung 1 Punkt; höchste Punktzahl: 1 Punkt)*

Seite 111

5 Satz 1: Perfekt/Präsens, Satz 2: Präsens, Satz 3: Präsens, Satz 4: Präsens, Satz 5: Futur I/Präsens
(je richtige Lösung 1 Punkt; höchste Punktzahl: 5 Punkte)

6 a Auf einer Lesung *(adverbiale Bestimmung)* präsentierte *(Prädikat)* Jostein Gaarder *(Subjekt)* dem begeisterten Publikum *(Dativobjekt)* sein neues Buch *(Akkusativobjekt)*. *(je richtige Lösung 1 Punkt; höchste Punktzahl: 5 Punkte)*
b Jostein Gaarder präsentierte auf einer Lesung dem begeisterten Publikum sein neues Buch.
(richtige Lösung 1 Punkt; höchste Punktzahl: 1 Punkt)

7 a Der Autor erklärt den Zuhörern, *wie eine Schreibidee entsteht.* *(richtige Lösung 1 Punkt; höchste Punktzahl: 1 Punkt)*
b Das Buch, *das den Leser durch seine Fakten erdrückt*, ist dennoch lesenswert.
(richtige Lösung 1 Punkt; höchste Punktzahl: 1 Punkt)

8 a, b *Indem* Jonas ein Referat hält *(Modalsatz)*, informiert er über „biologische Vielfalt".
Nachdem Jonas das Referat gehalten hat *(Temporalsatz)*, beantwortet er Fragen.
Weil das Interesse der Schüler groß ist *(Kausalsatz)*, wird die Diskussion weiter fortgesetzt.
(je richtige Lösung 1 Punkt; höchste Punktzahl: a 3 Punkte; b 3 Punkte)

Seite 112

Test D – Rechtschreibung

1 b Z. 1–3: C – Z. 3–4: D – Z. 4–5: B – Z. 5–6: E – Z. 6–8: A *(je richtige Lösung 1 Punkt; höchste Punktzahl: 5 Punkte)*

2 b z. B.: schickt – schicken, Kind – Kinder, geht – gehen, Blick – Blicke, umtreibt – umtreiben, wird – werden, schreibt – schreiben, muss – müssen, würdigt – würdigen *(je richtige Lösung 1 Punkt; höchste Punktzahl: 5 Punkte)*

3

Nomen + Nomen	**Verb + unveränderliches Wort**
Klimaerwärmung, Gedankensortierer	umtreibt, unternehmen

(je richtige Lösung 1 Punkt; höchste Punktzahl: 4 Punkte)

4 a lässt – lassen, liest – lesen *(je richtige Lösung 1 Punkt; höchste Punktzahl: 2 Punkte)*
b

erste Silbe offen, *s*-Laut summend gesprochen	lesen
erste Silbe offen, *s*-Laut zischend gesprochen	schließen
erste Silbe geschlossen	lassen

(je richtige Lösung 1 Punkt; höchste Punktzahl: 3 Punkte)

5 „Der Norweger ... schickt wieder ein Mädchen auf *die/eine* Erkundung des Denkens."
(richtige Lösung 1 Punkt; höchste Punktzahl: 1 Punkt)

Im Behandlungsraum – Einen Ort beschreiben

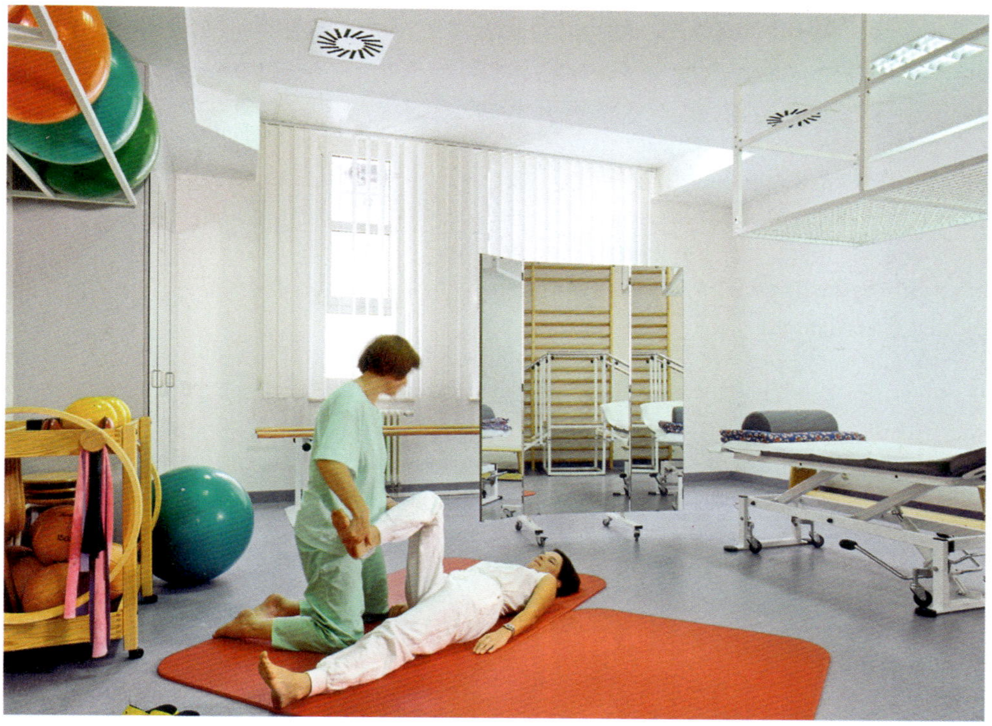

Matten
Liege
Keilkissen
Decke
Spiegel
Barren
Materialwagen
Gymnastikbälle
Gymnastikbänder
Medizinbälle
Reifen
kleine Bälle
Lamellenvorhang
Lüftungen
Sprossenwand
Deckenlampe
Hocker

1 ●●● **Welche Gegenstände befinden sich in dem abgebildeten Behandlungsraum einer Physiotherapeutin? Ordne die Begriffe auf dem Notizzettel rechts den abgebildeten Gegenständen richtig zu. Ziehe Pfeile.**

2 ●●●
a Beende die folgenden Satzanfänge, um den Ort genauer zu beschreiben.
b Bringe die Sätze in eine sinnvolle Reihenfolge für den Hauptteil einer Ortsbeschreibung. Nummeriere sie.

☐ Durch die geöffneten Lamellenvorhänge hindurch erkennt man ________________.

☐ Hinter dem Wagen aufgestapelt lagern ________________.

☐ An der Decke des Raumes befinden sich ________________.

☐ In der Mitte des Raumes liegen ________________.

☐ Auf der rechten Seite befindet sich eine höhenverstellbare ________________.

☐ Oberhalb eines Wagens, der mit Materialien wie ________________ bestückt ist, liegen auf einem Metallregal ________________.

☐ Darauf liegen ________________.

☐ Im Hintergrund steht ________________.

☐ Durch den Spiegel ist erkennbar, dass sich im Eingangsbereich des Raumes an der Wand ________________
________________.

3 ●●● **Formuliere im Heft für den Schlussteil der Beschreibung, wie der Ort auf dich wirkt:**
hell, freundlich, einladend, kühl, klinisch, gemütlich.

Einen Arbeitsablauf beschreiben – Beim Friseur

Methode **Einen Arbeitsablauf beschreiben**

- **Einleitung:** Benenne den Arbeitsablauf und seinen wesentlichen Zweck, z. B.: *Eine Haarwäsche dient dazu, den Kopf der Kunden für den Haarschnitt vorzubereiten.*
- **Hauptteil:** Beschreibe den genauen Arbeitsablauf Schritt für Schritt.
- **Schluss:** Formuliere z. B., wozu der Arbeitsablauf insgesamt dient: *So sind die Haare besser zu schneiden.*
- **Verdeutliche** durch Wörter wie *zuerst, danach* die **Reihenfolge** der Arbeitsschritte.
- Verwende **Aktiv- und Passivformulierungen,** um abwechslungsreicher zu formulieren.
- Verfasse deine Beschreibung im **Präsens.**

1

Stichwortzettel zu 1:
- ...

2

Stichwortzettel zu 2:
- *Haarwaschbecken heranziehen*
- *Lehne vom Frisierstuhl neigen*
- *Nacken/Passform Beckenrand*
- *Vorsicht: keine Haare einklemmen*

3

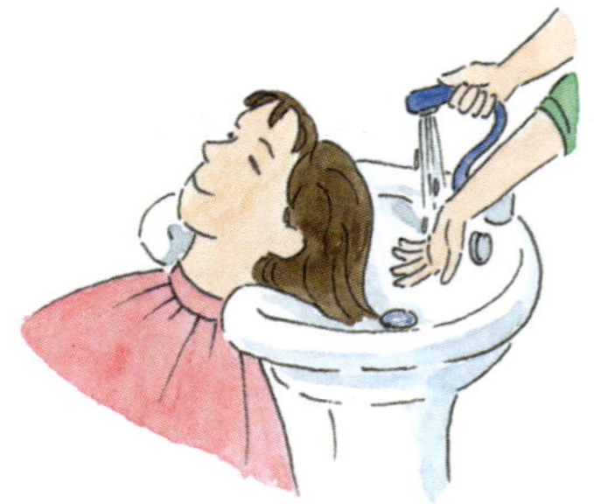

Stichwortzettel zu 3:
- *Rückwärtswaschbecken*
- *warmes und kaltes Wasser mischen*
- *Temperatur prüfen/Handrücken*
- *Handbrause/Haare gut anfeuchten*

4

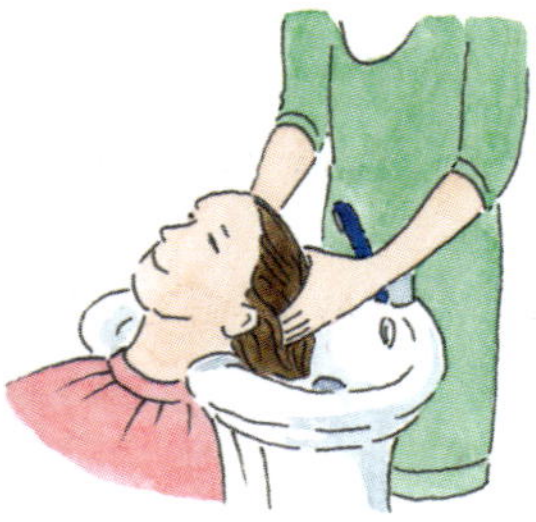

Stichwortzettel zu 4:
- ...

5

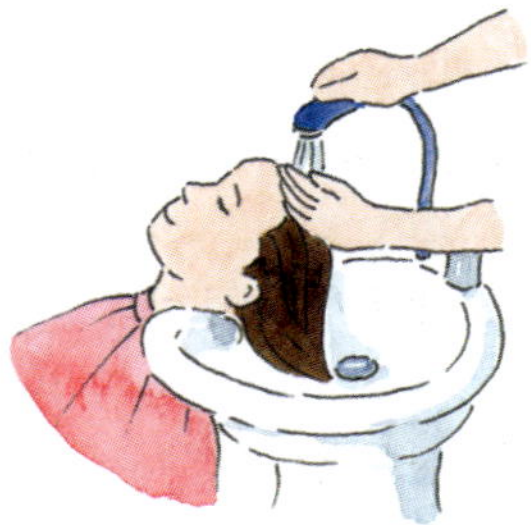

Stichwortzettel zu 5:
- *Shampoo gut ausspülen*
- *Wassertemperatur beachten*
- *Wasser von Stirn über Hinterkopf ablaufen lassen*
- *kein Shampoo in Augen*

6

Stichwortzettel zu 6:
- *Wasserzulauf ...*
- *Haare leicht bündeln*
- *Kopf leicht anheben und ... entfernen*
- *Frottiertuch ...*

Planen

1 **a** **Betrachte den Arbeitsablauf einer Haarwäsche. Notiere zu 1, was zu Beginn geschehen müsste.**
b **Ergänze die Stichwortzettel 4 und 6. Beachte die Fachbegriffe auf den übrigen Stichwortzetteln.**

Schreiben und Überarbeiten

2 **Formuliere eine Einleitung zum abgebildeten Arbeitsablauf. Benenne auch den Zweck der Tätigkeit.**

Bei der dargestellten Tätigkeit handelt sich um ____.

Die Kundin wird damit ______________________________ und es

ist für den Friseur ______________________________.

3 **Beschreibe den Arbeitsablauf in der richtigen Reihenfolge. Setze die begonnene Beschreibung fort. Nutze für die Reihenfolge z. B. die folgenden Zeitangaben:**
zuerst, zunächst, zu Beginn, danach, dann, nun, später, sobald, wenn, anschließend, zum Schluss, schließlich.

1. ______________ bekommt die Kundin zum Schutz ihrer Kleidung Umhang und Frottiertuch umgelegt.

2. ______________ das Waschbecken rückwärts zum Frisierstuhl herangezogen wird, neigt man die Rückenlehne, sodass ______________________________.
Dabei ist es wichtig, darauf zu achten, dass ______________________________.

3. ______________________________

____

4. ______________________________

____

5. ______________________________

____

6. ______________ die letzten Shampooreste ausgespült sind, schließt man den Wasserzulauf. Überschüssiges Wasser in den Haaren der Kundin wird mit der Hand abgestreift. Der Kopf der Kundin wird leicht angehoben, um das Haarwaschbecken gefahrlos entfernen zu können. ______________ legt man ______________________________.

4 **Verwende in der Beschreibung des Arbeitsablaufs sowohl Aktiv- als auch Passivformen. Formuliere dazu die folgenden Sätze in deinem Heft um.**

A Aktiv → *Mit dem Handrücken prüft man die Wassertemperatur.* Passiv → ...
B Passiv → *Warmes und kaltes Wasser werden gemischt.* Aktiv → ...
C Aktiv → *Man spült das Shampoo gründlich mit viel Wasser aus.* Passiv → ...

5 **Prüfe deine Beschreibung mit Hilfe der Checkliste. Kreuze an, was gelungen ist.**

Checkliste

Einen Arbeitsablauf beschreiben

- Werden in Einleitung und Schluss Inhalt und Zweck des Vorgangs benannt?
- Ist der Ablauf im Hauptteil Schritt für Schritt in der richtigen Reihenfolge beschrieben worden?
- Wurden neben Aktiv- auch Passivformulierungen verwendet?
- Wurde der Ablauf im Präsens beschrieben?

Tischtennisschläger beziehen – Eine Arbeitsbeschreibung gliedern

1 ●○○ Ein Schüler beschreibt für sein Praktikum in einem Sportgeschäft, wie ein Tischtennisschläger neu bezogen wird. Bringe seine Beschreibung für den Hauptteil in die richtige Reihenfolge. Ordne die Texte den Bildern 1 bis 6 zu.
Tipp: Ein Bild kann zu mehreren Textabschnitten passen. Verwende dann jeweils dieselbe Bildnummer.

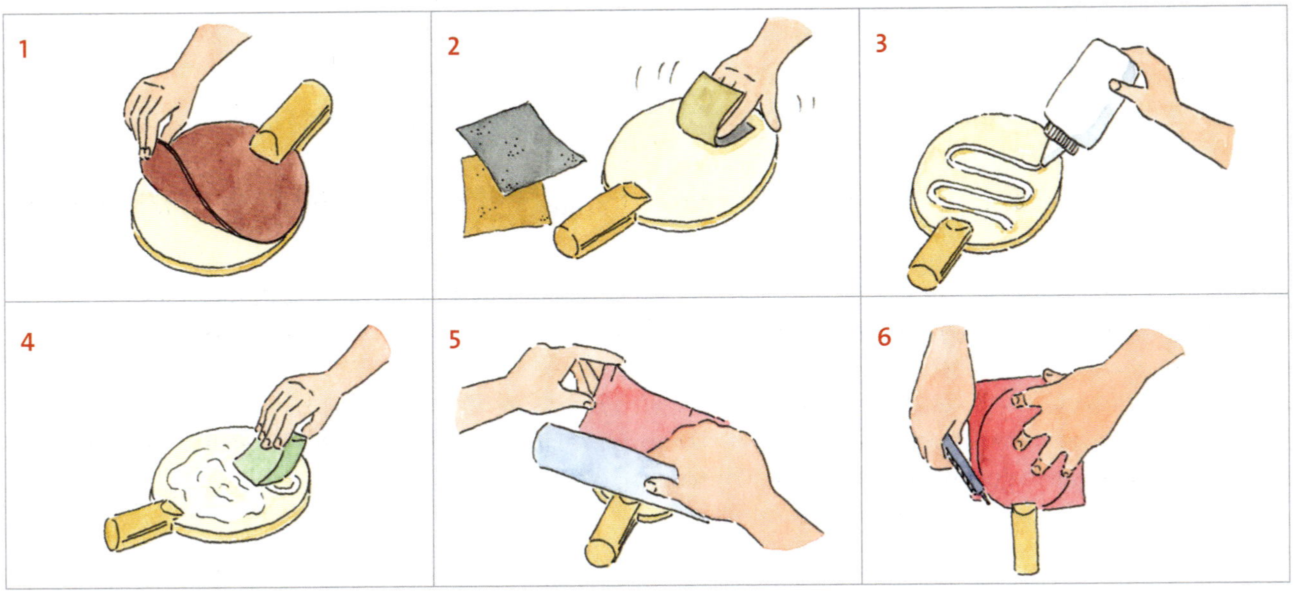

☐ Nachdem die alten Beläge des Tischtennisschlägers vorsichtig entfernt wurden, muss das Holz zuerst von alten Kleber- und Belagresten rückstandsfrei gereinigt werden. Nagellackentferner oder Aceton können hierbei sehr hilfreich sein.

☐ Beide Seiten des Schlägers werden danach mit grobem und schließlich mit feinem Schmirgelpapier angeraut.

☐ Nun beginnt die eigentliche Arbeit. Hierzu sollte ein Kleber verwendet werden, der keine Lösungsmittel enthält. Besonders geeignet sind Kleber auf Wasserbasis.

☐ Schließlich schneidet man mit einem Cutter oder einer Schere den Belag auf die Schlägergröße zu.

☐ Sobald dies geschehen ist, drückt man den neuen Belag auf das Schlägerholz. Dafür verwendet man am besten eine Trinkflasche oder ein Nudelholz.

☐ Daraufhin lässt man den Kleber fünf bis zehn Minuten antrocknen.

☐ Wenn der neue Tischtennisbelag keine Blasen aufweist, ist das ein Zeichen dafür, dass kräftig und gleichmäßig über den Belag gerollt wurde.

☐ Im nächsten Schritt werden die Schlägerseite und der neue Belag dünn und gleichmäßig mit einem kleinen Schwamm oder Pinsel mit dem Kleber bestrichen.

☐ Anschließend bearbeitet man die zweite Schlägerseite wie die erste.

☐ Anschließend muss geprüft werden, ob der Schläger trocken und sauber ist.

2 ●○○ Unterstreiche im Text Wörter, die die Reihenfolge der einzelnen Arbeitsschritte verdeutlichen.

3 ●○○ Hebe wie im ersten Beispiel farblich die Sätze hervor, die im Passiv formuliert wurden.

Schwere Gegenstände heben – Einen Arbeitsablauf beschreiben

Rumpf stets gerade halten | breitbeinig stehen | Unterarme parallel halten | gerade aufrichten

1 ●●● **Beim Praktikum in einer Transportfirma gilt es, auf gesundheitliche Gefahren zu achten. Diese können bei einigen Arbeitsabläufen auftreten, z. B. wenn schwere Kisten gehoben und getragen werden müssen. Beschreibe, wie ein schwerer Gegenstand angehoben werden muss. Gehe so vor:**

a Betrachte die Abbildungen und lies die Beschriftungen. Versuche, den Vorgang richtig nachzumachen.

b Überlege, welche weiteren Verben und Nomen (Fachbegriffe) für die genaue Beschreibung hilfreich sein könnten. Trage sie in den folgenden Wortspeicher ein.

Verben: *halten,* ______________________________

Nomen: *Bauchhöhe,* ______________________________

2 ●●● **Fertige mit Hilfe deiner Vorarbeiten eine genaue Beschreibung des Arbeitsablaufs an.**
Tipp: Verwende Zeitangaben wie: ***zuerst, zunächst, zu Beginn, danach, dann, nun, später, sobald, wenn, anschließend, zum Schluss, schließlich.***

Bei dem dargestellten Arbeitsablauf handelt es sich um ______________________________

______________________________.

Denn man sollte aus gesundheitlichen Gründen darauf achten, dass ______________________________

______________________________.

Zunächst stellt man sich ______________________________

____

____

____

____

____

______________________________.

3 **Beschreibe nach dem Muster oben den Vorgang „sicher auf eine Leiter steigen".**

Argumentieren – Standpunkte schriftlich begründen

Methode **Einen Standpunkt schriftlich begründen**

Beim **Argumentieren** nimmst du **Stellung zu einer Streitfrage.** Gehe so vor:
- **Einleitung**: Beziehe dich auf die **Fragestellung.** Formuliere deine Meinung dazu deutlich.
- **Hauptteil**: Nenne **zwei überzeugende Argumente** für deine Meinung. Gehe auch auf **Gegenargumente** ein. **Entkräfte** sie.
- **Schluss: Bekräftige** erneut deinen Standpunkt.

Die Arbeit mit dem Computer macht den Kindern sicher viel Spaß, da er viele Vorteile gegenüber einem Schulbuch hat.

Ich finde die Idee gut. So hat unser Kleiner zum Beispiel sehr früh die Wörter *Mama, Papa, Ball* und *Computer* gelernt.

Ja, absolut! Schule und Elternhaus müssen gemeinsam arbeiten, denn wir wollen die Kinder doch richtig in die Welt der Mediengesellschaft begleiten.

Ich unterstütze den Gedanken nur, wenn der Einsatz der Computer zum Beispiel maßvoll und nur unter Anleitung durchgeführt wird.

Ich halte nicht so viel von der Idee, denn ein Computer liefert doch nur Arbeitsblätter, die mit Ton, Bewegung und Farbe auf den Bildschirm gebracht werden.

1 **Die Eltern und die Klassenlehrerin einer Grundschulklasse diskutieren über den Unterricht.**
a **Formuliere anhand der Sprechblasen die Streifrage, um die es geht.**

In der Diskussion geht es um

b **Markiere in den Sprechblasen so:**
Unterstreiche Pro-Argumente, umrahme Kontra-Argumente, unterschlängle Beispiele.
c **Ergänze einen weiteren Diskussionsbeitrag in der leeren Sprechblase.**

Planen

2 **a** **Erstelle zur Streitfrage in deinem Heft eine Liste mit möglichen Pro- und Kontra-Argumenten. Übertrage auch die Argumente aus den Sprechblasen.**
b **Notiere Beispiele zu den Argumenten.**

3 **Entscheide, welchen Standpunkt du vertreten willst.**
a **Kreuze an.** ***Die Nutzung von Computern sollte schon in der Grundschule beginnen:*** ☐ **ja** ☐ **nein**
b **Markiere in deiner Liste mindestens zwei starke Argumente, die du für deinen Standpunkt anführen möchtest.**
c **Welches Gegenargument kannst du entkräften? Notiere es:**

Schreiben

4 **In einem Internetforum zur Streitfrage formulierst du deinen Standpunkt zu diesem Thema.**

a Verfasse deine Einleitung. Beziehe dich auf die Ausgangsfrage und formuliere deine Meinung deutlich.

Die Eltern von Grundschulkindern überlegen, ob die Computernutzung im Unterricht

Mein Standpunkt in der Frage lautet:

Ich finde die Idee im Wesentlichen deshalb gut/schlecht,

b Nenne im Hauptteil deine Argumente und Beispiele. Entkräfte mindestens ein Gegenargument.
Tipp: Nutze Verknüpfungen, um Argumente einzuleiten, z. B.: *Hierfür/Hiergegen spricht, denn, weil, da …*, und um Gegenargumente zu entkräften, z. B.: *Sie haben schon Recht, wenn sie sagen, dass … / Aber man muss auch bedenken, dass …/Viel entscheidender ist, dass …*

1. gutes Argument: *Hierfür/Hiergegen spricht vor allem*

Beispiel:

2. gutes Argument: *Außerdem/Darüber hinaus/Ferner darf man nicht vergessen, dass*

Beispiel:

Gegenargument entkräften: *Zwar kann ich verstehen, dass … / … aber viel bedeutsamer ist, dass*

5 Bekräftige zum Schluss erneut deinen Standpunkt.

Aus diesen Gründen bin ich für/gegen

Überarbeiten

6 Prüfe mit Hilfe der Information auf S. 22, ob du die Hinweise für deine schriftliche Begründung beachtet hast.

Notebook-Klassen? – Gegenargumente entkräften

Methode **Gegenargumente entkräften**

Wenn du **überzeugen** willst, musst du **genau hinhören,** welche Argumente andere vortragen.
Auf Argumente, die deiner Meinung widersprechen, solltest du **eingehen und** sie **entkräften.**

- **Auf ein Gegenargument eingehen:** Sage zunächst, was dich an dem Gegenargument überzeugt, z. B.: *Du hast natürlich Recht, wenn du sagst, dass ...*
- **Ein Gegenargument entkräften:** Erläutere dann, wieso das Gegenargument nicht vollständig überzeugt, z. B.: *Aber man muss auch bedenken, dass ... / Viel entscheidender ist ...*

1 ●○○ **Karl ist Schüler einer Notebook-Klasse. In einem Internetforum wird über solche Klassen diskutiert. Karl möchte seinen Standpunkt dazu mitteilen.**

a Stelle anhand der folgenden Sätze fest, welchen Standpunkt Karl einnimmt. Kreuze an:
Karl ist für Notebook-Klassen ☐, gegen Notebook-Klassen ☐.

b Markiere seine Argumente farblich.

www.

Wissenschaftler, Eltern und auch Lehrer fordern oft, man sollte Jugendlichen vor allem in der Schule Computerkenntnisse und den Umgang mit dem Internet beibringen. Diesen Standpunkt vertrete ich auch. Ich bin froh, Schüler in einer Notebook-Klasse zu sein. Viele Studien berichten von Vorteilen, wenn der Umgang mit Computern schon von frühester Kindheit an eine Selbstverständlichkeit ist. Gerade heute, wo wir überall von Computern umgeben sind, müssen wir damit umgehen können. Beispielsweise sind Computerfertigkeiten für eine erfolgreiche Karriere ausschlaggebend und im Grunde unverzichtbar.

2 ●○○ **Karl möchte mögliche Gegenargumente entkräften.**

a Sammle zunächst auf dem Stichwortzettel weitere Einwände, die gegen eine Notebook-Klasse sprechen.

- *Alle müssen die gleiche Software auf dem Notebook haben.*
- *Man muss aufpassen, dass die Rechner nicht zum Spielen oder nur zum Surfen im Internet benutzt werden.*

____

____

____

b Entkräfte mindestens zwei Gegenargumente. Nutze deinen Stichwortzettel und Karls Vorüberlegungen.
Tipp: Beachte die Formulierungshinweise in der Methode oben.

____

____

____

3 **Bearbeite die Folgeseite, wenn du üben möchtest, einen weiteren Forumsbeitrag zu verfassen.**

iPads im Klassenzimmer? – Einen Forumsbeitrag verfassen

1 ●●● **In einem Internetforum wird von einem Schüler mit dem Chatnamen „Zack" die nachstehende Frage zur Diskussion gestellt. Markiere in zwei unterschiedlichen Farben die jeweiligen Pro- und Kontra-Argumente.**

Zack: Hey Leute,
ich muss für meine Deutschhausaufgaben eine Argumentation schreiben zum Thema „Sollen Klassen mit iPads ausgestattet werden?". Wer hilft mir, dafür passende Argumente zu sammeln?

Jola: Das fände ich klasse. Mit den iPads werden Internetrecherchen kinderleicht und es macht sehr viel Spaß, damit zu arbeiten. Außerdem müssten wir nicht mehr jeden Tag die schweren Bücher mit in die Schule schleppen, da sie durch digitalen Lesestoff ersetzt werden würden. Das würde auch Papier sparen und dann dem tropischen Regenwald nützen. iPads sind zudem kleiner und handlicher als Notebooks und sind Buch, Heft und sogar Hausaufgaben in einem.

Kati: Nein, diese Geräte sind viel zu teuer! Soll sie sich etwa jeder selbst anschaffen? Außerdem gehen nicht alle Schüler pfleglich mit ihren Sachen um. Was würde passieren, wenn ein iPad runterfällt? Wer zahlt dann die Reparatur? Auch die Hausaufgaben könnten wir uns per Mausklick gegenseitig verschicken. Doch ob unsere Lehrer das so toll fänden, wage ich zu bezweifeln.

2 ●●●
a Übertrage in eine Liste im Heft die Pro-Argumente und Beispiele aus dem Forum.
b Ergänze mögliche weitere Argumente und Beispiele.

Pro-Argumente	Beispiele
…	…

3 ●●● **Entkräfte das folgende Schülerargument durch ein Gegenargument mit Beispiel:**

„Zum heimlichen Surfen wären sie doch toll!"

____

____

4 ●●● **Formuliere im Heft einen eigenen Forumsbeitrag zum Thema. Beachte dabei die Checkliste.**

Checkliste

Argumentieren – Einen Forumsbeitrag schreiben

- **Einleitung:** Beziehst du dich in der Einleitung auf die Fragestellung?
- **Standpunkt:** Formulierst du deine Meinung deutlich zu Beginn?
- **Begründungen:** Nennst du zwei überzeugende Argumente für deine Meinung?
- **Gegenargument:** Nennst du ein Gegenargument und entkräftest es?
- **Schluss:** Bekräftigst du am Ende noch einmal deinen Standpunkt?

Tipp: Achte auf deine Rechtschreibung und die passenden Verknüpfungswörter.

Eine Reportage untersuchen – Skateistan

Information **Die Reportage**

- In Reportagen werden **Sachinformationen** mit **schildernden Teilen** in Beziehung gesetzt.
- In den **schildernden Abschnitten** äußern sich **Beteiligte** häufig persönlich **in direkter Rede** (wörtliche Zitate) über ihre **Eindrücke, Erlebnisse und Gefühle.**
  Auch der Reporter kann seine Eindrücke schildern und die Geschehnisse bewerten.

1 a **Lies die Überschrift und schau dir das Foto an.**
b **Notiere im Heft deine Leseerwartungen.**

Josephina Maier

Skaten in Kabul

(1) Tamana mag am liebsten den „Ollie". Das ist ein Trick auf dem Skateboard, bei dem man so abspringt, dass man das Brett in der Luft unter den Füßen behält und danach wieder darauf landet. Vor zwei Jahren stand Tamana zum ersten Mal in ihrem Leben auf einem Skateboard. Inzwischen ist sie zwölf Jahre alt und so gut geworden, dass sie anderen Kindern ihre Tricks beibringt: Tamana ist Trainerin bei Skateistan, einer Skateboardschule in der afghanischen Hauptstadt Kabul.

(2) Wenn ein Mädchen richtig gut skateboarden kann, ist das schon in Deutschland etwas Besonderes. In Afghanistan, wo Tamana lebt, sind Mädchen auf dem Skateboard eine Sensation. Bis vor zwölf Jahren waren dort die Taliban an der Macht, eine Gruppe, die strenge Regeln für die ganze Bevölkerung einführte. Frauen durften nur verschleiert auf die Straße und Mädchen nicht in die Schule gehen. Sport war für sie in dieser Zeit ganz verboten. Im Jahr 2001 kamen dann Soldaten aus den USA, Frankreich, Deutschland und weiteren 40 Ländern nach Afghanistan, um gegen die Taliban zu kämpfen. Seitdem dürfen die Mädchen in Kabul zwar wieder zur Schule gehen und auch Sport machen, aber wenn sie auf einem Fahrrad oder Skateboard durch die Straßen fahren, werden sie immer noch komisch angeguckt.

(3) Dass es die Skateboardschule überhaupt gibt, ist ein großer Zufall. Vor sechs Jahren kam Oliver Percovich aus Australien nach Afghanistan. Er wollte dort eine Freundin besuchen, die für eine Hilfsorganisation arbeitete. Als begeisterter Skateboarder hatte er ein paar Bretter im Gepäck. Die Kinder in Kabul kannten Skateboards, wenn überhaupt, nur aus dem Fernsehen. Als sie sahen, wie Oliver auf den staubigen Straßen seine Tricks übte, wollten sie es unbedingt auch mal versuchen. Anfangs trafen sie sich nur draußen, aber das war sehr gefährlich. Bis heute gibt es immer wieder Bombenanschläge, bei denen unschuldige Menschen verletzt oder sogar getötet werden. Deshalb hatte Oliver die Idee, eine Skatehalle in Kabul zu bauen, mit Rampen und einer richtigen Halfpipe. […]

(4) Bei Skateistan sind sie sicher und können einfach Spaß haben. Außerdem gibt es eine Vereinbarung: Für jede Stunde Skaten in der Halle müssen die Teilnehmer eine Unterrichtsstunde belegen. Bei Skateistan gibt es nämlich auch Klassenzimmer und Lehrer. Mit ihnen pauken die Kinder Mathe und Englisch oder lernen, mit dem Computer umzugehen. Sie spielen aber auch Theater, malen, lernen, zu fotografieren und Filme zu drehen.

(5) In vielen afghanischen Familien müssen die Kinder mitverdienen, damit alle etwas zu essen haben. Sie gehen auf die Straße und betteln oder versuchen, Kleinkram zu verkaufen. Mehr als der Hälfte der Skateistan-Schüler ergeht es so. Weil neben der Arbeit oft keine Zeit für die Schule bleibt, lernen viele erst hier lesen und schreiben. […] Was Tamana und ihre Freundinnen alles draufhaben, sehen die Jungen zum Beispiel bei gemeinsamen Skatewettbewerben, die hin und wieder stattfinden. Suliman, ein 13-jähriger Junge, ist überzeugt: „Es ist Quatsch zu denken, dass Skateboarden nur was für Jungs ist." Für Tamana ist das sowieso klar. „Mit dem Skateboarden mache ich auf jeden Fall weiter", sagt sie, „und später werde ich es auch meinen Töchtern erlauben."

2 **Trafen deine Leseerwartungen zu? Markiere die Stelle im Text, die dich am meisten überraschte.**

3 **Worum geht es in dem Text? Kreuze die treffendste Aussage an.**

☐ A In dem Text geht es um die Schulbildung von Kindern in Afghanistan sowie um Möglichkeiten der Freizeitgestaltung im Alltag.

☐ B In dem Text geht es um Kinder in Afghanistan, die in einer Skatehalle nicht nur die Beherrschung des Skateboards erlernen.

☐ C In dem Text geht es um ein afghanisches Mädchen und ihre Freundinnen, die in Zeiten des Krieges Skaten lernen.

☐ D In dem Text geht es um einen Australier, der durch die Straßen Kabuls skatet und dafür die Bewunderung afghanischer Mädchen und Jungen findet.

4 **Prüfe, ob du alle Wörter im Text verstanden hast. Finde im Text die passenden Worterklärungen für die Begriffe: Ollie (Z. 1), Skateistan (Z. 9), Taliban (Z. 15). Schreibe Begriff und Erklärung in dein Heft.**

5 a **Unterstreiche in der Reportage alle Sachinformationen, die du über 1. das Land Afghanistan, 2. das Leben in Kabul und 3. die Skateboardschule erhältst.**
b **Notiere in deinem Heft die Antworten zu den nachfolgenden W-Fragen:**

1. Was erfährst du über Afghanistan?
2. Welche Informationen liefert der Text über das Leben in Kabul?
3. Was erfährst du über die Skateboardschule?

6 **Welche Zwischenüberschrift passt zu welchem Textabschnitt 1 bis 5? Trage die Nummern ein.**

Nr.:	Überschrift
☐	Australier eröffnet eine Skateboardhalle in Afghanistan
☐	Trainerin in einer Skateboardschule in Kabul
☐	Das Leben der Frauen und Mädchen
☐	Das Leben afghanischer Kinder
☐	Skaten nur gegen eine Stunde Mathe oder Englisch

7 **Wie gut kennst du nun nach deinen Vorbereitungen den Inhalt dieser Reportage? Verfasse mit Hilfe des folgenden Lückentextes eine Zusammenfassung.**

In Josephina Maiers Reportage ______________________ *geht es um* ______________________

______________________ *, die in der afghanischen Hauptstadt Kabul lebt und*

______________________ .

Im ersten Textabschnitt wird ______________________

______________________ *vorgestellt.*

Dann wird das Leben in ______________________ .

____

Im dritten Abschnitt geht es um ______________________

______________________ .

Was ich erfahre – Textabschnitte zusammenfassen

1 ●○○

a **Lies noch einmal die beiden folgenden Textabschnitte aus der Reportage von S. 26.**

b **Unterstreiche wie im Beispiel:**
grün für objektiv-sachliche Aussagen, orange für subjektiv-schildernde Aussagen.

Bei Skateistan sind sie sicher und können einfach Spaß haben. Außerdem gibt es eine Vereinbarung: Für jede Stunde Skaten in der Halle müssen die Teilnehmer eine Unterrichtsstunde belegen. Bei Skateistan gibt es nämlich auch Klassenzimmer und Lehrer. Mit ihnen pauken die Kinder Mathe und Englisch oder lernen, mit dem Computer umzugehen. Sie spielen aber auch Theater, malen, lernen, zu fotografieren und Filme zu drehen.

In vielen afghanischen Familien müssen die Kinder mitverdienen, damit alle etwas zu essen haben. Sie gehen auf die Straße und betteln oder versuchen, Kleinkram zu verkaufen. Mehr als der Hälfte der Skateistan-Schüler ergeht es so. Weil neben der Arbeit oft keine Zeit für die Schule bleibt, lernen viele erst hier lesen und schreiben. [...] Was Tamana und ihre Freundinnen alles draufhaben, sehen die Jungen zum Beispiel bei gemeinsamen Skatewettbewerben, die hin und wieder stattfinden. Suliman, ein 13-jähriger Junge, ist überzeugt: „Es ist Quatsch zu denken, dass Skateboarden nur was für Jungs ist.“

Für Tamana ist das sowieso klar. „Mit dem Skateboarden mache ich auf jeden Fall weiter“, sagt sie, „und später werde ich es auch meinen Töchtern erlauben.“

2 ●○○ **Ordne die Informationen aus dem Ausschnitt stichwortartig:**

Über das Skaten bei Skateistan erfahre ich:	Über das Familienleben der Kinder in Afghanistan erfahre ich:
- Kinder sind dort sicher	*- müssen mitverdienen*
- ...	*- ...*

3 ●○○ **Fasse im Heft den Textauszug mit eigenen Worten zusammen. Nutze folgende Formulierungshilfen:**
In dem Auszug aus Josephina Maiers Reportage „Skaten in Kabul“ geht es um afghanische Kinder, die in Kabul bei „Skateistan“ ihre Freizeit verbringen.
Der erste Abschnitt des Auszugs handelt von / davon / dass ...
Außerdem/Ferner/Darüber hinaus wird im zweiten Abschnitt berichtet, ...

4 ●○○ **Wie wirkt auf dich, was du erfährst? Kreuze an:** ☐ **aufregend,** ☐ **Mitleid erregend,** ☐ **mutig.**

5 **Wenn du noch mehr über die Arbeit von Skateistan erfahren möchtest, bearbeite die nächste Seite.**

Was ich sehe – Eine Reportage durch eine Grafik ergänzen

1 ●●●

a Ein Logo ist ein grafisch gestaltetes Zeichen, das für ein ganzes Unternehmen steht. Betrachte aufmerksam das Skateistan-Logo. Beschreibe es mit deinen Worten.

Auf dem Logo der Hilfsorganisation erkennt man

SKATEISTAN

b Was möchte die Hilfsorganisation mit ihrem Logo zum Ausdruck bringen? Schreibe in dein Heft.
Tipp: Nutze für deine Antwort Informationen aus der Skateistan-Reportage auf S. 26.

2 ●●●

Ein Piktogramm ist ein Zeichen, das eine bestimmte Information bildlich knapp darstellt.

a Welches der beiden folgenden Piktogramme würde besser zur Skateistan-Reportage passen? Markiere es.

b Begründe deine Wahl schriftlich.

A

Das Piktogramm ... passt

B

3 ●●●

a Erfinde und zeichne ein eigenes Piktogramm zu Textabschnitt 4 oder 5 auf S. 26.

b Notiere neben dein Piktogramm zwei bis drei Stichworte zur Frage, was es ausdrücken soll.

Einen Sachtext zusammenfassen – Unzufriedene Teenies

Methode **Einen Zeitungsartikel zusammenfassen**

Gib mit möglichst **wenigen Sätzen** den Inhalt **mit eigenen Worten** wieder. Schreibe im **Präsens.**
- Beachte die **Reihenfolge der Aussagen** und **Schlüsselwörter.**
- Nutze den typischen **Einleitungssatz:** *In dem Zeitungsartikel „…“ aus der Zeitung „…“ geht es um …*

Tipp: Nenne auch den Autor des Zeitungsartikels, wenn sein Name angegeben ist.

Katja Heins

Teenie-Tristesse in Deutschland (2013)

(1) **Köln**. Ihre Lebensbedingungen sind wesentlich besser als in vielen anderen Ländern der Welt – und doch ist die junge Generation in Deutschland zunehmend unglücklich. Das zeigt zumindest eine Studie der UN-Kinderhilfsorganisation Unicef. Demnach ist jeder siebte Jugendliche zwischen 11 und 15 Jahren mit seiner persönlichen Situation unzufrieden. Die Gründe deckt die Erhebung nicht auf, sie enthält nur die Zahlen. Jammert die Jugend auf hohem Niveau?

(2) „Oh, ja“, meint Jugendforscher Klaus Hurrelmann. „Man vergleicht sich als Kind nicht mit Gleichaltrigen in Russland oder gar Afrika, sondern mit dem direkten Umfeld.“ Dennoch müsse man die Ergebnisse sehr ernst nehmen und handeln. Das sieht auch Hans Bertram so, Professor an der Berliner Humboldt-Universität und Mitglied des Deutschen Unicef-Komitees. „Die deutschen Mädchen und Jungen stellen sich und ihrer Umgebung ein erschreckendes Zeugnis aus, das uns nachdenklich machen muss“, sagte Bertram. Über die Gründe, warum die Generation unglücklich ist, könne man aber nur spekulieren.

(3) Objektiv betrachtet, stehen die Jugendlichen in Deutschland gar nicht mal so schlecht da – zumindest im Vergleich zur letzten Unicef-Studie von 2010: In den fünf Bereichen wie Bildung, Gesundheit und Sicherheit, Verhalten und Risiken, Wohnen und Umwelt sowie materielles Wohlbefinden belegte das Land damals zusammengefasst Platz acht. Diesmal liegt es im Vergleich mit 29 Industrienationen auf Rang sechs. Die Fassade erscheint solide, doch das Innenleben nicht: Beim zweiten großen abgefragten Bereich – der subjektiven Lebenszufriedenheit der Kinder – landete Deutschland auf dem hinteren 22. Rang. Früher lag es einmal auf Platz 12. […]

(4) Bildungsforscher Hurrelmann, der zwei umfangreiche Jugendstudien geleitet hat, sieht die Sorgen der Jugend im Schulbereich begründet. „Kinder in Deutschland sind mit ihren Eltern und abgeschwächt mit ihrer Freizeitsituation sehr zufrieden, nicht aber mit der Schule. Dort wünschen sie sich mehr Mitbestimmung und Einfluss auf Regeln, Abläufe und Umgangsformen.“ […]

(5) Und was sagt die Jugend? „Englisch ab der ersten Klasse, mehr Ganztagsschulen – klar ist da der Druck höher als früher“, meinen die Kölner Abiturientinnen Nadja, 18, und Denise, 19. Die 16-jährige Gymnasiastin Özge glaubt dagegen: „Wir sind einfach zu verwöhnt und müssen für nichts mehr kämpfen. Da wird einem schnell langweilig.“

1 **Worum geht es in dem Zeitungsartikel? Kreuze an:**

- ☐ Jugendarbeitslosigkeit
- ☐ Jugendkriminalität
- ☐ Jugendfreizeiten
- ☐ Jugendzufriedenheit
- ☐ Jugendbildung
- ☐ Jugendfahrten

2 **Erkläre die folgenden Begriffe aus dem Textzusammenhang. Ziehe Verbindungslinien.**

A Teenie-Tristesse	1 persönliche Einschätzung der eigenen Lebenslage
B subjektive Lebenszufriedenheit	2 Rang, Wertigkeitsstufe
C Niveau	3 traurige Jugendliche zwischen 13 und 19

Gewusst wie! – Einen Zeitungsartikel zusammenfassen

Planen: W-Fragen beantworten

1 ●○○ **Suche im Text auf S. 30 Antworten auf die folgenden W-Fragen. Schreibe in dein Heft.**

a **Worum geht es in dem Zeitungsartikel?** ... *Studie über Zufriedenheit* ...
b **Wer äußert sich zum Thema?** ... *Unicef, Jugendforscher* ...
c **Was ist das Ergebnis?** ...
d **Welche Ursachen werden genannt?** ...

Schreiben: Eine Einleitung verfassen

2 ●○○ **Beginne die Zusammenfassung mit einer kurzen Einleitung, die allgemeine Angaben zum Zeitungsartikel enthält. Vervollständige die folgende Einleitung:**

Der Zeitungsartikel „ __________ " der Autorin __________
stammt aus dem Jahr __________ . Es geht darin um __________
__________ .

Schreiben: Den Hauptteil verfassen

3 ●○○ a **Im Hauptteil der Zusammenfassung werden die wichtigsten Aussagen gebündelt. Notiere zunächst Zwischenüberschriften für die einzelnen Textabschnitte.**

1
2
3 *Auf und Ab in der Zufriedenheit je nach Bereich*
4
5

b **Welche der folgenden Textstreifen fassen welchen Textabschnitt zusammen? Trage die Nummern ein.**
c **Ergänze die Zusammenfassung für die letzten beiden Textabschnitte.**

Eigentlich geht es den Jugendlichen in Deutschland objektiv besser als vor drei Jahren, da sie in bestimmten Lebensbereichen um zwei Rangplätze auf Platz 6 gestiegen sind.

Eine Unicef-Studie zeigt, dass viele Jugendliche in Deutschland bezüglich ihrer persönlichen Lebenssituation eher unzufrieden sind.

Forscher nehmen das Ergebnis der Studie ernst und stellen Vermutungen über mögliche Gründe für dieses Ergebnis an.

4
5

4 **Trainiere deine Fähigkeit, Sachtexte zusammenzufassen. Löse die Aufgaben auf der Folgeseite.**

Was andere sagen – Die indirekte Rede verwenden

1 ●●● **Wandle die folgenden Zitate aus dem Zeitungsartikel in die indirekte Rede um.**
Tipp: Das Verb steht in der indirekten Rede normalerweise im Konjunktiv I (Möglichkeitsform: *sei*) und nicht im Indikativ (Wirklichkeitsform: *ist*).

Zitate	indirekte Rede
Der Jugendforscher Klaus Hurrelmann sagt: *„Man vergleicht sich als Kind nicht mit Gleichaltrigen in Russland oder gar Afrika, sondern mit dem direkten Umfeld."* (Z. 12–14)	
Hans Bertram, Professor an der Berliner Humboldt-Universität, sagt: *„Die deutschen Mädchen und Jungen stellen sich und ihrer Umgebung ein erschreckendes Zeugnis aus, das uns nachdenklich machen muss."* (Z. 18–21)	Hans Bertram gibt zu bedenken, dass die deutschen Mädchen und Jungen
Eine Kölner Schülerin meint: *„Wir sind einfach zu verwöhnt und müssen für nichts mehr kämpfen."* (Z. 50–52)	

2 ●●● **Fasse den Zeitungsartikel von S. 30 in deinem Heft zusammen.**
Verwende aus Aufgabe 1 mindestens eine deiner Übertragungen in die indirekte Rede.

3 ●●● **Prüfe deine Zusammenfassung mit Hilfe der folgenden Checkliste.**
Überarbeite deine Zusammenfassung, wenn nötig.

Checkliste

Sachtexte zusammenfassen

- Ist die **Einleitung vollständig:** Textsorte, Titel, Name der Autorin/des Autors, Thema?
- Stehen im **Hauptteil** die **wichtigsten Aussagen** in der richtigen **Reihenfolge**?
- Wurde die Zusammenfassung **möglichst mit eigenen Worten** verfasst?
- Ist die Zusammenfassung **sachlich** formuliert?
- Ist die Zusammenfassung im **Präsens** verfasst?
- Wurde die direkte Rede aus dem Artikel in die **indirekte Rede** umgewandelt?

Diagramme und Grafiken auswerten – Zeitung lesen

Methode **Grafiken, Diagramme und Karten lesen und verstehen**

Zeitungsartikel enthalten häufig neben dem geschriebenen Text Grafiken (Schaubilder/Diagramme) oder Karten. Sie geben oft **zusätzliche Informationen** oder fassen die wichtigsten aus dem Text zusammen. Du kannst sie so erschließen und beschreiben:

- Lies zuerst die **Überschrift.** Sie nennt in der Regel das **Thema.**
- Erschließe die **Bedeutung der Zahlenangaben:** %-Angaben, absolute Mengen- oder Größenangaben.
- Benenne den **Diagrammtyp,** z. B.: *Balken-, Säulen- oder Kreisdiagramm.*
- Bringe **Textteile, Zahlenangaben und bildliche Darstellung** in einen **Zusammenhang.** Beschreibe vor allem **auffällige Werte** (die höchsten/die niedrigsten).
- Nenne **mögliche Gründe** für die auffälligen Werte.

1 **Formuliere in einem Satz, mit welchem Thema sich das abgebildete Schaubild beschäftigt.**

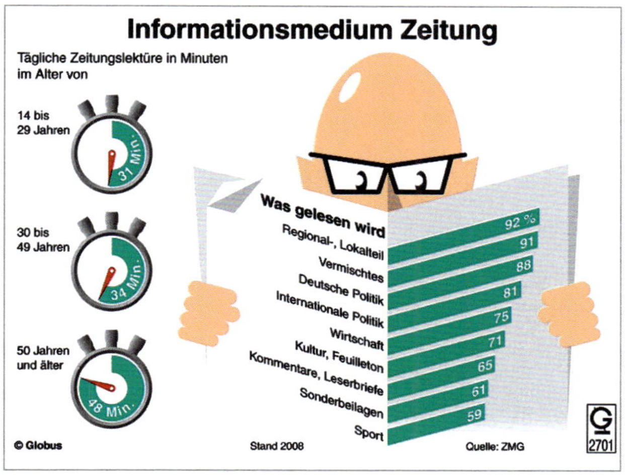

2 **Aus welchen beiden unterschiedlichen Diagrammtypen besteht das Schaubild? Ergänze die Aussagen:**

Die Dauer der täglichen Zeitungslektüre wird durch ______ dargestellt. Die unterschiedlichen Ressorts, die gelesen werden, lassen sich mit einem ______ veranschaulichen.

3 **Kreuze an, ob die folgenden Aussagen richtig oder falsch sind. Korrigiere, wenn nötig, in deinem Heft.**

	richtig	falsch
A Je älter die Menschen sind, desto länger lesen sie pro Tag die Zeitung.	☐	☐
B Junge Menschen lesen noch nicht einmal eine halbe Stunde pro Tag Zeitung.	☐	☐
C Etwas mehr als eine halbe Stunde liest ein 40-Jähriger pro Tag Zeitung.	☐	☐
D Das Schaubild zeigt den Stand von 2008.	☐	☐
E Besonders beliebt bei den Lesern einer Tageszeitung ist der Lokalteil.	☐	☐
F An zweiter Position folgt in der Lesegunst das Ressort „Sport“.	☐	☐
G Die internationale Politik wird eher gelesen als die deutsche.	☐	☐

Eine Kurzgeschichte verstehen – Alles normal?

Information **Die Kurzgeschichte**

Eine Kurzgeschichte (engl. *short story*) ist von geringem Umfang. Sie hat folgende **Merkmale:**

- Sie erzählt einen **aussagekräftigen Abschnitt aus dem Leben und dem Alltag einer Figur.**
- Die handelnden **Figuren** stellen meist Alltagsmenschen dar.
- **Der Anfang ist unvermittelt:** Die Geschichte springt mitten hinein ins Geschehen.
- Die **Handlung** erfährt einen **Wendepunkt,** der oftmals **überraschend** erfolgt.
- Der **Schluss ist offen.** Die Leser können selbst über ein Ende oder eine Lösung nachdenken.

Hermann-Josef Schüren

Auf dem Kriegspfad (1988)

Er bekommt, was er will. Das ist ihm zu viel.

In seinem Zimmer haben sie nichts zu suchen. Das ist sein Reich. Er allein entscheidet, wann aufgeräumt wird. Er streicht es in den Farben, die ihm gefallen.

Er kleidet sich selbst ein. Sie finanzieren seine Wünsche. Sie haben nichts dagegen einzuwenden, dass Ilona die Nacht über bleibt. Sie stören nicht. Sie klopfen nicht. Sie nehmen Rücksicht. Schließlich sind sie ja auch einmal jung gewesen.

Und mit Ilona. Das ist etwas anderes. Sie gefällt ihnen. Sie macht einen vernünftigen Eindruck und kommt aus gutem Hause. Für ihr Alter ist sie auch schon ziemlich erwachsen.

Ihren Sohn haben sie in den unterschiedlichsten Erscheinungsformen gesehen. Beinahe täglich wechselt er Aussehen, Gehabe, seinen Umgangston. Sie haben einiges mitmachen müssen.

Er scheint sich allmählich zu fangen. Und jetzt die Geschichte mit Ilona. Das wird bestimmt was Festes. Als sie zum Frühstück erscheinen, steht ein Irokese vor ihnen, schmiert sich im Stehen ein Marmeladenbrot und begibt sich auf den Kriegspfad.

1 **Häufig handeln Kurzgeschichten von Alltagssituationen. Lies die Geschichte und bestimme das Thema. Markiere und begründe kurz, welche Themen passen.**

Mobbing	Konflikte mit Eltern	Fremdenfeindlichkeit	Liebeskummer	Drogenkonsum	Erwachsenwerden

Begründung: ______________________________

____

____

2 **In einer Kurzgeschichte stellen die handelnden Figuren meist Alltagsmenschen dar. Notiere, welche Figuren aus dem Alltag in dieser Geschichte vorkommen.**

____

____

3 **„Als sie zum Frühstück erscheinen, steht ein Irokese vor ihnen, schmiert sich im Stehen ein Marmeladenbrot und begibt sich auf den Kriegspfad." (Z. 20–23)**
Kreuze an, was mit der Formulierung „sich auf den Kriegspfad begeben" gemeint ist.

Mit der Formulierung „sich auf den Kriegspfad begeben" ist gemeint, ...	richtig	falsch
A ... dass der Jugendliche in einem Land lebt, in dem Krieg herrscht.	☐	☐
B ... dass der Sohn zum Militäreinsatz fortgeht, nachdem er sich ein Brot geschmiert hat.	☐	☐
C ... dass sich der Sohn mit der Irokesenfrisur gegen die Eltern auflehnen möchte.	☐	☐
D ... dass der Junge sich von den Eltern ablösen möchte und selbstständig werden will.	☐	☐

4 **Formuliere in einigen Sätzen, worum es in der Kurzgeschichte geht.**

Jn Hermann-Josef Schürens Kurzgeschichte „Auf dem Kriegspfad" von 1988 geht es um die Gedanken eines Jugendlichen, der

5 **Begründe, ob diese Situation auch Menschen in deiner Umgebung passieren könnte.**

6 a **Wie fühlt sich der Jugendliche zu Beginn und zum Ende der Geschichte? Markiere jeweils zu Beginn und am Ende eine besonders aussagekräftigte Textstelle.**
b **Versuche, dich in den Jugendlichen hineinzuversetzen, als er sich sein Marmeladenbrot schmiert. Notiere seine Gedanken in der Ich-Form. Nutze die Gedankenblase.**

Was passiert? – Eine Kurzgeschichte genauer untersuchen (Teil 1)

1 ●○○ **Um die Kurzgeschichte „Auf dem Kriegspfad“ noch besser zu verstehen, ist es wichtig, sich das Verhalten der beteiligten Figuren genauer anzuschauen.**
Ordne den folgenden Beschreibungen A bis F passende Zitate aus dem Text von S. 34 mit Zeilenangaben zu.

A Die Eltern lassen den Jungen eigene Entscheidungen treffen.	*„Das ist sein Reich, er alleine entscheidet, wann aufgeräumt wird.“ (Z. 2-4)*
B Die Eltern unterstützen ihren Sohn und erfüllen ihm seine Wünsche.	
C Die Eltern erlauben die Beziehung zwischen ihrem Sohn und Ilona.	
D Die Eltern mögen Ilona und hoffen, dass sie eine feste Freundin ihres Sohnes wird.	
E Der Sohn bekommt kaum Grenzen aufgezeigt und darf vieles.	
F Der Junge verändert sein Aussehen und sein Auftreten oft.	

2 ●○○ **Wie wirkt der Jugendliche durch sein Verhalten auf dich?**
Ist er glücklich, unzufrieden, verzweifelt, verliebt? Begründe deine Meinung mit Hilfe des Textes.

3 ●○○ **Kurzgeschichten haben häufig einen Wendepunkt, an dem sich die Handlung überraschend verändert.**

a An welcher Stelle wendet sich die Geschichte „Auf dem Kriegspfad“? Wähle Textstelle A oder B aus.

☐ A „Ihren Sohn haben sie in den unterschiedlichsten Erscheinungsformen gesehen. Beinahe täglich wechselt er Aussehen, Gehabe, seinen Umgangston.“ (Z. 14–16)

☐ B „Als sie zum Frühstück erscheinen, steht ein Irokese vor ihnen, schmiert sich im Stehen ein Marmeladenbrot und begibt sich auf den Kriegspfad.“ (Z. 20–23)

b Erkläre, wieso der Wendepunkt überraschend ist.

c Formuliere in einem Satz: Was zeigt dieser Wendepunkt über die Gefühle des Jungen?

4 **Möchtest du die Kurzgeschichte von S. 34 noch weiter verstehen? Dann bearbeite die Folgeseite.**

Merkmale deuten – Eine Kurzgeschichte genauer untersuchen (Teil 2)

1 ●●●

a **Der Erzähler verwendet in der Geschichte viele Pronomen (*er, sie*). Beschreibe, wie dies auf dich wirkt.**

b **Formuliere in einem Satz, wieso anstelle von Namen Pronomen verwendet werden.**

In der Kurzgeschichte werden deshalb Pronomen anstelle von Namen verwendet, weil

2 ●●● **Begründe, ob die folgende Aussage auch für „Auf dem Kriegspfad" zutrifft.**

„Kurzgeschichten beginnen unvermittelt und springen mitten in das Geschehen hinein."

3 ●●● **Wie verstehst du den Schluss der Kurzgeschichte?**
Erkläre, warum der Junge sich eine Irokesenfrisur geschnitten hat und sich damit auf den „Kriegspfad" begibt.

4 ●●● **Wie könnte die Geschichte weitergehen? Notiere Ideen in deinem Heft.**

5 ●●● **Kurzgeschichten erzählen einen aussagekräftigen Abschnitt aus dem Leben und Alltag einer Figur.**
Begründe, welche der folgenden Schüleräußerungen dies am besten für „Auf dem Kriegspfad" erklärt.

A Ich finde, dass es ein wichtiger Lebensabschnitt des Jungen ist, weil er sich zum ersten Mal verliebt hat.

B Für mich erscheint der Abschnitt im Leben des Jungen aussagekräftig, weil er sich gerne von seinen Eltern distanzieren und erwachsen werden möchte.

C Es ist ein wichtiger Abschnitt im Leben des Jungen, weil seine Eltern ihn unterstützen und respektieren.

Eine Inhaltsangabe schreiben – Darum geht es!

Methode **Den Inhalt einer Kurzgeschichte zusammenfassen (Inhaltsangabe)**

Inhaltsangaben formuliert man **sachlich, mit eigenen Worten** und im **Präsens.**

- Nenne in der **Einleitung** die **Textsorte** (z. B. Fabel, Novelle), den **Titel,** das **Erscheinungsjahr,** den Namen **der Autorin/des Autors** und das **Thema** des Textes. Sie soll möglichst nur aus zwei Sätzen bestehen.
- Fasse im **Hauptteil** die **wichtigsten Ereignisse** der Handlung (Handlungsschritte) in der richtigen **Reihenfolge** zusammen. Ein neuer Handlungsschritt beginnt z. B. bei einer Wendung in der Handlung, bei einem Zeitsprung, wenn eine neue Figur auftritt oder wenn es einen Ortswechsel gibt.
- Nimm in einem **Schlusssatz** zur Geschichte insgesamt **Stellung,** z. B.: *Die Geschichte beeindruckt, weil ...*

Cili Wethekam

Neid ist grau mit gelben Punkten (1976)

Wenn sie sehr ehrlich ist, muss Anita vor sich selbst zugeben, dass sie neidisch auf die jüngere Schwester ist, der alles so viel leichter fällt: das Lernen, das Gutsein, das Liebhaben und das Sichfreuen. Mareike sieht nett aus, sie hat herrlich-verrückte Einfälle, über die alle Erwachsenen sich amüsieren. Anita ist nicht so. Mühsam muss sie sich das Wissen und die Sympathie ihrer Umwelt erobern. Dabei wäre sie so gern einmal der fröhliche Mittelpunkt.

Nun zählt sie die Tage bis zu ihrem Geburtstag. Da wird sie Glückwünsche und Geschenke in Empfang nehmen, es werden Freundinnen kommen, Briefe wird sie auch erhalten, sie allein.

Aber kurz vor dem großen Tag sagt Mutter nachdenklich zu Anita: „Eigentlich sollte Mareike an deinem Geburtstag nicht leer ausgehen. Ich hab' eine Idee ..."

Ah – zersprungen die Vorfreude, lautlos, wie eine schillernde Seifenblase! Natürlich, der alte Zopf: Man muss teilen, sonst blutet dem anderen das Herz ... Hat Anita gedacht, sie käme einmal um Mutters Lieblingsspruch herum?

„Vielleicht einen netten Stoff?", hört sie Mutter sagen. „Du suchst ihn aus, ja?"

„Wie du willst, Mutter."

In ihrem Zimmer weint Anita ein bisschen. Wie – unehrlich!, denkt sie wütend. Nur um Mareike verwöhnen zu können, ist Mutter jeder Vorwand recht ...

Mürrisch begleitet sie am nächsten Tag die Mutter in den Laden. So viele Stoffe: farbige Karos, lustige Streifen, kleine Blumen, große Blüten. Da: ein Margeritenmuster auf himmelblauem Grund. Der ist wirklich hübsch.

„Na?", fragt die Mutter und prüft die Qualität. Anita schweigt. Es ist, als hielte etwas Gutes, aber Kraftloses in ihrem Innern die Antwort noch zurück.

„Nein", sagt sie schließlich. Ihr Blick irrt zu den Regalen. Dort liegt, stiefmütterlich versteckt auf einem letzten Stapel, ein mausgrauer Stoff mit kargen gelben Punkten – ein Nebeltag in einer düsteren Stadt mit sehr wenig Laternen.

„Den!", sagt Anita entschieden und bemüht sich, nicht rot zu werden.

„Also schön", sagt die Mutter ohne Begeisterung. Ist sie enttäuscht? Anita will es nicht wissen. Der Stoff wird abgeschnitten, bezahlt und heimgetragen.

Abends, unmittelbar vor dem Einschlafen, denkt Anita: Neid ist grau mit gelben Punkten. Das kommt ihr vor wie eine Zeile aus einem Gedicht. Wenn Mareike nicht just vor einigen Tagen noch gesagt hätte, so nebenher, wie Mareike etwas heraussprudeln kann, was ihr eben in den Sinn kommt: „Findest du nicht auch, dass Grau eine schlimme Farbe ist, Anita? Ich glaube, Kummer ist auch grau ..."

Nun bekommt Mareike also ein graues Kleid. Immerfort muss Anita daran denken. Es überschattet alle Vorfreude. Schließlich ist der Geburtstag da: Küsse, Blumen, Geschenke – eine feierliche Ansprache vom Vater vor dem Frühstück, dreizehn brennende Kerzen, das Lebenslicht in der Mitte. Doch, doch, man hat Anita lieb, das kann ein Blinder sehen ...

Aber Anita sieht nur eins: einen grauer Stoff mit kargen gelben Punkten. Auf ihrem Geburtstagstisch. „Mutter!", ruft sie entsetzt. „Das war doch der Stoff für Mareike ...!"

Die Mutter lacht ahnungslos. „Nicht wahr, da habe ich dich überrascht? Man kennt sich als Mutter heutzutage wirklich nicht mehr im Geschmack der eigenen Kinder aus! Das habe ich an diesem Stoff doch wieder gesehen, auf den wäre ich niemals gekommen … Anita, du weinst?“

Anita schluchzt über das verhasste Geschenk, das sie einzig und allein ihrem schäbigen Neid zuzuschreiben hat. Hätte sie doch den himmelblauen gewählt, den mit den Margeriten …

„Es war aber doch ein Geschenk für Mareike! Damit sie an meinem Geburtstag nicht leer ausgeht, hast du gesagt!“

„Ich geh' ja gar nicht leer aus“, ruft die jüngere Schwester vergnügt. „Schau doch, Anita! Mir hat Mutter auch vorgeschwindelt, der Stoff sei nicht für mich! Ich habe ihn für dich ausgesucht!“

Der Margeritenstoff – es ist der Margeritenstoff, den Mareike in ihren Händen hält.

„Er ist ja noch schöner als damals, Mutter! Und ich hatte ja keine Ahnung, dass er für meinen Tisch sein sollte … Anita! Hör auf zu weinen – willst du – willst du vielleicht lieber diesen haben? Komm, wir tauschen.“

Anita ist beschämt, als Mareike sie spielerisch in den blauen Stoff einwickelt, die Hände der kleinen Schwester liegen so lieb auf ihren Schultern. „Nett siehst du darin aus, Anita!“

„Aber – der andere Stoff ist grau, Mareike“, sagte sie unglücklich.

„Es sind ja gelbe Sonnenpunkte darin“, antwortet Mareike.

Es klingt kläglich und tapfer zugleich. Die Mutter sieht jetzt aus, als hätte sie in einen Abgrund geschaut.

Da gibt sich Anita einen Ruck, wickelt sich aus dem blauen Margeritenstoff wieder heraus, faltet ihn ordentlich wieder zusammen. „Danke, Mareike“, sagt sie. „Aber das kommt nicht in Frage. Mutter wird mir aus dem grauen Stoff sehr bald ein Kleid nähen. Nicht wahr, Mutter? Es soll mich manchmal an etwas erinnern.“

Jetzt sieht die Mutter aus, als hätte Anita aus eigener Kraft eine Brücke über den Abgrund gebaut. Anita selbst hat das Gefühl, als sei sie in diesen letzten fünf Minuten gewachsen, über den Rand ihres Neides hinweg und auf Mareike zu. Dies wird ein guter Geburtstag.

1 **Bevor du eine Inhaltsangabe schreibst, solltest du die Geschichte sehr genau kennen.**

a **Welche der folgenden Aussagen A bis C fasst die Kurzgeschichte am besten zusammen? Kreuze an.**

☐ A In der Kurzgeschichte geht es um den Geburtstag von Zwillingsschwestern.

☐ B Die Kurzgeschichte beschreibt das Geburtstagsfest von Anita, die von ihrer Schwester Mareike ganz besonders überrascht wird, indem sie für sie einen hübschen Stoff für ein Kleid aussucht.

☐ C Die Kurzgeschichte beschreibt die Beziehung zwischen den Schwestern Anita und Mareike, die am Geburtstag von Anita eine erstaunliche und glückliche Wendung nimmt.

b **Welche Gefühle hat Anita gegenüber Mareike vor und nach dem Geburtstag? Notiere Textstellen im Heft.**

V o r Anitas Geburtstag	**N a c h Anitas Geburtstag**

c **Beschreibe auf der Grundlage deiner Vorarbeiten das Verhältnis der Figuren in einem zusammenhängenden Text in deinem Heft. Beziehe auch den Titel der Kurzgeschichte mit in deine Ausführungen ein.**

2 **Prüfe, ob die Merkmale einer Kurzgeschichte hier zutreffen.**

Die Kurzgeschichte „Neid ist grau mit gelben Punkten“ …	trifft zu	trifft nicht zu
… stellt einen aussagekräftigen Abschnitt aus dem Alltag einer Figur dar.	☐	☐
… beginnt unvermittelt mit dem Geschehen.	☐	☐
… zeigt Alltagsmenschen als Handelnde.	☐	☐
… enthält einen überraschenden Wendepunkt.	☐	☐
… hat einen offenen Schluss, der zum Nachdenken anregt.	☐	☐

Einleitung, Hauptteil, Schluss – Eine Kurzgeschichte zusammenfassen

Eine Einleitung formulieren

1 ●○○ **Beginne die Inhaltsangabe mit einer kurzen Einleitung, die allgemeine Angaben zum Text enthält. Vervollständige die folgende Einleitung.**

Die Kurzgeschichte „ ______ “ der Autorin ______ stammt aus dem Jahr ______ . Sie handelt von der Beziehung zwischen den Schwestern ______ .

Den Hauptteil verfassen

2 ●○○ **Im Hauptteil der Inhaltsangabe werden die wichtigsten Ereignisse zusammengefasst. Setze im Heft den folgenden Beginn eines Hauptteils mit Hilfe der nachstehenden Satzanfänge fort.**

Anita muss zugeben, dass sie auf ihre Schwester Mareike sehr neidisch ist. Sie ist hübsch, das Lernen fällt ihr leicht und alle mögen sie. Anita wünscht sich, auch einmal im Mittelpunkt zu stehen. Dies erhofft sie sich an ihrem Geburtstag. Kurz vor diesem Tag hat Anitas Mutter die Jdee, …

Satzanfänge:
- *Einen Tag später gehen Anita und ihre Mutter …*
- *Dann lässt die Mutter Anita …*
- *Nachdem Anita sich für einen grauen Stoff entschieden hat, der …*
- *An ihrem Geburtstag findet sie …*
- *Jn dem Augenblick, als sie die Mutter fragt, wieso …*
- *Schließlich bereut Anita, dass …*

Den Schlussteil schreiben

3 ●○○ **Zum Schluss einer Inhaltsangabe kannst du kurz dazu Stellung nehmen, wie die Geschichte auf dich wirkt. Welcher Stellungnahme stimmst du zu? Begründe.**

☐ A Mir gefällt die Geschichte, weil die Kurzgeschichte zum Nachdenken über Neid und Missgunst anregt.

☐ B Die Kurzgeschichte ist besonders beeindruckend, weil Anita zum Schluss nicht mehr neidisch auf ihre Schwester ist.

Begründung: ______

______

4 ●○○ **Erläutere, was Anita meint, wenn sie sagt: „Es soll mich manchmal an etwas erinnern“. (Z. 108–109)**

______

______

5 a **Formuliere im Heft ein anderes Ende für die Kurzgeschichte.**
b **Begründe dein eigenes Ende.**

Was denke ich? – Eine erweiterte Inhaltsangabe schreiben

1 ●●● **Beende den Einleitungssatz zur Inhaltsangabe der Kurzgeschichte im Heft.**
Die Kurzgeschichte „Neid ist grau mit gelben Punkten“ ...

2 ●●● **Stelle im Hauptteil der Inhaltsangabe die Beziehung zwischen Anita und Mareike in den Mittelpunkt.**
a **Ergänze als Vorarbeit in deinem Heft das folgende Schaubild:**

Anita
Kurze Beschreibung der Figur: ...

Anitas Gefühle gegenüber Mareike: ...

Mareike
Kurze Beschreibung der Figur: ...

– sucht einen **...** Stoff für Mareike aus, den sie aber selbst ...

– sucht einen **...** Stoff für Anita aus, den sie aber selbst **...**

Anitas Geburtstag

Mareike
will den Stoff ...

Anita will aber ... , weil ...

b **Nutze das von dir ausgefüllte Schaubild, um den Hauptteil deiner Inhaltsangabe im Heft auszuformulieren.**

3 ●●● **Nimm im Heft zum Schluss deiner Inhaltsangabe kurz Stellung dazu, wie die Geschichte auf dich wirkt. Kreuze an, welche Wirkung du fortführen und weiter begründen möchtest.**

An dieser Kurzgeschichte hat mich beeindruckt, ...

- ☐ A dass Anita schließlich erkennt, wie unglücklich Neid macht.
- ☐ B dass Anita deutlich wird, wie glücklich sie ist, wenn sie anderen etwas gönnt.
- ☐ C dass Mareike von der Reaktion ihrer Schwester angenehm überrascht ist.

4 ●●● **Wie gefällt dir das Ende der Kurzgeschichte? Wie könnte sie noch ausgehen? Verfasse ein anderes mögliches Ende in deinem Heft.**

5 ●●● **Prüfe deine Inhaltsangabe anhand der Checkliste. Korrigiere gegebenenfalls deinen Text.**

Checkliste

Inhalte von Geschichten zusammenfassen

- Enthält meine **Einleitung** folgende Angaben: Textsorte, Titel, Autor/-in, Erscheinungsjahr, Thema?
- Stehen im **Hauptteil** die **wichtigsten Hadlungsschritte** in der richtigen **Reihenfolge?**
- Habe ich die Handlung im Präsens, sachlich und möglichst mit **eigenen Worten** zusammengefasst?
- Habe ich auf **Nebensächlichkeiten verzichtet,** z. B. *Wie viele und welche Stoffe es im Laden gibt?*
- Nehme ich zum **Schluss** kurz und **begründet Stellung** dazu, wie die **Geschichte** auf mich **wirkt?**

Ein Stadtgedicht untersuchen – Form und Inhalt

Methode **Ein Gedicht untersuchen und verstehen**

- Lerne das Gedicht sehr gut kennen. Beginne mit einer **strophenweisen Beschreibung** des Inhalts.
- Beschäftige dich mit seiner **formalen Gestaltung:** Verse, Strophen, Reime, Versmaß. Wie wirkt die Form?
- Deute **sprachliche Bilder:** Vergleiche, Metaphern, Personifikationen. Wie verstehst du sie?

Alfred Wolfenstein (1888–1945)

Städter (1914)

Dicht wie Löcher eines Siebes stehn
Fenster beieinander, drängend fassen
Häuser sich so dicht an, dass die Straßen
Grau geschwollen wie Gewürgte sehn.

Ineinander dicht hineingehakt
Sitzen in den Trams die zwei Fassaden
Leute, wo die Blicke eng ausladen
Und Begierde ineinanderragt.

Unsre Wände sind so dünn wie Haut,
Dass ein jeder teilnimmt, wenn ich weine.
Flüstern dringt herüber wie Gegröhle

Und wie stumm in abgeschlossner Höhle
Unberührt und ungeschaut
Steht doch jeder fern und fühlt: alleine.

1 **a Lies das Gedicht mehrmals durch. Kreuze an, welche Aussage am besten auf das Gedicht zutrifft.**
b Notiere für jede Strophe knapp, worum es darin jeweils geht. Schreibe in dein Heft.

☐ A In dem Gedicht geht es um das Gefühl der Einsamkeit in einer Stadt.

☐ B Das Gedicht thematisiert die Liebe eines Menschen zu seiner Stadt.

☐ C Das Gedicht handelt von dem traurigen Abschied aus der Heimatstadt.

2 **Vervollständige in deinem Heft die beiden Aussagen zur formalen Gestaltung des Gedichts.**

Das Gedicht besteht aus ... Strophen mit jeweils ... Versen (Strophe 1 und 2) bzw. ... Versen (Strophe 3 und 4).

Die vierzeiligen Strophen weisen einen ... Reim auf. Das Reimschema der dreizeiligen Strophen lautet ...

3 **Prüfe das Versmaß des Gedichts. Streiche die falschen Aussagen durch.**

A Die Silbenfolge ist betont/unbetont. Das ist ein Trochäus. Das passt zum erstarrten Stadtrhythmus.

B Die Silben folgen dem Versmaß unbetont/betont. Das ist ein Jambus. Das wirkt dynamisch-frisch.

C Das Gedicht folgt keinem regelmäßigen Rhythmus. So wirkt es unstrukturiert und durcheinander.

„wie Löcher …" – Die Bildsprache untersuchen (Teil 1)

Information **Sprachliche Bilder – Der Vergleich**

In Gedichten werden häufig **sprachliche Bilder** gebraucht, um einen Vorgang oder einen Zustand zu **veranschaulichen.**

- **Vergleiche** sind solche sprachlichen Bilder. Sie werden in der Regel mit ***wie*** gebildet, z. B.: *Ein Mann **wie** ein Löwe.* Damit ist gemeint, dass der Mann offensichtlich so stark wie ein Löwe ist. Das Wort ***wie*** zeigt an, dass hier etwas miteinander verglichen wird. Weitere Vergleiche sind z. B.: *Er weinte **wie** in Kind. Sie ist so groß **wie** ein Haus.*

1 ●○○ **a** **Notiere, mit welchen Adjektiven und Partizipien das Leben in der Stadt im Gedicht „Städter" (▶ S. 42) beschrieben wird.**

Strophe 1	Strophe 2	Strophe 3	Strophe 4
dicht, drängend, …			

b **Welche Atmosphäre vom Leben in der Stadt wird durch diese Adjektive und Partizipien vermittelt?**

Das Leben in der Stadt wirkt ____________________

____

2 ●○○ **a** **Ziehe Verbindungslinien zwischen den Dingen, die im Gedicht verglichen werden.**

A Fenster	1 Haut
B Häuser	2 Gegröhle
C Einsamkeit	3 Höhle
D Flüstern	4 Gewürgte
E Wände	5 Löcher eines Siebes

b **Notiere jeweils, worin bei den Vergleichen die Gemeinsamkeit besteht. Schreibe ins Heft, z. B.:**
A 5: Die Fenster der Häuser werden mit den Löchern eines Siebes verglichen, weil sie so dicht und eng beieinanderliegen.
B … Die Häuser werden mit …

c **Kreuze an, welche Wirkung die Vergleiche insgesamt haben.**

☐ A Mit Hilfe der Vergleiche wird verdeutlicht, dass das lyrische Ich das Leben in der Stadt als bedrückend empfindet und sich trotz der Enge einsam fühlt.

☐ B Die Vergleiche zeigen, dass das lyrische Ich in der Stadt gern mit so vielen anderen Menschen zusammenlebt und sich wohl fühlt.

3 **Wenn du weitere sprachliche Bilder untersuchen möchtest, dann bearbeite die Folgeseite.**

„fassen Häuser sich ... an“ – Die Bildsprache untersuchen (Teil 2)

Information **Sprachliche Bilder – Die Personifikation**

- **Personifikationen** sind **sprachliche Bilder.**
- Sie entstehen, wenn beschrieben wird, dass Dinge etwas tun, **was eigentlich nur eine Person tun kann.** Personifikationen sind z. B.: *die Flammen flüstern, ein Gewitter brüllt, die Kälte beißt, ...*
- **Umgekehrt** können auch **Dinge vermenschlicht** werden, z. B.: *Kannennase, Fensteraugen, ...*

1 a **Schreibe die in der ersten Gedichtstrophe (▶ S. 42) verwendeten Personifikationen heraus.**

____

____

b **Notiere, wie diese Personifikationen auf dich wirken. Welche Gefühle erwecken sie?**

____

____

2 **Erläutere die Verdinglichung der Menschen in der zweiten Gedichtstrophe.**
Setze in den folgenden Lückentext die Begriffe aus dem Wortspeicher sinnvoll ein.

Wortspeicher
Verdinglichung Gegensatz Gefühlskälte Fassaden Menschen Geschehen Straßenbahn

In der zweiten Strophe des Gedichts wird das ______________ in einer Straßenbahn („Tram“) beschrieben. Hier wird im ______________ zur vorherigen Strophe etwas „verdinglicht“. ______________ sitzen in der ______________ und werden als „______________“ bezeichnet. Mit Hilfe dieser ______________ werden die Anonymität und die ______________ zwischen den Menschen veranschaulicht.

3 **Markiere die Sprechblase, deren Aussage über Personifikationen du zustimmst.**

A Personifikationen sollen helfen, sich die beschriebenen Dinge besser vorstellen zu können.

B Wenn eine Sache, z. B. ein Gegenstand, mit menschlichen Eigenschaften versehen wird, dann sieht man ihn bildlich vor sich.

C Personifikationen wiederholen wichtige Wörter, sodass man sich diese als Leser einprägen kann.

4 **Kannst du die im Gedicht beschriebenen Gefühle von Anonymität und Einsamkeit in der Stadt nachvollziehen? Begründe deine Antwort und finde eigene Beispiele. Schreibe in dein Heft.**

Das kann ich schon! – Wortarten, Zeitformen, Sätze

1 a Ein Text wird durch Adjektive anschaulich. Lies die Zeitungsmeldung und ergänze zu jedem markierten Nomen ein passendes Adjektiv aus dem Wortspeicher. Schreibe es mit der richtigen Endung. PUNKTE

Wortspeicher

zahlreich mutig hoch lebensgefährlich ungewöhnlich ~~berühmt~~ riesig

Hoch hinaus

(1) Gestern erklomm der berühmte Fassadenkletterer Alain Robert ohne Sicherungsseil den höchsten Wolkenkratzer Frankreichs. (2) Die ______ Bezwingung des 231 Meter hohen „Tour First" bei Paris, die eine Stunde dauerte, wurde von ______ Schaulustigen verfolgt. (3) Diese konnten beobachten, wie Robert über Rohre und Fenstersimse bis zum Dach des ______ Wolkenkratzers emporstieg. (4) Im Gegensatz zu seinen anderen Kletterkunststücken wurde dieses von den Behörden genehmigt. (5) Dem ______ Extremkletterer waren bereits vor dem „Tour First" andere ______ Kletteraktionen geglückt. (6) So gelang es ihm im März 2011, das höchste Gebäude der Welt zu erklimmen, den 828 Meter ______ Wolkenkratzer „Burj Khalifa" in Dubai.

b In welchem Kasus (Fall) stehen die markierten Nomen und die ergänzten Adjektive? Unterstreiche in der angegebenen Farbe: Nominativ grün, Genitiv gelb, Dativ orange oder Akkusativ blau. PUNKTE

c Bestimme die Pronomen im Text. Ordne sie hierzu in die folgende Tabelle ein: PUNKTE

Personalpronomen	Possessivpronomen	Demonstrativpronomen	Relativpronomen
______	______	diese	______

2 a Aktiv (A) oder Passiv (P)? Bestimme die Sätze (1) und (4) des Textes zu Aufgabe 1. PUNKTE

Satz (1): ______ Satz (4): ______

b Schreibe den Aktivsatz in einen Passivsatz und den Passivsatz in einen Aktivsatz um. PUNKTE

______

______

______

3 **a** **Ergänze in der Zeitungsmeldung die in Klammern stehenden Verben im richtigen Tempus.**
Tipp: Bei einem Verb musst du zwei Lücken ergänzen.

PUNKTE

Tief hinab

(1) Letzte Woche erfüllte (*erfüllen*) sich Regisseur James Cameron einen lang gehegten Traum.

(2) Er __________ (*tauchen*) mit einem Spezial-U-Boot zum Grund des Pazifischen Ozeans.

(3) Dort __________ (*sich befinden*) der tiefste Punkt der Weltmeere.

(4) Nachdem Cameron den Meeresboden in 10 898 Meter Tiefe __________ (*erreichen*),

__________ (*bleiben*) ihm nur wenige Stunden Zeit für die geplanten Filmaufnahmen.

(5) „Ich __________ (*vergessen*) diese Erfahrung nie __________", so der Regisseur später.

b **Präsens (Präs.), Perfekt (Perf.), Präteritum (Prät.), Plusquamperfekt (Plus.) oder Futur I (Fut.)? Bestimme für die Sätze (1) bis (5) das Tempus.**
Tipp: Nicht alle Zeitformen tauchen im Text auf. Für Satz (4) musst du zwei Zeitformen angeben.

PUNKTE

Satz (1): ______ Satz (2): ______ Satz (3): ______ Satz (4): ______ + ______ Satz (5): ______

c **Verknüpfe Satz (1) und (2) zu einem Satzgefüge mit einem Temporalsatz.**

PUNKTE

____

____

d **Verknüpfe Satz (1) und (2) zu einem Satzgefüge mit einem Modalsatz.**

PUNKTE

____

____

4 **a** **Markiere die Satzglieder des folgenden Satzes, indem du sie in unterschiedlichen Farben unterstreichst.**

PUNKTE

b **Bestimme die markierten Satzglieder. Schreibe die Bezeichnungen darunter.**

PUNKTE

Mit einem U-Boot erreichte James Cameron gestern den tiefsten Punkt der Weltmeere.

____

c **Der Satz enthält zwei Attribute. Umrahme sie.**

PUNKTE

5 **Gib die folgende Aussage James Camerons in der indirekten Rede wieder.**

PUNKTE

„Die Tiefseegräben sind die letzte unerforschte Grenze unseres Planeten."

James Cameron sagt, ...

6 **Prüfe deine Lösungen und die Punktzahl mit Hilfe des Lösungsheftes (▶ S. 14–15).**

GESAMT

Wortarten unterscheiden – Hoch hinaus

Nomen, Adjektive und Präpositionen verwenden

Information **Nomen, Artikel, Adjektive und Präpositionen**

- **Nomen** (Hauptwörter) erkennt man daran, dass man einen **Artikel** *(**der/ein** Fels)* oder ein **Adjektiv** *(**künstliche** Felsen)* davorsetzen kann.
- **Adjektive** (Eigenschaftswörter) erkennt man daran, dass man sie **steigern** kann, z. B. *hoch* (Positiv) → *höher* (Komparativ) → *am höchsten* (Superlativ).
  Sie können im Satz auftreten als **Begleiter eines Nomens** (z. B. ***sportlicher** Teilnehmer*), als **Ergänzung zum Verb** (z. B. ***langsam** hinabsteigen*) oder als **Ergänzung zu *sein*** (z. B. ***vorsichtig** sein*).
- **Nomen und ihre Begleiter** treten **im Satz** in einem von **vier Kasus (Fällen)** auf: **Nominativ** (Frage: Wer oder was?), **Genitiv** (Frage: Wessen?), **Dativ** (Frage: Wem?) oder **Akkusativ** (Frage: Wen oder was?).
- **Präpositionen** wie *in, auf, unter* drücken **Verhältnisse und Beziehungen** von Gegenständen, Personen oder anderem aus. Sie können Folgendes bezeichnen:
  – ein **örtliches Verhältnis,** z. B.: ***an** der Wand*
  – einen **Grund,** z. B.: ***wegen** der Herausforderung*
  – ein **zeitliches Verhältnis,** z. B.: ***vor** einer Minute*
  – die **Art und Weise,** z. B.: ***mit** unserer Hilfe*

1 a **Schon einmal etwas von „Bouldern" gehört? Lies den Text und wähle von den drei genannten Adjektiven jeweils das passende aus. Schreibe es mit der passenden Endung. Streiche die Adjektive, die nicht passen.**
b **Bestimme den Kasus der Nomen. Notiere in Klammern: Nominativ = N, Genitiv = G, Dativ = D, Akkusativ = A.**

Bouldern – Intelligentes Klettern

Eine Form des Sportkletterns mit großer *(groß, ~~dick~~, ~~dünn~~)* Faszination (D) ist das Bouldern (engl. *boulder* = Felsblock). Dabei klettern die __________ *(müde, ängstlich, gelenkig)* Sportler/-innen (___) ohne Seil und Klettergurt an Felsblöcken oder Felswänden empor, ohne dabei eine für sie __________ *(niedrig, gefährlich, luftig)* Höhe (___) zu erreichen. Bouldern kann man drinnen wie draußen, in der Natur oder an den __________ *(weiß, künstlich, schmutzig)* Kletterwänden (___) __________ *(speziell, stabil, dunkel)* Kletterhallen (___). Der Ehrgeiz der Aktiven ist dabei, selbst für __________ *(lang, krumm, schwierig)* Kletterstrecken (___) bereits im Kopf und ohne vorheriges Ausprobieren ein __________ *(neu, umsetzbar, vertraut)* Bewegungsmuster (___) zu entwickeln.

c **Formuliere mögliche alternative Überschriften zu dem obigen Text. Kombiniere hierzu die Wortbausteine aus dem Kasten mit einer passenden Präposition. Schreibe in dein Heft, z. B.:** Bouldern – Klettern in niedriger Höhe.

Wortspeicher

~~Klettern ... niedriger Höhe~~ Klettern ... Köpfchen Klettern ... In- und Outdoorfans
Klettern ... jeder Jahreszeit

Pronomen verwenden

Information **Pronomen**

Pronomen (Fürwörter) stehen **stellvertretend** für Nomen oder **begleiten** Nomen.

- **Personalpronomen** sind: *ich, du, er/sie/es, wir, ihr, sie.*
  Sie treten in verschiedenen **Fällen** auf, z. B.: *ich* (Nominativ), *mir* (Dativ), *mich* (Akkusativ).
- **Possessivpronomen** sind: *mein, dein, sein/ihr, unser, euer, ihr* usw.
  Sie zeigen den Besitz an. Oft begleiten sie Nomen, z. B.: *mein Ziel, deine Herausforderung.*
- **Demonstrativpronomen** sind: *dieser, diese, dieses/jener, jene, jenes/solcher, solche, solches/der, die, das* (mit besonderer Betonung) usw. Sie weisen auf etwas hin.

1 **a** **Ergänze die fehlenden Personalpronomen und Possessivpronomen aus dem Wortspeicher.**
b **Kennzeichne mit Hilfe eines Pfeils, auf welches Nomen im Text sich die Pronomen jeweils beziehen.**
Tipp: Nicht alle Pronomen aus dem Wortspeicher können eingesetzt werden.

Wortspeicher
ihre ihr ~~er~~ unsere seine ihn es ihre ihm sie ihnen

Bouldern ist mittlerweile ein beliebter Sport. Er spricht sowohl Indoor- als auch Outdoorfans an, denn man kann ______ in Kletterhallen oder unter freiem Himmel ausüben. Boulderer sind flexibel, weil ______ nicht unbedingt einen Kletterpartner für ______ Absicherung brauchen. In den Kletterhallen wird für den Schutz der Boulderer gesorgt. ______ verschiedenen Kletterbereiche sind mit besonderen Matten („Crashpads") ausgelegt. Mit ______ können Stürze abgefangen und Fußverletzungen verhindert werden. Im Outdoorbereich gibt es einige berühmte Bouldergebiete, so zum Beispiel im Wald von Fontainebleau in Frankreich. Das Klettergebiet umfasst verschiedene Schwierigkeitsstufen. ______ Kletterfelsen ziehen Sportler aus aller Welt an.

c **Unterscheide die ergänzten Personal- und Possessivpronomen.**
Unterstreiche sie in der angegebenen Farbe: Personalpronomen grün, Possessivpronomen gelb.

2 **Lies die folgenden Aussagen zum Thema „Bouldern".**
Welches Demonstrativpronomen passt jeweils? Unterstreiche es.
Tipp: Nutzt man *dieser* und *jener* gemeinsam, bezieht sich *dieser* auf das zuletzt genannte Wort.

Wenn man beim Bouldern eine besonders schwierige Stelle geschafft hat, ist *(der/die/das)* ein wahnsinnig befriedigendes Erlebnis.

Fürs Bouldern braucht man sowohl Kraft als auch ein gutes Bewegungsgefühl. *(Jene/Jener/Jenes)* baut der Anfänger relativ schnell auf, *(dieser/diese/dieses)* kommt erst mit zunehmender Erfahrung.

Fahrt nach Fontainebleau in Frankreich! Ein *(solcher/solche/solches)* Klettergebiet gibt es nicht noch einmal auf der Welt.

Verben verwenden

Information **Das Verb (das Tätigkeitswort; Plural: die Verben)**

- Mit Verben gibt man an, **was jemand tut oder was geschieht,** z. B.:
  Das Klettergebiet **überzeugt** *durch seine Vielseitigkeit. Die Kletterer* **üben** *ihre Bewegungsabläufe.*
  Du ***beobachtest*** *eine Kletteraktion. Ihr* ***interessiert*** *euch für eine Probestunde.*
- Oft verändern Verben im Satz ihre Form. Sie richten sich nach dem Wort, auf das sie sich beziehen. Man nennt diese Form **Personalform,** z. B.: ***Der Anfänger*** *klettert.* ***Tom und Pia*** *klettern.*
- Die **Veränderung** der Verben im Satz nennt man **Konjugation** oder **Beugung.**
  Achte auf die **Personalendungen,** z. B.:

	Singular (Einzahl)	Plural (Mehrzahl)
1. Person	*ich steig**e***	*wir steig**en***
2. Person	*du steig**st***	*ihr steig**t***
3. Person	*er/sie/es steig**t***	*sie steig**en***

1 **a** **Was zeichnet einen erfolgreichen Klettersportler / eine erfolgreiche Klettersportlerin aus? Ergänze in dem folgenden Steckbrief die fehlenden Verben in der passenden Personalform. Nutze den Wortspeicher.**

Wortspeicher

auswählen machen versuchen kennen abschrecken lassen ~~trainieren~~ gönnen

Bouldern für Könner – ein Steckbrief

A Du *trainierst* mit voller Konzentration und ______ stets, dein Bestes zu geben.

B Du ______ deine Stärken und Schwächen und ______ danach die Kletterrouten ______.

C Du ______ dich von Misserfolgen und Fehlern nicht ______.

D Du ______ auch Kletterpausen und ______ deinem Körper eine Erholung.

b **Formuliere den Steckbrief so um, dass er sich an mehrere Personen richtet.**
Tipp: Verwende anstatt *dein/deine/-m* und *dich* die Pronomen *euer, eure/-m* und *euch.*

A *Jhr trainiert mit voller Konzentration und ...*

B ______

C ______

D ______

c **Erweitere den „Steckbrief" um einige Sätze. Schreibe in dein Heft und unterstreiche alle Verben, z. B.:**
Du wärmst dich auf, bevor du mit dem Klettern beginnst.
Jhr startet ...

Verben im Aktiv und Passiv verwenden

Information **Aktiv und Passiv der Verben**

- **Das Aktiv und das Passiv** drücken eine unterschiedliche Sicht auf ein Geschehen aus:
  - Das **Aktiv betont denjenigen, der** etwas tut oder **handelt,** z. B.: *Der Junge erklettert den Berg.*
  - Das **Passiv betont, mit wem oder was etwas geschieht,** z. B.: *Der Berg wird erklettert.*
- **Das Passiv wird gebildet** aus der **Personalform des Hilfsverbs** *werden* + Partizip II:

	Aktiv	Passiv
Präsens	*Jonas unterrichtet.*	*Jonas wird unterrichtet.*
Präteritum	*Jonas unterrichtete.*	*Jonas wurde unterrichtet.*

1 **Wodurch zeichnen sich die verschiedenen Klettervarianten aus?**
Schreibe unter jedes Bild passende Sätze im Passiv. Nutze den Wortspeicher.

Wortspeicher

ohne Absicherung die Fassade von Gebäuden ersteigen   künstliche Haltegriffe beim Aufstieg nutzen
an vereisten Wasserflächen emporklettern   Fenstersimse und Rohre als Haltepunkte benutzen
eine künstliche Kletterwand erklimmen   Steigeisen und Eispickel verwenden

Beim Hallenklettern wird eine künstliche ... ______

Beim Eisklettern ... ______

Beim Free-Solo-Gebäudeklettern ... ______

2 **Rekorde, Rekorde!**

a **Vervollständige die Sätze, indem du zu den Verben in Klammern Passivformen in der Vergangenheit bildest.**

b **Hebe hervor, wer die Rekorde aufgestellt hat: Unterstreiche in jedem Satz den „Täter".**

A 2008 ______ die Steilwand „El Capitan" in Rekordtempo von Hans Florine und Yuji Hirayama ______ *(erklimmen).*

B 2010 ______ der Gipfel des Mount Everest vom 13-jährigen Jordan Romero ______ *(erreichen).*

c **Formuliere die Sätze ins Aktiv um und setze den „Täter" an den Satzanfang. Schreibe in dein Heft.**

Teste dich! – Wortarten

1 **a Ergänze die Artikel, Adjektive und Nomen in Klammern im richtigen Kasus (Fall).** PUNKTE

Im Mai 2014 gelang ______________ *(die dreizehnjährige Inderin)* Malavath Poorna die Besteigung des Mount Everest. Damit ist das Mädchen die aktuell jüngste Bezwingerin ______________ *(der höchste Berg)* der Welt. Malavath wohnt in ______________ *(ein kleines Dorf)*. Eine Hilfsorganisation unterstützte ______________ *(das mutige Vorhaben)* des Mädchens aus ärmlichen Verhältnissen. Nach nur neun Monaten Training glückte Poorna und ihrem Begleiter ______________ *(der gefährliche Aufstieg)*.

b In welchem Kasus (Fall) stehen die ergänzten Nomen, Artikel und Adjektive? Unterstreiche in der angegebenen Farbe: Nominativ grün, Genitiv gelb, Dativ orange oder Akkusativ blau. PUNKTE

2 **a Ergänze in den Lücken die fehlenden Possessivpronomen.** PUNKTE

b Ersetze die markierten Wörter jeweils durch ein passendes Personalpronomen. Schreibe es darüber. PUNKTE

Die dreizehnjährige Malavath Poorna beeindruckte den Bergsteigertrainer durch __________ Willenskraft. Poorna hofft, mit __________ erfolgreichen Besteigung des höchsten Berges der Welt anderen Kindern Mut zu machen. Den Kindern soll bewusst werden, dass es sich lohnt, ein Ziel zu verfolgen. Poorna selbst möchte auf jeden Fall weiter auf Berge klettern, am liebsten noch einmal auf den Mount Everest, diesmal von __________ Südseite aus. Die Südseite zu erklimmen gilt unter Bergsteigern als besonders reizvoll.

3 **Übertrage die Meldungen aus dem Nachrichtenticker ins Passiv.**
Tipp: Achte dabei jeweils auf die Zeitform. PUNKTE

+++ Dreizehnjährige erklimmt den höchsten Gipfel der Welt +++

____

+++ Die Welt bestaunte den Mut und die Entschlossenheit eines indischen Schulmädchens +++

____

4 **Zähle die Punkte, die du erreicht hast, mit Hilfe des Lösungsheftes zusammen (▸ S. 16).** GESAMT

☺ 20–16 Punkte	☺ 15–9 Punkte	☹ 8–0 Punkte
Gut gemacht!	Gar nicht schlecht! Wo hattest du Schwierigkeiten? Wiederhole die passenden Übungen auf S. 47–50.	Du solltest noch einmal üben! Arbeite die S. 47–50 erneut durch.

Das Tempus des Verbs – Auf dem Sprung

Gegenwärtiges, Zukünftiges und Vergangenes ausdrücken

Information **Präsens (Gegenwartsform), Futur I (Zukunftsform), Perfekt (vollendete Vergangenheit)**

- Das **Präsens** wird meist verwendet, wenn man sagen will, dass etwas **jetzt geschieht,** z. B.:
  *Der Astronaut **springt** gerade aus seiner Kapsel.*
  Das Präsens wird auch gebraucht, um **Gewohnheiten** und **Dauerzustände** zu beschreiben, z. B.:
  *Astronauten **halten** sich stets körperlich fit. Der Mensch **benötigt** Sauerstoff.*
- Mit dem **Futur I** drückt man **Zukünftiges** aus. Das Futur I bildet man aus der Personalform von ***werden*** + **Infinitiv** (Grundform), z. B.: *Morgen **wird** der Astronaut den Sprung **versuchen**.*
- Das **Perfekt** ist eine Zeitform der **Vergangenheit.** Man verwendet es in der Regel, wenn man **mündlich** erzählt. Verben im Perfekt bestehen aus **zwei Teilen:**

Präsensform von	***haben*** oder	***sein***	+ Partizip II, z. B.:
– *Er*	***hat** den Sprung ins All*		***gewagt*.**
– *Er*		***ist** ins All*	***gesprungen*.**

1 **Präsens, Futur I oder Perfekt? Schreibe die folgende Zeitungsmeldung aus dem Jahre 2012 neu, indem du zu den Infinitiven (Grundformen) in Klammern die passende Zeitform bildest.**
Tipp: Prüfe bei jedem Satz, ob er ein jetziges, ein zukünftiges oder ein vergangenes Geschehen ausdrückt.

Der Österreicher Felix Baumgartner *(haben)* einen gewagten Plan: Heute Nachmittag *(springen)* er aus 36,5 Kilometern Höhe aus der Kapsel eines Ballons. „Kein Mensch vor mir *(erreichen)* jemals eine solche Höhe mit einem Ballon", so Baumgartner. Aber eigentlich *(gehen)* es ihm um etwas anderes: Vermutlich *(durchbrechen)* er als erster Mensch ohne Flugzeug oder Rakete die Schallmauer. Baumgartners freier Fall zurück in Richtung Erde *(dauern)* voraussichtlich fünf Minuten. „Ich *(sich vorbereiten)* in den letzten Wochen intensiv auf diesen Sprung", so der Extremsportler.

Der Österreicher Felix Baumgartner hat einen gewagten Plan: Heute Nachmittag wird er aus ...

2 **Abenteuer im Weltall: Welche gibt es schon heute? Welche wird es in Zukunft geben? Schreibe passende Sätze im Präsens und im Futur I in dein Heft, z. B.:**
Weltraumtouristen reisen schon heute für viel Geld ins All.
Ein Wochenendtrip zum Mond wird in einigen Jahrzehnten vielleicht selbstverständlich sein. ...

Verbformen im Präteritum bilden

Information | **Das Präteritum (die einfache Vergangenheitsform)**

- Das **Präteritum** beschreibt **vergangene Vorgänge, Handlungen und Zustände.**
- Wenn man über Vergangenes **schriftlich erzählt,** dann wird in der Regel das Präteritum verwendet, z. B.: *1797* ***wagte*** *André-Jacques Garnerin den ersten Fallschirmsprung der Geschichte.*
- Das **Präteritum** wird mit **starken oder schwachen Verben gebildet:**
  - **Schwache Verben** verändern im **Präteritum** nur die Endung, sie verändern sich schwach, z. B.:
    er landet → er landete *er lernt → er lernte*
  - **Starke Verben** verändern im **Präteritum (und Perfekt)** ihren **Stammvokal.**
    Sie verändern sich stark, z. B.:
    er springt → er sprang → er ist gesprungen *er beginnt → er begann → er hat begonnen*
    Die **starken Verben** musst du dir **merken.**

1 **Starke Verben gesucht!**
Bilde zu den folgenden Verben das Präteritum in der 3. Person Singular (z. B. singen → er/sie/es sang).
Ergänze im Kreuzworträtsel die gesuchte Verbform in Großbuchstaben. Schreibe dabei „ß“ als „SS“.

senkrecht: 1) beginnen – ... – begonnen, 4) geschehen – ... – geschehen, 8) steigen – ... – gestiegen, 11) misslingen – ... – misslungen, 13) tragen – ... – getragen, 14) springen – ... – gesprungen, 15) empfehlen – ... – empfohlen, 17) raten – ... – geraten, 19) greifen – ... – gegriffen, 20) meiden – ... – gemieden, 22) besitzen – ... – besessen, 23) befehlen – ... – befohlen

waagerecht: 2) bringen – ... – gebracht, 3) brechen – ... – gebrochen, 5) genießen – ... – genossen, 6) stehlen – ... – gestohlen, 7) heißen – ... – geheißen, 9) geraten – ... – geraten, 10) senden – ... – gesandt, 12) gelingen – ... – gelungen, 16) bleiben – ... – geblieben, 18) messen – ... – gemessen, 21) sehen – ...– gesehen

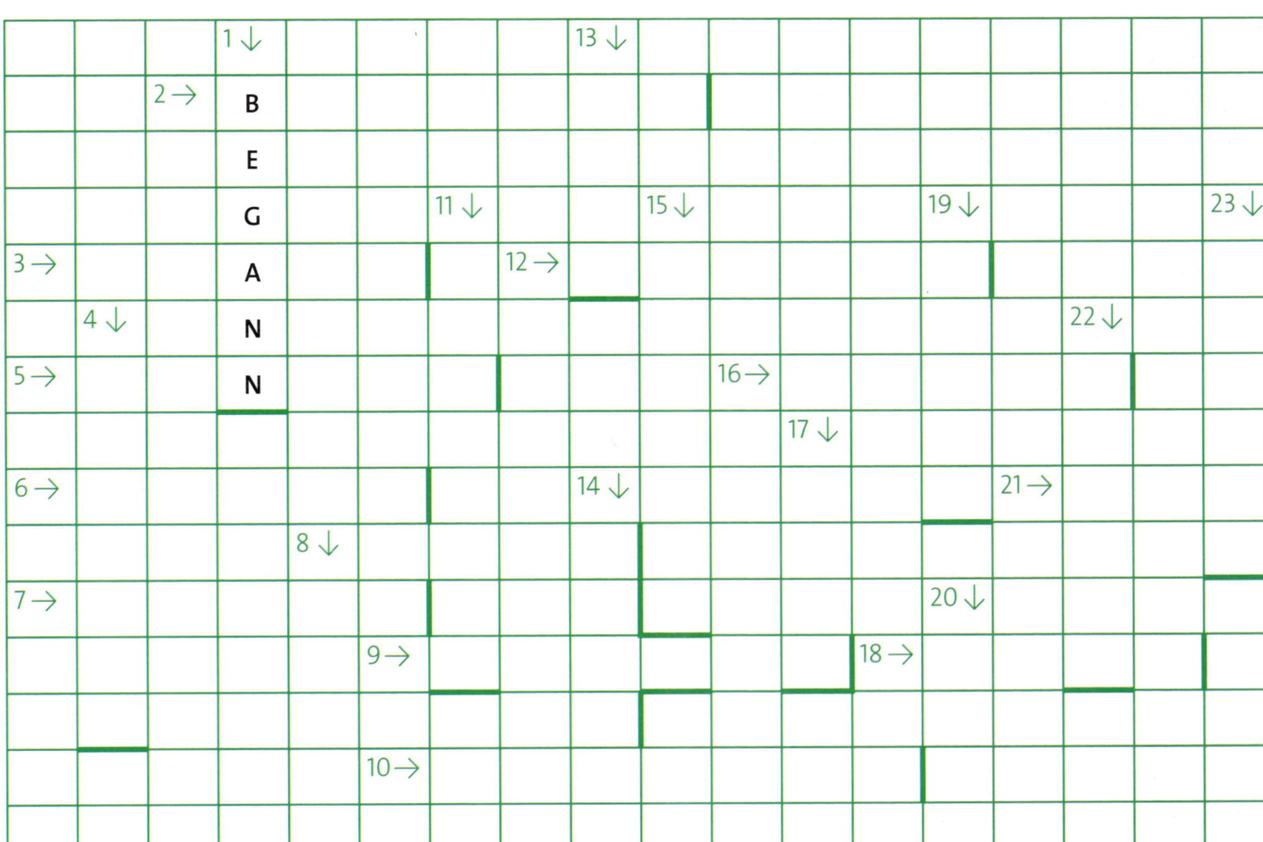

Damals ... (Teil 1) – Das Präteritum verwenden

1 ●○○ **1797 gilt als das Jahr des ersten Fallschirmsprungs in der Geschichte.**
Informiere dich über dieses Ereignis, indem du aus den Satzbausteinen passende Sätze im Präteritum bildest.

André-Jacques Garnerin | der erste Sprung mit dem Fallschirm | gelingen | im Jahr 1797

André-Jacques Garnerin gelang im Jahr 1797 der erste Sprung mit dem Fallschirm.

aufsteigen | mit einem Heißluftballon | zu großer Höhe | der Franzose

____

über einem Park | er | sich stürzen | mit seinem selbst konstruierten Fallschirm | in die Tiefe | mutig

____

schlagartig berühmt | seine kühne Tat | machen | den Franzosen

____

2 ●○○ **Der folgende Text berichtet genauer von den Umständen des ersten Fallschirmsprungs.**
a Bringe im Text alle angegebenen Verben in die richtige Präteritum- und Personalform.
b Starke oder schwache Verben? Unterstreiche sie in jeweils unterschiedlichen Farben.

Der erste Fallschirmsprung der Geschichte

André-Jacques Garnerin, am 31. Januar 1769 in Paris geboren, begeisterte *(begeistern)* sich schon früh für das Fliegen mit Heißluftballons. Die Idee, einen Fallschirm zu bauen, ____________ *(kommen)* ihm erstmals, als er während der Napoleonischen Kriege in Gefangenschaft ____________ *(geraten)*. Auf der Festung Buda in Ungarn ____________ *(entwerfen)* er Fallschirme, mit deren Hilfe er aus dem Gefängnis entkommen wollte. Der Plan ____________ *(misslingen)* jedoch und Garnerin musste drei Jahre absitzen. Am 22. Oktober 1797 war es dann so weit: Garnerin ____________ *(wagen)* den ersten Fallschirmsprung in der Geschichte der Menschheit. Hierfür ____________ *(bringen)* ihn ein Ballon in die Luft und dann ____________ er über dem Parc Monceau in Paris ____________ *(abspringen)*. Da der Fallschirm im Gegensatz zu den heutigen am Scheitel keine Öffnung ____________ *(besitzen)*, ____________ *(kommen)* Mann und Schirm erheblich ins Pendeln. Schließlich ____________ *(landen)* Garnerin zwar unsanft, aber unter dem Jubel der im Park wartenden Menschenmenge.

Damals ... (Teil 2) – Das Präteritum verwenden

1 ●●● **Joe Kittinger, ein Vorgänger des Österreichers Felix Baumgartner (► S. 52), war Anfang der 1960er Jahre ein Held vieler Zeitungsberichte.**

a Ergänze mit Hilfe des Wortspeichers im nachstehenden Zeitungsbericht die fehlenden Verben im Präteritum.

b Kennzeichne starke und schwache Verben in unterschiedlichen Farben.

Wortspeicher

springen durchführen ankommen ~~teilnehmen~~ bringen rasen aufstellen sich interessieren aufgehen erreichen erzielen

Sprung aus 31 300 Metern Höhe

17. August 1960

Der amerikanische Testpilot Joe Kittinger, Leiter eines Raumfahrt-Forschungsprojekts, *nahm* gestern an einem spektakulären Experiment *teil*. Die Wissenschaftler ______ dafür, ob ein Astronaut im Notfall seine Rakete noch in 30 Kilometern Höhe verlassen kann. Zu diesem Zweck ______ man den Amerikaner mit Hilfe eines mit Helium gefüllten Ballons auf eine Höhe von 31 300 Metern. An der Zielhöhe angekommen, ______ Joe Kittinger aus der Gondel des Ballons „Excelsior III". Bis sein Fallschirm ______, ______ er 4 Minuten und 36 Sekunden lang im freien Fall auf die Erde zu. Dabei ______ er die unglaubliche Geschwindigkeit von 988 Kilometern pro Stunde. Kittinger ______ damit gleich vier Rekorde ______: den höchsten Ballonaufstieg, den ein Mensch jemals ______, den Fallschirmsprung aus höchster Höhe, den längsten freien Fall und die höchste Geschwindigkeit, die ein Mensch bisher beim freien Fall ______. Nach 13 Minuten und 45 Sekunden ______ Joe Kittinger wieder unversehrt auf der Erde ______.

2 ●●● **Joe Kittingers Sprung machte damals in vielen Zeitungen Schlagzeilen.**

a Vervollständige die folgenden Schlagzeilen, indem du ihnen eine jeweils passende Ergänzung zuordnest.

Rekordhöhe! Testpilot Kittinger ...	... landet wieder sicher auf der Erde
Spitzenleistung am Himmel: Pilot ...	... stürzt in Rekordgeschwindigkeit auf die Erde zu
Im freien Fall: Amerikaner ...	... gelingt Absprung aus 31 300 Metern
Nach 13 Minuten und 45 Sekunden: Joe Kittinger ...	... bricht vier Weltrekorde

b Setze die gebildeten Schlagzeilen ins Präteritum. Schreibe in dein Heft, z. B.:

Rekordhöhe! Testpilot Kittinger gelang Absprung aus 31 300 Metern

c Formuliere in deinem Heft eine weitere passende Schlagzeile zu Kittingers Sprung. Schreibe im Präteritum.

Das Plusquamperfekt verwenden

Information **Das Plusquamperfekt (Vorvergangenheit, dritte Vergangenheitsform)**

- Geschah etwas noch **vor einem vergangenen Ereignis im Präteritum,** wird das **Plusquamperfekt** verwendet, z. B.: **Vergangenes (Präteritum)** *Bevor er den Sprung tatsächlich durchführte,* **Vorzeitiges (Plusquamperfekt)** ***hatte*** *er sich ausgiebig darauf* ***vorbereitet.***
- Das Plusquamperfekt wird so gebildet: Personalform von *haben* oder *sein* im Präteritum + Partizip II.

1 **2005 wurde in den Zeitungen von einem ungewöhnlichen Sprung berichtet.**

Der Mann, der über die Mauer sprang – Skateboard-Weltrekord

Nur mit Hilfe seines Skateboards und einer riesigen Rampe sprang der kalifornische Extrem-Skateboarder Danny Way am Samstag bei dem Festungsturm Juyongguan über die Chinesische Mauer. Es war der höchste und der weiteste Skateboard-Sprung aller Zeiten: Bei seinem Flug brach Danny Way seinen eigenen Weiten- (24,07 Meter) und Höhenweltrekord (7,14 Meter). ...

a **Schreibe eine Fortsetzung des Zeitungsberichts. Unterstreiche zu diesem Zweck in A bis D den Satz, der das frühere Ereignis ausdrückt.**

b **Verknüpfe jeweils in A bis D die beiden Sätze. Verwende für die Vorvergangenheit das Plusquamperfekt und die Verknüpfungswörter *bevor* oder *nachdem*.**
Tipp: Denke daran, das erforderliche Komma zu setzen.

A Way erzielte mit 16 Jahren erste Erfolge als Profi. Er fiel schon im Kindergartenalter durch sein Skateboard-Talent auf.

Way erzielte mit 16 Jahren erste Erfolge als Profi, nachdem ...

B Beim Surfen verletzte er sich als Zwanzigjähriger schwer. Er legte eine Sportpause ein.

C 2002 entwickelte Way eine spezielle Rampe. Er sprang damit erstmals in die Weite statt in die Höhe.

D Der Skateboarder wagte tatsächlich den Sprung über die Chinesische Mauer. Er trainierte lange.

2 **Ob mit Skateboard, Snowboard oder BMX-Rad – für viele Jugendliche sind Sprünge ein Bestandteil ihres Hobbys. Schreibe Übungssätze zu diesem Thema in dein Heft. Verwende das Plusquamperfekt, z. B.:**
Nachdem der Skateboarder von der Rampe abgehoben hatte, drehte er sich mehrmals um seine eigene Achse. ...

Teste dich! – Das Tempus

1 **Der folgende Zeitungsartikel berichtet von einem besonderen Rekord.**
a Ergänze die Verben in Klammern in der passenden Tempus- und Personalform.

PUNKTE

2011 ______________ *(gelingen)* dem BMX-Fahrer Jed Mildon als erstem Menschen der Welt im neuseeländischen Taupo ein dreifacher Rückwärtssalto mit einem BMX-Rad. Nachdem Mildon sich drei Monate intensiv auf diesen Augenblick ______________ *(vorbereiten)*, ______________ *(freuen)* sich der Actionsportler über seinen Erfolg: „Es ist unbeschreiblich, wenn man endlich ______________ *(schaffen)*, was vorher nur ein Traum war. ______________ *(ausruhen)* ich mich auf meinen Lorbeeren aber nicht. Mein Team und ich ______________ *(planen)* bereits weitere Sprünge."

b Präsens, Perfekt, Präteritum, Plusquamperfekt oder Futur I?
Markiere die ergänzten Verbformen wie angegeben.

PUNKTE

2 **a Unterstreiche in den Satzgefügen A bis C die Verben, die im Plusquamperfekt stehen.**

PUNKTE

b Wird das Plusquamperfekt inhaltlich jeweils richtig oder falsch verwendet? Kreuze an.

PUNKTE

	richtig	falsch
A Bevor Jed Mildon mit seinem BMX-Rad durch die Luft gewirbelt war, raste er eine 20 m hohe Rampe hinunter.	☐	☐
B Paul Everest, Gründer des Wettbewerbs in Taupo, beglückwünschte Mildon, nachdem dieser seinen Weltrekord aufgestellt hatte.	☐	☐
C Nachdem er den Dreifachsalto schaffte, hatte Mildon einen weiteren Sprung gewagt, an dem er aber gescheitert war.	☐	☐

c Berichtige den Satz / die Sätze, in dem / in denen das Plusquamperfekt falsch gebraucht wird.

PUNKTE

____

____

____

3 **Zähle die Punkte, die du erreicht hast, mit Hilfe des Lösungsheftes zusammen (▸ S. 17).**

GESAMT

☺ 20–16 Punkte	☺ 15–9 Punkte	☹ 8–0 Punkte
Gut gemacht!	Gar nicht schlecht! Wo hattest du Schwierigkeiten? Wiederhole die passenden Übungen auf S. 52–56.	Du solltest noch einmal üben! Arbeite die S. 52–56 erneut durch.

Der Modus des Verbs – Wenn ich träume …

Den Konjunktiv II bilden und verwenden

Information **Der Konjunktiv II**

Wenn man eine Aussage als **unwirklich,** nur vorgestellt, unwahrscheinlich oder gewünscht kennzeichnen möchte, verwendet man den **Konjunktiv II.**

- **Bildung des Konjunktivs II**
  Der Konjunktiv II wird in der Regel **vom Präteritum Indikativ abgeleitet.**
  Bei **starken Verben** werden ***a, o, u*** im Wortstamm zu ***ä, ö, ü,*** z. B.:

Indikativ Präteritum	Konjunktiv II
er nahm *er flog* *er fuhr*	*er nähme* *er flöge* *er führe*

- Anstelle des Konjunktivs II wird die ***würde*-Ersatzform** verwendet, wenn der **Konjunktiv II vom Indikativ Präteritum nicht zu unterscheiden** ist, z. B.: *wir liefen* → *wir würden laufen.*
- Vor allem im **mündlichen Sprachgebrauch** ist der **Konjunktiv II** recht **ungebräuchlich.** Man verwendet lieber die ***würde*-Ersatzform**, z. B.: *ich gäbe* → *ich würde geben.*

1 **Bilde zu den folgenden Verbformen im Indikativ Präteritum den Konjunktiv II.**

er wusste → *er wüsste* ______ ich fuhr → ______ sie standen → ______

ich ging → ______ sie sah → ______ wir brauchten → ______

2 **a Die folgenden drei Textausschnitte formulieren jeweils ein Gedankenexperiment.**
Gib ihnen jeweils eine passende „Wenn"-Überschrift wie im Beispiel. Nutze die Ideen aus dem Wortspeicher.
Tipp: In einem Fall ist es ratsam, statt des Konjunktivs II die *würde*-Ersatzform zu verwenden.

Wortspeicher

Menschen auch auf dem Mars leben ~~alle dieselbe Sprache sprechen~~ keinen elektrischen Strom geben

A *Wenn alle dieselbe Sprache sprächen*

Wir hätten keinen Fremdsprachenunterricht. Egal, wohin wir reisen würden, wir verstünden alle Menschen. …

B *Wenn …*

Wir müssten auf elektrische Geräte verzichten. Unsere Wohnungen würden wir wieder mit Kerzen beleuchten. …

C *Wenn …*

Wahrscheinlich würden die Schulen Klassenfahrten zum Mars organisieren. Viele von uns hätten vielleicht eine Zweitwohnung auf dem Mars. …

b Unterstreiche in den obigen drei Textausschnitten die Verben im Konjunktiv II und die *würde*-Ersatzformen in unterschiedlichen Farben.

c Schreibe in deinem Heft einen der Texte weiter. Verwende den Konjunktiv II bzw. die Ersatzform mit „würde".

Information **Bedingungsgefüge**

Mit einem Satzgefüge kann man u.a. Bedingungen formulieren, z. B.:
Wenn ich im Sommer Zeit habe (Nebensatz), *kann ich Urlaub in Frankreich machen* (Hauptsatz).
Sind die **Bedingungen,** die man formuliert, **unwahrscheinlich,** dann werden im **Nebensatz und** im **Hauptsatz** der **Konjunktiv II oder die „würde"-Ersatzform** gebraucht, z. B.:
Wenn ich plötzlich reich ***wäre, würde*** *ich eine große Weltreise* ***machen.***
Hätte *ich eine Zeitmaschine,* ***flöge*** *ich damit in die Zukunft.*

3 **a** **Was wäre, wenn ...? Setze in den folgenden Fragen den Konjunktiv II ein.**
Tipp: Denke daran, dass der Konjunktiv II in der Regel vom Präteritum Indikativ abgeleitet wird.

Was wäre, ...

A ... wenn die Erde eine vereiste Kugel ___*wäre*___ *(sein)*?

B ... wenn die Welt von einem König regiert ______________ *(werden)*?

C ... wenn wir vor nichts und niemandem Angst ______________ *(haben)*?

D ... wenn alle Menschen von der Erde ______________ *(verschwinden)*?

E ... wenn es kein Geld auf der Welt ______________ *(geben)*?

b **Beantworte die obigen „Was wäre, wenn..."-Fragen mit Hilfe der Ideen aus dem Wortspeicher. Formuliere dabei jeweils ein Bedingungsgefüge.**
Tipp: Da die Bedingungen unwahrscheinlich sind, musst du den Konjunktiv II bzw. – in zwei Fällen – die ***würde*-Ersatzform verwenden.**

Wortspeicher

Wir ... *(zeigen)* größere Vorsicht. Die Tiere ... *(beherrschen)* die Welt. Wir ... *(tragen)* stets warme Kleidung. Unsere Mitbestimmung ... *(sein)* stark eingeschränkt. Wir ... *(beginnen)* wieder mit dem Tauschhandel.

A *Wenn die Erde eine vereiste Kugel wäre, trügen wir ...*

B ______________________________

____

C ______________________________

____

D ______________________________

____

E ______________________________

c **Wie lauten deine Antworten auf die obigen „Was wäre, wenn ..."-Fragen? Notiere passende Bedingungsgefüge wie in Aufgabe 3 b. Schreibe in dein Heft, z. B.:**
Wenn die Erde eine vereiste Kugel wäre, würden wir jeden Urlaub im Schnee verbringen.
Wenn die Welt von einem König regiert ...

Ich träume von ... (Teil 1) – Den Konjunktiv II verwenden

1 ●○○ **In der Wochenzeitung DIE ZEIT gibt es regelmäßig eine Seite, auf der Prominente von ihren Träumen erzählen. Lies die folgenden Texte und schreibe die Sätze mit den eingeklammerten Infinitiven neu auf. Verwende dabei den Konjunktiv II bzw. die *würde*-Ersatzform.**

„Ich träume von einer Zeitmaschine. Vor allem das 12. und 13. Jahrhundert *(besuchen)* ich gerne. Ich träume seit Jahren davon, für ein paar Wochen ein marodes Schloss in Schottland zu mieten und dort einen Ritterroman zu schreiben. Zuvor *(fahren)* ich ins mittelalterliche England. [...] Auf romantische Weise träume ich von einer Zeit, in der das Leben unmittelbarer war." (Cornelia Funke, Schriftstellerin)

Vor allem das 12. und 13. Jahrhundert würde ich gerne ...

„Ich singe und spiele ein bisschen Gitarre, aber nicht wirklich gut. Ich *(spielen)* gerne Klavier. Als Schauspieler ist man immer gebunden an eine Geschichte, an ein Team, an die Kamera. Als Pianist ist man unabhängig. [...] *(Sein)* ich Pianist, *(aufführen)* ich vor allem die Werke von Bach. [...] Es ist noch nicht zu spät. Ich könnte jetzt bald Klavierunterricht nehmen. Ich sollte es einfach tun." (Jürgen Vogel, Schauspieler)

„Mein Traum ist, dass junge Menschen statt des Militärdienstes auf Augenschauwanderschaft gehen. Sie *(ziehen)* ein Jahr lang durch die Welt, so wie es die Zimmermänner machen [...]. Abgesehen von dieser einjährigen Wandschaft *(finden)* ich es toll, wenn es Augenschauhäuser *(geben)* [...]. In ihnen *(sitzen)* man sich in Kreisen gegenüber, die sich alle zwei, drei Minuten weiterdrehen, und *(schauen)* eine Stunde lang verschiedenen Menschen in die Augen." (Jana Pallaske, Schauspielerin)

2 ●○○ **Was würdest du tun?**
Ergänze zu den folgenden Bedingungsgefügen jeweils einen Hauptsatz mit dem Verb in Klammern.
Tipp: Da die Bedingungen unwahrscheinlich sind, musst du den Konjunktiv II bzw. die *würde*-Ersatzform nutzen.

Wenn ich mir etwas wünschen könnte, hätte ich gerne einen großen Bruder. *(haben)*

Wären Zeitreisen möglich, ______ *(reisen)*

Wenn ich unendlich viel Geld hätte, ______ *(geben)*

Könnte ich eine andere Person sein, ______ *(sein)*

Ich träume von ... (Teil 2) – Den Konjunktiv II verwenden

1 **a Unterstreiche in dem folgenden Text alle Verben.**

Ich habe einen Traum

Die New Yorker Sängerin Jocelyn B. Smith träumt von einem garantiert unschädlichen Glücksmedikament aus dem Wirkstoff: Musik.

Die Zutaten zu dieser Glückspille sind vielfältig. Zu den wichtigsten Bestandteilen aber gehören zerbröselte Haarspitzen von Johann Sebastian Bach[1] und John Lennon[2]. Das bringt den Swing in die Pille und die Finger zum Schnipsen.

Einmal am Tag – morgens vor Schulbeginn – ist Doo-wop[3]-Zeit. [...] Was passiert, wenn man diese Pille nimmt? Kinder kommen entspannt und ausgeglichen in die Schule. Sie sind selbstbewusst gegenüber anderen Schülern, denn sie spüren immer den *rhythm*. Das macht sie weicher, sie bekommen eine empfindsame Natur, sie sind wach für die Umwelt und vor allem aufgeschlossen. [...]

Wenn auch unsere Großeltern diese Pillen schlucken, werden sie ihre Weisheit nie verlieren. Und die Enkel akzeptieren sie freiwillig als Vorbilder, weil sie entspannt sind. Doo-wop ist auch für Politiker gut. Sie werden nachdenklicher und treffen ihre Entscheidungen weitsichtiger. Sie müssen nicht mehr auf Konflikte reagieren, sondern entschärfen sie schon im Vorfeld. Die Wirkung von Doo-wop besteht also vor allem darin, Balance zu schaffen zwischen Denken und Handeln. [...] Doo-wop gibt es in keiner Apotheke, es ist nicht käuflich. Es steckt in der Musik, und wir haben es alle im Gefühl.

1 **Johann Sebastian Bach (1685–1750):** deutscher Komponist des Barock
2 **John Lennon (1940–1980):** britischer Musiker und Komponist; Mitbegründer der Rockgruppe „The Beatles"
3 **Doo-wop:** mehrstimmige Art zu singen, abgeleitet von Nonsens-Silben wie Diddle-De-Dum oder Doo-wop

b Mache deutlich, dass es sich bei der „Doo-wop-Pille" um etwas Vorgestelltes bzw. einen Wunschtraum handelt. Formuliere zu diesem Zweck den Text um, indem du von den unterstrichenen Verben den Konjunktiv II bzw. die *würde*-Ersatzform bildest. Schreibe in dein Heft, z. B.:

Die Zutaten zu dieser Glückspille wären vielfältig. Zu den wichtigsten Bestandteilen aber würden zerbröselte Haarspitzen von Johann Sebastian Bach und John Lennon gehören. Das brächte den Swing ...

2 **Wie würdest du gerne die Welt verbessern und welche Erfindung bräuchte man dafür? Schreibe einen kurzen Text in dein Heft. Verwende den Konjunktiv II bzw. die *würde*-Ersatzform. Wenn du möchtest, kannst du eine der folgenden Erfindungen in deinem Text aufgreifen:**

Ich träume von ...

... einer Pille, die alle Menschen friedfertig machen würde.

... einer Maschine, die Abgase in Lebensmittel verwandeln könnte.

... einem Wahrheitsserum.

... einem Anti-Hass-Pflaster.

Der Konjunktiv I in der indirekten Rede

Information | **Der Konjunktiv I in der indirekten Rede**

Wenn man deutlich ausdrücken möchte, **dass jemand anderes etwas gesagt hat,** dann verwendet man die **indirekte Rede.** Die indirekte Rede steht **nicht in Anführungszeichen.** Das Verb steht im **Konjunktiv I,** z. B.:
Robert sagt, er ***arbeite*** *als Wetterbeobachter an einem Flughafen.*

- Der **Konjunktiv I** wird gebildet durch den **Stamm des Verbs** (Infinitiv **ohne** -[e]**n**) und durch die entsprechende Personalendung, z. B.:

Indikativ Präsens	Konjunktiv I
*ich kauf-**e*** *du kauf-**st*** *er/sie/es kauf-**t***	ich kauf-***e*** *du kauf-**est*** *er/sie/es kauf-**e***

Indikativ Präsens	Konjunktiv I
*wir kauf-**en*** *ihr kauf-**t*** *sie kauf-**en***	*wir kauf-**en*** ihr kauf-***et*** *sie kauf-**en***

- Wenn sich der **Konjunktiv I nicht vom Indikativ Präsens unterscheidet,** dann wird der **Konjunktiv II oder** die ***würde*-Ersatzform** verwendet, z. B.

Konjunktiv I	*Er sagt, Wetterbeobachter* ***tragen*** *eine große Verantwortung.*
→ Konjunktiv II:	*Er sagt, Wetterbeobachter* ***trügen*** *eine große Verantwortung.*
→ ***würde***-Ersatzform:	*Er sagt, Wetterbeobachter* ***würden*** *eine große Verantwortung* ***tragen.***

1 Untersuche die Sätze 1, 2 und 3 der folgenden Zeitungsmeldung, in denen die indirekte Rede verwendet wird.

a Umrahme die Redebegleitsätze und unterstreiche die Verbformen in der indirekten Rede.

2004 schlossen sich rund 20 000 Wolkenfreunde in der britischen „Cloud Appreciation Society“ (= Vereinigung der Wolkenfreunde) zusammen, darunter auch 500 Deutsche. Gavin Pretor-Pinney, der Verbandsgründer, gerät beim Blick in den Himmel immer wieder ins Schwärmen. (1) Wolken, so erklärt er, würden sich wie Gesichter von Menschen lesen lassen. (2) Sie seien Ausdruck atmosphärischer Launen. (3) Die meisten Menschen wüssten jedoch nicht mehr, den Gesichtsausdruck der Natur zu entziffern, beklagt der Brite.

b Bestimme in den Sätzen 1, 2 und 3 jeweils die Verbform in der indirekten Rede:
Konjunktiv I (Kon I), Konjunktiv II (Kon II) oder *würde*-Ersatzform (w-Er)?

Satz (1): ________ Satz (2): ________ Satz (3): ________

2 Die folgenden Aussagen von Gavin Pretor-Pinney stehen in der direkten Rede.
Forme diese Sätze in die indirekte Rede um.
Nutze für die Redebegleitsätze Verben wie *meinen, erklären, behaupten* oder *feststellen.*

A „In Deutschland und England machen wir die Wolken schlecht, weil wir so viele davon haben.“

Pretor-Pinney meint, ...

B „Wolken sind etwas Schönes, sie geben uns ein Gefühl von Raum und Weite.“

Er ...

C „Beim Beobachten der Wolken fühlt man sich frei.“

___

Wolken und Wellen (Teil 1) – Der Konjunktiv I in der indirekten Rede

1 ●○○

a **Lies das Interview mit dem britischen Wolken- und Wellenbeobachter Gavin Pretor-Pinney.**

ZEIT ONLINE: Herr Pretor-Pinney, Sie haben die „Vereinigung der Wolkenfreunde" gegründet. Ihr Haus steht in Sommerset, im Südwesten Englands. Ist es dort besonders oft bewölkt?
Gavin Pretor-Pinney: Wetterwechsel ziehen oft aus dem Westen über den Atlantik heran. Deswegen bekommen wir sie hier meist ein bisschen früher zu spüren. [...] Flache, von Hügeln umgebene Landschaften sind eine ideale Kulisse, wenn man den Himmel beobachten will. [...]
ZEIT ONLINE: Gibt es Sprachen und Kulturen, in denen Wolken eine positive Bedeutung haben?
Gavin Pretor-Pinney: In England stehen Wolken meist für etwas Dunkles oder Schlechtes, das auf einen zukommt. Aber der griechische Dichter Aristophanes beispielsweise macht die Wolken in seinem gleichnamigen Stück zur Schutzgöttin der „sternschnuppenbeguckenden Gaukler". In den Niederlanden nennt man ein properes, rundes Baby eine „Wolke von einem Kind". Und im arabischen Raum bedeutet der Satz „Sein Himmel ist immer voller Wolken", dass man vom Glück verwöhnt ist. [...]

ZEIT ONLINE: In welchem Land gibt es denn die meisten eingetragenen Wolkenfreunde?
Gavin Pretor-Pinney: Die meisten unserer Mitglieder kommen aus England, den USA und aus Australien. Die Deutschen sind aber auch sehr aktiv, genau wie die Italiener. Es hängt wohl davon ab, ob in dem jeweiligen Land der Humor unserer Website verstanden wird oder nicht.

b **Fasse die wichtigsten Aussagen des Interviews zusammen, indem du die unterstrichenen Sätze in der indirekten Rede wiedergibst. Ergänze die folgenden Satzanfänge.**
Tipp: Denke daran: Wenn sich in der indirekten Rede der Konjunktiv I nicht vom Indikativ Präsens unterscheidet, wird der Konjunktiv II oder die *würde*-Ersatzform verwendet.

Pretor-Pinney behauptet, flache, von Hügeln umgebene Landschaften seien ...

Wolken können laut Pretor-Pinney ganz verschiedene Bedeutungen haben. Der Wolkenbeobachter sagt, in England ...

Jn den Niederlanden, so fährt er fort, ...

Nicht in allen Ländern stößt die Website von Pretor-Pinney auf positive Resonanz. Er räumt ein, es ...

c Umrahme die Redebegleitsätze und unterstreiche die Verbformen in der indirekten Rede.

Wolken und Wellen (Teil 2) – Der Konjunktiv I in der indirekten Rede

1 ●●● **a In dem folgenden Interviewauszug berichtet der britische Wolken- und Wellenbeobachter Gavin Pretor-Pinney, welche Faszination für ihn von einem wellenbewegten Meer ausgeht. Lies das Interview.**

FAZ.NET: Für viele hat der Urlaub die Funktion, dem Alltag zu entkommen.

Gavin Pretor-Pinney: Mir persönlich ist es wichtiger, mich jeden Tag für ein paar Minuten auszuklinken, etwa beim Wellen- und Wolkenbeobachten. Das bringt mir mehr, als nur für zwei Wochen wegzufahren. [...]

FAZ.NET: Was fasziniert uns so am Meer?

Gavin Pretor-Pinney: An der Küste treffen der Ozean, das Festland und der Himmel zusammen. Die Art und Weise, wie Welle für Welle auf die Küste trifft, immer auf eine ähnliche Weise, aber nie genau gleich, zeigt uns, wie die Maschine der Natur arbeitet. Es erinnert daran, dass es ein Grundprinzip des Lebens auf der Erde ist, Energie zu übertragen. [...] Wenn man Kinder am Strand beim Spiel mit den Wellen beobachtet, bekommt man ein Gefühl dafür, was für eine spannende Sache das Meer ist. [...]

FAZ.NET: Das kennen viele: Man geht ans Meer, um den Kopf freizubekommen. Und plötzlich kommt einem die zündende Idee.

Gavin Pretor-Pinney: Ja, eigentlich könnte man sagen, dass es sinnlos ist, Wellen zu beobachten. Man erreicht dabei nichts. Aber durch Aktivitäten wie das Wellenbeobachten erlauben wir uns sozusagen das Nichtstun – und das wiederum ermöglicht, Denkblockaden zu lösen. [...] Freiräume tun sich auf, in denen man tiefer über Dinge nachdenken kann.

b Der folgende, noch unfertige Text erklärt auf der Grundlage des Interviews die Attraktivität des Wellenbeobachtens. Vervollständige den Text, indem du die unterstrichenen Interviewaussagen an jeweils passender Stelle einfügst. Verwende dabei die indirekte Rede und ergänze passende Redebegleitsätze.

Das Meer übt auf viele Menschen durch die gleichmäßige Bewegung der Wellen, die an die Küste schlagen, eine große Faszination aus. Der britische Wolken- und Wellenbeobachter Gavin Pretor-Pinney meint, es ...

____

Den Menschen, die durch einen Urlaub ihrem Alltag zu entkommen versuchen, empfiehlt der Brite das tägliche Wellenbeobachten als Alternative. ...

____

Wellen zu beobachten erscheint zwar auf den ersten Blick sinnlos. ...

____

c Markiere die Verben in der indirekten Rede so: Konjunktiv I grün, Konjunktiv II gelb, *würde*-Ersatzform blau.

Teste dich! – Der Konjunktiv I in der indirekten Rede

1 **a Bilde zu den folgenden Verbformen im Indikativ Präsens den Konjunktiv I.**

PUNKTE

ich bin → ____ er trägt → ____ wir ziehen → ____

ihr geht → ____ du suchst → ____ sie arbeitet → ____

b Bei einer der obigen Verbformen unterscheidet sich der Konjunktiv I nicht vom Präsens Indikativ. Bilde daher stattdessen den Konjunktiv II und die *würde*-Ersatzform.

PUNKTE

Konjunktiv II: ____ *würde*-Ersatzform: ____

2 **An jedem Flughafen arbeiten Wetterbeobachter, ohne die kein Flugzeug starten oder landen könnte. Lies die folgenden Aussagen zu diesem Beruf und forme sie jeweils in die indirekte Rede um.**

PUNKTE

A „Wetterbeobachter schauen täglich in den Himmel und prüfen den Wolkenstand." (Tim)

Tim erläutert, ____

B „Die Flugsicherheit hängt entscheidend von den Informationen der Wetterbeobachter ab." (Mia)

Mia meint, ____

____

C „Die Wetterbeobachter sitzen meist in einem Häuschen am Rande des Rollfeldes." (Ben)

Ben sagt, ____

D „Der Job des Wetterbeobachters ist mir viel zu einsam!" (Leon)

Leon erklärt, ____

3 **Das folgende Zitat des amerikanischen Autors Mark Twain (1835–1910) ist in der indirekten Rede wiedergegeben.**
a Unterstreiche alle Verbformen in der indirekten Rede.

PUNKTE

b Forme die Aussage in die direkte Rede um.

PUNKTE

Mark Twain spottete einst, jeder schimpfe auf das Wetter, aber keiner tue etwas dagegen.

„____." *(Mark Twain)*

4 **Zähle die Punkte, die du erreicht hast, mit Hilfe des Lösungsheftes zusammen (▸ S. 19).**

GESAMT

☺ 20–16 Punkte	😐 15–9 Punkte	☹ 8–0 Punkte
Gut gemacht!	Gar nicht schlecht! Wo hattest du Schwierigkeiten? Wiederhole die passenden Übungen auf S. 62–64.	Du solltest noch einmal üben! Arbeite die S. 62–64 erneut durch.

Sätze und Satzglieder – Unterwegs

Satzglieder bestimmen und verwenden

Information **Satzglieder bestimmen**

Das **Prädikat** ist ein Verb. Es bildet den **Satzkern.**
Es kann aus einem oder mehreren Teilen bestehen, z. B.: *Das Schiff* ***hat*** *den Hafen* ***verlassen.***
Mit der **Frageprobe** könnt ihr weitere Satzglieder ermitteln:

Satzglied	Frageprobe	Beispiel
Subjekt	Wer? Was?	***Der Kapitän*** *steuerte das Schiff.*
Akkusativobjekt	Wen? Was?	*Der Kapitän steuerte* ***das Schiff.***
Dativobjekt	Wem?	*Die Matrosen gehorchten* ***dem Kapitän.***
adverbiale Bestimmung der Zeit	Wann? Wie lange? Seit wann?	***Viele Wochen*** *blieben die Passagiere auf dem Schiff.*
adverbiale Bestimmung des Ortes	Wo? Wohin? Woher?	*Das Schiff wurde* ***in England*** *gebaut.*
adverbiale Bestimmung des Grundes	Warum? Weshalb?	***Wegen eines Sturms*** *drohte das Schiff zu kentern.*
adverbiale Bestimmung der Art und Weise	Wie? Auf welche Weise? Womit?	*Die Mannschaft entdeckte die Insel* ***durch einen Zufall.***

1 **a** **Ergänze die Lücken im Klappentext zu der Reiseerzählung „Salz im Haar". Nutze die Wörter aus dem Wortspeicher.**

Wortspeicher

dem stürmischen Atlantik   ihr Vertrauen   ~~von England nach Amerika~~   wagt
wohlbehütet   Charlotte   wochenlang   wegen einer falschen Entscheidung

adverbiale Bestimmung des Ortes

Die 13-jährige Charlotte soll im Jahr 1832 alleine von England nach Amerika reisen. Eine solche Unternehmung bedeutet, ____________ auf einem Schiff auszuharren und ____________ zu trotzen. Die Tochter aus gutem Hause, obwohl bisher ____________ aufgewachsen, ____________ trotzdem die gefährliche Überfahrt. Auf hoher See muss ____________ jedoch erkennen, dass sie den falschen Leuten ____________ geschenkt hat. Als sie ____________ zwischen die Fronten gerät, geht es plötzlich um Leben und Tod.

b **Um welche Satzglieder handelt es sich bei den ergänzten Wörtern? Schreibe den Namen darüber.**
Tipp: **Bestimme die Satzglieder mit Hilfe der Frageprobe.**

Information **Adverbiale Bestimmungen – Angaben zu näheren Umständen**

- **Genauere Umstände eines Geschehens** werden mit **adverbialen Bestimmungen** (▶ S. 66) angegeben.

Adverbiale Bestimmung	Frage	Beispiel
der Zeit	Wann? Wie lange? Seit wann? ...	***Mehrere Wochen** überlebt der Junge*
des Ortes	Wo? Von wo? Wohin? ...	***auf einer einsamen Insel***
der Art und Weise	Wie? Woraus? Womit? ...	***mit viel Glück** und wird dann*
des Grundes	Warum? Warum nicht? ...	***auf Grund einer Suchaktion** gerettet.*

- Wenn **nur ein Wort** die adverbiale Bestimmung bildet und dieses Wort **nicht veränderlich** ist, nennt man es **Adverb,** z. B.: *gestern, dort, miteinander.*

2 Worum könnte es in den Büchern gehen?

a Denke dir zu den folgenden – ausgedachten – Buchtiteln passende Angaben zum Inhalt aus. Beantworte jeweils die Fragen in Klammern, indem du den Satz um passende adverbiale Bestimmungen ergänzt. Nutze die Ideen im Wortspeicher.

Wortspeicher

im Jahr 2033 ~~mit einem U-Boot~~ auf Grund eines Steuerungsfehlers allein ohne Gepäck viele Monate lang durch einen geheimnisvollen Tiefseegraben tagelang wegen einer verlorenen Wette auf den höchsten Berg der Erde zum Roten Planeten auf einer unbewohnten Südseeinsel durch die Sahara

A **„Tauchfahrt ins Unbekannte"** Ein 15-Jähriger taucht ... (Womit? Wie lange? Wo hindurch?)

Ein 15-Jähriger taucht mit einem U-Boot ...

B **„Abenteuer auf dem Mars"** Ein Raumschiff fliegt ... (Wann? Warum? Wohin?)

C **„Das Inselgeheimnis"** Eine Jugendliche versteckt sich ... (Wie lange? Wo?)

D **„Zu zweit durch die Wüste"** Zwei Freunde wandern ... (Warum? Wie? Wo hindurch?)

E **„Der Weg zum Gipfel"** Ein 16-jähriges Mädchen klettert ... (Wie? Wohin?)

b Welche adverbialen Bestimmungen hast du jeweils ergänzt? Markiere sie in der angegebenen Farbe: adverbiale Bestimmung der Zeit grün, des Ortes gelb, der Art und Weise orange, des Grundes blau.

Sätze zu Satzreihen und Satzgefügen verknüpfen

Information Satzreihe		Satzgefüge	
Hauptsatz *Er **macht** sich auf den Weg,*	**Hauptsatz** *denn er **möchte** seine Mutter kennen lernen.*	**Hauptsatz** *Er **macht** sich auf den Weg,* Im **Nebensatz** steht die Personalform des Verbs am Satzende.	**Nebensatz** *weil er seine Mutter kennen lernen **möchte**.*
Konjunktionen: *denn, sondern, und, oder, aber* **Tipp:** Vor *und* bzw. *oder* muss kein Komma zwischen den Hauptsätzen stehen.		**Konjunktionen:** *nachdem, als, wie, weil, obwohl, …*	

1 **Der folgende Text informiert über das Jugendbuch „Die Reise ans Ende der Welt“ von Henning Mankell.**

a **Mache den Zusammenhang zwischen den unterstrichenen Sätzen deutlicher. Verknüpfe hierzu mit Hilfe des Wortspeichers je zwei aufeinanderfolgende Sätze. Setze jeweils das Komma.**

Wortspeicher

nachdem obwohl ~~weil~~ als

Henning Mankell

Der 15-jährige Joel wohnt mit seinem Vater Samuel in einem einsamen Dorf hoch oben im Norden Schwedens. Seine Mutter kennt er nicht. Sie hat ihn und seinen Vater vor langer Zeit verlassen. Früher hat Joel seinen Vater immer wieder nach seiner Mutter gefragt. Samuel hat ihm stets nur vage Auskünfte gegeben. Doch plötzlich ändert sich alles. Ein Brief mit der Adresse von Joels Mutter taucht auf. Joel und sein Vater beschließen, sie in Stockholm zu besuchen. Der 15-Jährige macht sich schließlich alleine auf die Suche nach seiner Mutter. Samuel hat das Zusammentreffen mit ihr immer wieder hinausgezögert. Nach langem Hin und Her kommt es endlich zu einem Wiedersehen.

Seine Mutter kennt er nicht, weil …

b **Kreuze an: Die neu gebildeten Sätze bestehen aus ☐ Satzreihen, ☐ Satzgefügen.**

c **Welche Sätze lassen sich auch mit Hilfe der Konjunktionen (Verknüpfungswörter) *denn* bzw. *aber* verbinden? Schreibe zu jeder der beiden Konjunktionen einen neu verknüpften Satz auf. Setze jeweils das Komma.**

Subjektsätze und Objektsätze verwenden

Information **Subjektsätze und Objektsätze**

Subjektsätze und Objektsätze sind **Nebensätze** (Gliedsätze).

- **Im Satz** nehmen **Subjektsätze** die **Rolle des Subjekts** (Wer oder was ...?) ein, z. B.:
  - Satz mit „einfachem" Subjekt: ***Flugreisende*** *hoffen auf einen sicheren Flug.*
  - Satz mit Subjektsatz: ***Wer mit dem Flugzeug reist*****,** *hofft auf einen sicheren Flug.*

  Subjektsatz — Ein Komma trennt den Subjektsatz ab.

- **Im Satz** nehmen **Objektsätze** die **Rolle eines Objekts** ein, z. B.:
  - Satz mit „einfachem" Objekt: *Der Fluglotse beobachtet* ***die Landung des Piloten.***
  - Satz mit Objektsatz: *Der Fluglotse beobachtet*, ***wie der Pilot landet.***

  Ein Komma trennt den Objektsatz ab. — Objektsatz

- **Objekt- und auch Subjektsätze** werden **oft als *dass*-Sätze** gebildet, z. B.:
  - Objektsatz: *Ich hoffe,* ***dass*** *das Flugzeug pünktlich landet.* (Wen oder was hoffe ich?)
  - Subjektsatz: *Mir gefällt,* ***dass*** *das Flugzeug pünktlich landet.* (Wer oder was gefällt mir?)

1 **Verbessere die Lesbarkeit der folgenden Zeitungsmeldung, indem du die unterstrichenen Sätze durch Satzgefüge mit Subjektsätzen ersetzt. Schreibe die Sätze neu in dein Heft und setze die Kommas, z. B.:**
Dass das vordere Fahrwerk klemmte, zwang den Piloten einer Boeing 767 zu einer Notlandung.
Tipp: Bei allen zu bildenden Subjektsätzen handelt es sich um *dass*-Sätze.

Spektakuläre Notlandung

Zu einem dramatischen Zwischenfall kam es gestern auf dem Flughafen von Warschau: <u>Das Klemmen des vorderen Fahrwerks zwang den Piloten einer Boeing 767 zu einer Notlandung</u>. Ohne die vorderen Räder auszufahren, leitete der Flugkapitän die Landung ein. <u>Das zuvorige Ablassen fast des gesamten Treibstoffs durch den Piloten verringerte die Explosionsgefahr bei diesem riskanten Manöver</u>. Das Flugzeug setzte schließlich mit den hinteren Reifen auf und rollte weiter, bis auch die Bugnase unter Funkenflug über die Landebahn schrammte. <u>Das Unverletztbleiben aller 231 an Bord befindlichen Fluggäste grenzt an ein Wunder</u>. Die polnischen Flugbehörden ordneten inzwischen eine Untersuchung des Vorfalls an. <u>Das plötzliche Ausfallen eines Fahrwerks bei der Landung gilt unter Experten als sehr ungewöhnlich</u>.

2 **Formuliere die folgenden Sätze so um, dass Satzgefüge mit Objektsätzen entstehen. Setze die Kommas.**

Wortspeicher

Der Pilot beschreibt den Ablauf des Landemanövers. Die Flugbehörden untersuchen die Gründe für das Klemmen des Fahrwerks. Die Passagiere freuen sich über das letztlich glückliche Ende ihrer Flugreise.

Der Pilot beschreibt, wie ...

, warum ...

Relativsätze verwenden

Information **Relativsätze**

- **Relativsätze sind Nebensätze,** die sich auf ein Wort im Hauptsatz beziehen.
  Sie werden **durch Relativpronomen eingeleitet,** z. B.: *der, die, das, welcher, welche, welches.*
  Relativsätze werden durch **Komma** vom Hauptsatz abgetrennt, z. B.:
  *Charles Lindbergh war der erste Pilot, **der** alleine den Atlantik überflog.*
- **Relativsätze** werden auch **Attributsätze** genannt, weil sie ein **Attribut** ersetzen können. Die Funktion des Attributs, **ein Bezugswort** (meist ein Nomen) **näher zu beschreiben,** wird dann von dem Relativsatz übernommen, z. B.:
  – Satz mit Adjektivattribut: *Lindberghs Flugzeug war eine einmotorige **Maschine.***
  – Satzgefüge mit Relativsatz: *Lindberghs Flugzeug war eine Maschine, **die** nur einen Motor hatte.*

1 **Verbinde die folgenden Satzpaare jeweils zu einem Satzgefüge mit Relativsatz. Verwende die Relativpronomen aus dem Wortspeicher. Setze die Kommas.**
Tipp: Drei Pronomen passen nicht.

Wortspeicher
die deren ~~der~~
den welcher dem

Charles Lindbergh ging als Held in die Geschichte der Fliegerei ein.
Er flog 1927 als erster Mensch alleine über den Atlantik.

Charles Lindbergh, der ...

Amelia Earhart wagte 1928 als erste Frau alleine einen Transatlantikflug.
Sie stammte aus Amerika.

Wiley Post startete am 15. Juli 1933 zum ersten Alleinflug um die Erde.
Er dauerte 8 Tage, 15 Stunden und 51 Minuten.

2 **Sag es anders!**
a Unterstreiche in dem folgenden Satz die Attribute, die das Wort „Fallschirmspringerin" näher beschreiben.
b Formuliere den Satz um, indem du die Attribute in einen Relativsatz umwandelst.

Käthe Paulus war eine berühmte Fallschirmspringerin des 19. Jahrhunderts.

Adverbialsätze bilden: Angaben zu Zeit, Ort, Art und Weise, Grund

Information **Adverbialsätze mit Angaben zu Zeit, Ort, Art und Weise, Grund**

Genauere Umstände eines Geschehens können durch **Adverbialsätze** ausgedrückt werden. Adverbialsätze sind **Nebensätze.** Sie werden durch **Verknüpfungswörter** (Konjunktionen) eingeleitet, z. B. *als, nachdem, bevor, während, wo, wohin, woher, indem, ohne dass, weil, da …*

Adverbialsatz	Frage	Beispiel
der Zeit: Temporalsatz	Wann? Wie lange? Seit wann? …	***Nachdem** sie sich ausreichend auf die Überfahrt vorbereitet hatte, brach sie zu ihrer Pazifiküberquerung auf.*
des Ortes: Lokalsatz	Wo? Von wo? Wohin? …	*Sie startete in Japan, **wo** sich ihr Boot befand.*
der Art und Weise: Modalsatz	Wie? Wodurch? Womit? …	***Indem** sie eine Radaranlage nutzt, kann die Ruderin andere Schiffe orten.*
des Grundes: Kausalsatz	Warum? Warum nicht? …	*Sportler suchen oft extreme Herausforderungen, **weil** sie andere von ihrem Können überzeugen wollen.*

1 a **Konjunktionen gesucht!**
Ergänze die Lücken. Nutze die Hilfen im Wortspeicher.

Wortspeicher
weil ~~als~~ indem da wo nachdem

Nonstop von Japan bis Alaska

2013 machte die Britin Sarah Outen Schlagzeilen, als sie als erste Frau den Pazifik alleine und ohne Zwischenstopp mit einem Ruderboot überquerte (AdZ). ________ sie in 150 Tagen auf See 7000 Kilometer zurückgelegt hatte (____), kam sie erschöpft, aber glücklich in Alaska an. Gestartet war die 28-jährige Extremsportlerin in Japan, ______ sie ihr Boot „Happy Socks" zu Wasser gelassen hatte (____). Auf dem Ruderboot mit Schlafkabine, Solarzellen und Meerwasserentsalzungsanlage war Outen immer wieder Gefahren ausgesetzt. Sie kenterte fünfmal und wurde im dichten Nebel fast von einem Frachtschiff gerammt, das sie nicht bemerkte, ______ ihre Radaranlage ausgefallen war (____). Die letzten paar Hundert Meter musste sie sich von einem Boot schleppen lassen, ______ die Strömung wegen eines Sturms zu stark war (____). Outen nutzte ihre Reise zudem für einen guten Zweck, ________ sie zu Spenden für die Früherkennung von Brustkrebs aufrief (____). Und sie machte ihrer Lebensgefährtin einen Heiratsantrag – per Satellitentelefon.

b **Welche Adverbialsätze werden jeweils durch die Lückenwörter eingeleitet? Bestimme sie. Notiere in Klammern: Adverbialsatz der Zeit (AdZ), des Ortes (AdO), der Art und Weise (AdAW), des Grundes (AdG).**
Tipp: Bestimme die Adverbialsätze mit Hilfe der Fragen aus dem Informationskasten.

2 **Verbinde die Satzpaare A bis C jeweils zu einem Satzgefüge mit Lokalsatz.**
Verwende die Konjunktionen *wo*, *woher* oder *wohin*.
Schreibe in dein Heft und setze jeweils das Komma, z. B.:
A Sarah Outen verbrachte 150 Tage allein auf dem Pazifik, wo sie immer wieder Gefahren ausgesetzt war.

A Sarah Outen verbrachte 150 Tage allein auf dem Pazifik. Sie war immer wieder Gefahren ausgesetzt.

B Zielpunkt war die Küste Alaskas. Sarah Outen ruderte mit ihrem Boot dorthin.

C Sarah Outen wurde auch in Großbritannien gefeiert. Die 28-Jährige stammt aus Großbritannien.

3 **Vorzeitigkeit, Gleichzeitigkeit oder Nachzeitigkeit?**
Verknüpfe die Sätze jeweils zu einem Satzgefüge mit einem Temporalsatz.
Nutze die Hilfen im nebenstehenden Wortspeicher. Setze jeweils das Komma.
Tipp: Nicht alle Konjunktionen passen.

Wortspeicher
als solange
sobald ~~während~~
bevor nachdem

Sarah Outen schrieb regelmäßig einen Blog. Sie überquerte den Pazifik.

Sarah Outen schrieb regelmäßig einen Blog, während ...

Die Ruderin war erschöpft, aber glücklich. Sie hatte die Küste Alaskas erreicht.

____

Sarah Outen testete ihr Ruderboot. Sie brach zu ihrer Pazifiküberquerung auf.

____

4 **Die Extremsportlerin Jennifer Figge schwamm 2009 als erste Frau über den Atlantik. Wie schaffte sie das?**
Beantworte mit Hilfe der Angaben im Wortspeicher die folgenden Fragen. Formuliere jeweils ein Satzgefüge mit einem passenden Modalsatz. Verwende die Konjunktion *indem*.
Tipp: Denke an das Komma zwischen Hauptsatz und Modalsatz.

Wortspeicher
Sie schwamm in einem Käfig. Sie sprach mit dem Meer. Sie schwamm jeden Tag bis zu acht Stunden.

Wie legte Jennifer Figge die Distanz zurück?

Sie legte die Distanz zurück, indem sie ...

Wie schützte sie sich vor den Haien?

Sie schützte ...

Wie motivierte sie sich durchzuhalten?

Sie ...

5 **Höher, schneller, weiter ... Warum suchen sich viele Sportler/-innen extreme Ziele?**
Formuliere mögliche Gründe, indem du Satzgefüge mit Kausalsätzen bildest. Verwende die Konjunktion *weil* oder *da*. Setze jeweils ein Komma zwischen Hauptsatz und Kausalsatz. Schreibe in dein Heft, z. B.:
Viele Sportler/-innen suchen sich extreme Ziele, weil sie die eigenen Grenzen erfahren wollen.
Sie suchen sich extreme Ziele, da ...

Konditional- und Finalsätze verwenden

Information **Konditionalsätze und Finalsätze**

Konditionalsätze und Finalsätze sind zwei weitere Arten von **Adverbialsätzen** (► S. 71).

- Mit **Konditionalsätzen** kann man angeben, **unter welcher Bedingung etwas getan wird oder geschieht** (Frage: **Unter welcher Bedingung?**).
  Man nutzt dazu vor allem die **Verknüpfungswörter (Konjunktionen)** *wenn, falls, sofern*, z. B.:
  ***Wenn** man Fernweh hat, hilft es nur, auf Reisen zu gehen.*
  *Ein Navigationssystem ist nützlich, **falls** man sich verlaufen hat.*
  *Fremde helfen einem unterwegs gern, **sofern** man sie freundlich bittet.*
- Mit **Finalsätzen** kann man den **Zweck einer Handlung oder Sache** angeben (Frage: **Wozu?**).
  Man nutzt dazu vor allem die **Verknüpfungswörter (Konjunktionen)** *damit, (dafür) dass*, z. B.:
  *Er nimmt nur das Nötigste mit, **damit** sein Rucksack nicht so schwer ist.*
  *Er setzt sich **dafür** ein, **dass** sein Reisebericht von vielen gelesen wird.*

1 **Im Jahr 2010 war in den Zeitungen folgende Schlagzeile zu lesen:**

Journalist Michael Wigge reiste ohne Geld um die Welt

a **Unter welcher Bedingung wäre eine solche Reise deiner Meinung nach möglich?**
Ergänze den folgenden Hauptsatz um einen Konditionalsatz (Adverbialsatz der Bedingung). Verwende die Konjunktion *wenn, falls* oder *sofern*. Setze das Komma zwischen Hauptsatz und Konditionalsatz.

Reisen ohne Geld ist möglich, ____________________

____

b **Überprüfe deine Vermutung anhand des Textes. Unterstreiche alle Konditionalsätze.**

Michael Wigge reiste 2009 im Selbstversuch rund 35 000 Kilometer durch die Welt – ganz ohne Geld. Mit einem 40 Kilo schweren Rucksack machte er sich auf den Weg. Darin waren seine Kamera, Kleidung, sein Laptop und Medikamente, falls er auf der Reise krank werden sollte. 150 Tage lang reiste Wigge durch elf Länder auf vier Kontinenten. Essen, einen Platz zum Schlafen, Mitfahrgelegenheiten – all das musste sich Wigge von anderen Menschen erbitten. Zwischendurch hielt er sich auch mit Gelegenheitsjobs über Wasser. Wigges Fazit am Ende seiner Reise: Sofern man offen auf andere Menschen zugeht, kann man auch ohne Geld überleben. Wenn man es richtig anstellt, macht man sogar die Erfahrung, dass weniger oft mehr ist.

2 **Michael Wigge hat seine Reiseerfahrungen in einem Buch verarbeitet. Beschreibe, welchen Zweck er damit verfolgt. Vervollständige hierzu mit Hilfe der Angaben im Wortspeicher die Satzanfänge jeweils zu einem Satzgefüge mit Finalsatz (Adverbialsatz des Zwecks). Verwende die Konjunktion *damit*. Setze die Kommas.**

Wortspeicher
Die Leser erkennen die Vorteile ungewöhnlichen Reisens.
Die Leser entwickeln einen Sinn für den Wert einfacher Dinge.

Wigge hat das Buch geschrieben ... ____________________

Er hat seine Erfahrungen formuliert ... ____________________

Adverbialsätze verwenden und bestimmen

1 **In den folgenden Schlagzeilen sind die verschiedenen adverbialen Bestimmungen (▸ S. 67) farbig hervorgehoben. Es handelt sich dabei um adverbiale Bestimmungen der Zeit, des Grundes, der Art und Weise, der Bedingung und des Zwecks (▸ S. 73).**

+++ 28-Jährige wandert zwecks Sammlung von Spenden durch Deutschland +++ Extremsportlerin bricht geplante Weltumseglung wegen schlechten Wetters ab +++ Berühmter Kletterer gab vor dem Erreichen des Gipfels ein Interview +++ Marathonläufer: „Jeder kann das Ziel bei entsprechendem Training erreichen!" +++ Weltumseglerin entkommt einem Sturm durch geschicktes Manövrieren +++ Aktivistin reist zwecks Eröffnung einer Blindenschule nach Tibet +++ Wüstenlauf: Favorit gibt wegen Krankheit auf +++ Extremschwimmer: „Bei gutem Wetter werde ich morgen starten" +++ Ruderin kenterte nach einem erfolgreichen Start +++ Segler bricht durch Verwendung eines neuen Boots den Temporekord +++

a **Formuliere die Schlagzeilen neu, indem du die markierten adverbialen Bestimmungen durch entsprechende Adverbialsätze (▸ S. 71, 73) ersetzt. Nutze die Konjunktionen aus dem Wortspeicher. Setze jeweils ein Komma zwischen Hauptsatz und Nebensatz.**
Tipp: Beachte bei Temporalsätzen die Zeitform: Verwende für die Vorzeitigkeit das Plusquamperfekt (▸ S. 56).

Wortspeicher

weil indem ~~damit~~ sofern nachdem indem wenn damit bevor da

+++ 28-Jährige wandert durch Deutschland, damit sie Spenden sammeln kann +++

...

b **Bestimme die Art der adverbialen Nebensätze. Unterstreiche sie in der angegebenen Farbe: Adverbialsatz der Zeit grün, der Art und Weise orange, des Grundes blau, der Bedingung gelb, des Zwecks lila.**

Auf Reisen (Teil 1) – Adverbialsätze verwenden

1 ●○○ **Wie, wann, wozu ... reisen? Beantworte jeweils die Frage in der Klammer, indem du den Hauptsatz um einen passenden Adverbialsatz ergänzt. Nutze die Konjunktionen im Wortspeicher. Setze jeweils ein Komma zwischen Hauptsatz und Adverbialsatz.**

Wortspeicher

weil ~~indem~~ damit wohin nachdem wenn

Ich reise, indem ... *(Wie?)*

Ich reise ... *(Wann?)*

Ich reise ... *(Unter welcher Bedingung?)*

Ich reise ... *(Wozu?)*

Ich reise ... *(Wohin?)*

Ich reise ... *(Warum?)*

2 ●○○ **a Unter welcher Bedingung ist das möglich? Ergänze mit Hilfe des Wortspeichers zu den folgenden Hauptsätzen jeweils Konditionalsätze. Verwende die Konjunktionen *wenn, falls* und *sofern*.**
Tipp: Denke an das Komma zwischen Hauptsatz und Konditionalsatz.

Wortspeicher

ein Höhentraining absolviert haben genug Wasser dabeihaben
ein Sauerstoffgerät benutzen warme Kleidung tragen

Man kann auf den höchsten Berg der Welt steigen, wenn man ...

... kann man durch die Sahara wandern.

Man kann auf den tiefsten Meeresgrund tauchen ...

... kann man zum Nordpol reisen.

b Schreibe das erste Satzgefüge so um, dass der Konditionalsatz am Anfang steht.

c Und wozu macht man all das? Formuliere zwei Satzgefüge mit einem Finalsatz. Verwende die Konjunktion *damit* und setze jeweils ein Komma zwischen Hauptsatz und Finalsatz. Schreibe in dein Heft, z.B.:
Man steigt auf den höchsten Berg der Welt, damit man sich selbst etwas beweisen kann.
Man wandert durch die Sahara ...

Auf Reisen (Teil 2) – Adverbialsätze verwenden

1 **Formuliere abwechslungsreicher!**

a Der Text enthält einige adverbiale Bestimmungen, die sinnvoll in Adverbialsätze umformuliert werden können. Unterstreiche sie.

Einmal ins Weltall und zurück

Die olympische Fackel war schon an vielen Orten der Erde. Zur Unterhaltung der Zuschauer denken sich die Olympia-Organisatoren auch immer wieder neue, ungewöhnliche Reiseziele aus. Wegen eines besonders abenteuerlichen Ausflugs geriet die berühmte Fackel 2013 in die Schlagzeilen. Zum ersten Mal in der Geschichte der Olympischen Spiele nahmen russische Raumfahrer die olympische Fackel auf einen Weltraumspaziergang mit. Durch das Filmen des Spaziergangs konnte der historische Moment für die Öffentlichkeit festgehalten werden. Nach dem Hinaustragen ins All blieb die Fackel rund eine Stunde dort und kehrte vier Tage später zur Erde zurück. Wegen der einzuhaltenden Sicherheitsvorschriften durfte die Fackel allerdings während der gesamten Weltraummission nicht angezündet werden.

b Formuliere die Sätze neu, in denen du Unterstreichungen vorgenommen hast. Ersetze dabei die markierten adverbialen Bestimmungen durch passende Adverbialsätze. Setze jeweils ein Komma zwischen Hauptsatz und Adverbialsatz.

Damit die Zuschauer …

2 **Sag es anders. Ersetze die markierten adverbialen Bestimmungen jeweils durch einen Konditionalsatz. Verwende die Konjunktionen *wenn*, *falls* oder *sofern*. Setze jeweils ein Komma zwischen Hauptsatz und Konditionalsatz.**

Bei einem Ansteigen der Eintrittspreise werden die Zuschauerzahlen zurückgehen.

Viele Zuschauer werden beim Scheitern des Olympiafavoriten enttäuscht sein.

Teste dich! – Adverbialsätze

1 **a Ersetze die unterstrichenen adverbialen Bestimmungen durch einen Modalsatz. Verwende die Konjunktion *indem*. Setze jeweils ein Komma zwischen Hauptsatz und Modalsatz.** PUNKTE

Durch das Durchschwimmen des Amazonas in 66 Tagen stellte Martin Strel 2007 einen Weltrekord auf.

Louis Palmer machte 2008 durch das Umrunden der Welt mit einem Solartaxi Schlagzeilen.

b Schreibe den Satz neu. Ersetze den markierten Modalsatz durch eine adverbiale Bestimmung. PUNKTE

Rob Thomson erlangte 2009 einen Eintrag ins Guinness-Buch der Rekorde, indem er mit einem Skateboard die Welt umrundete.

2 **Verbessere den Textzusammenhang, indem du jeweils zwei Sätze zu einem Satzgefüge verbindest. Schreibe die neuen Sätze auf. Verwende passende Konjunktionen. Setze jeweils ein Komma.**

a Verknüpfe Satz (2) und (3) sowie Satz (5) und (6) zu Satzgefügen mit einem Finalsatz. PUNKTE

b Verknüpfe Satz (9) und (10) zu einem Satzgefüge mit einem Konditionalsatz. PUNKTE

(1) Mit dem Fahrrad fuhren die Zwillinge Paul und Hansen Hoepner 2012 von Berlin nach Schanghai. (2) Sie sammelten Spenden im Internet. (3) Sie konnten die Kosten für ihre Reise decken. (4) Sieben Monate und 13 600 Kilometer später kehrten sie wieder nach Berlin zurück. (5) Die Brüder führten während ihrer Reise einen Blog. (6) Ihre Unterstützer konnten sich regelmäßig über ihre Erlebnisse informieren. (7) Immer wieder erkrankten die Zwillinge während ihres Tripps. (8) Nachahmern raten sie daher: (9) Man muss mehr Zeit für krankheitsbedingte Pausen einplanen. (10) Man will von Berlin nach Schanghai radeln.

3 **Zähle die Punkte, die du erreicht hast, mit Hilfe des Lösungsheftes zusammen (► S. 21 f.).** GESAMT

☺ 15–12 Punkte	😐 11–8 Punkte	☹ 7–0 Punkte
Gut gemacht!	Gar nicht schlecht! Wo hattest du Schwierigkeiten? Wiederhole die passenden Übungen auf S. 71–76.	Du solltest noch einmal üben! Arbeite die S. 71–76 erneut durch.

Das kann ich schon! – Mit Rechtschreibstrategien Fehler finden und berichtigen

1 **Prüfe deine Strategiesicherheit.**
Welches Strategiezeichen gilt für welches Vorgehen? Trage ein: und .

PUNKTE

Strategiezeichen	Steht für das:
	Wörter, die man so schreibt, wie man sie beim deutlichen Sprechen hört
	verwandte Wörter mit *a* und *au* ableiten
	zusammengesetzte Wörter zerlegen
	unklare Auslaute und Einsilber verlängern

2 **Die meisten der folgenden Wörter sind fehlerhaft geschrieben.**

a **Berichtige die fehlerhaften Wörter.**
Trage sie in die Spalte der Strategie ein, die dir hilft, die richtige Schreibung herauszufinden.

b **Vier Wörter sind richtig geschrieben. Ihre Schreibung ist nicht mit einer Strategie zu erklären.**
Du musst sie dir merken. Trage sie in die Spalte ein und markiere die Merkstelle.

PUNKTE

PUNKTE

VORSICHT FEHLER!

das Skelet die Schiltkröte wertvol das Ohr das Werkzeuk der Verbuntstoff
der Schuzpanzer der Halpkugelbau der Bestantteil das Gebeude der Querschnit
die Seuberung der Stahl die Werme die Dehnung auffellig die Ultraschaljagd die Zähmung

			M

3 **a** **Schreibe die folgenden Wörter richtig auf und ergänze *s*, *ss* oder *ß*.**

b **Ordne die Wörter nach der Strategie, die bei der Lösung hilft. Ergänze die Tabelle zu Aufgabe 2.**

PUNKTE

PUNKTE

das Eiwei___ schlie___lich die Ei_kugel der Bewei___ hei___ der Schu___ die Gie___kanne

der Rei___verschlu___ der Umri___ die Me___methoden

4 **Prüfe, wie gut du Rechtschreibfehler in Texten erkennst.**

a Markiere in dem folgenden Text die 12 Fehler.
Tipp: Beachte auch die Groß- und Kleinschreibung.

PUNKTE

Naturvorbilder für das Bauen

Wenn Menschen sich zum Ziel setzen, stärker im einklang mit der Natur zu bauen, dann finden sie in ihr viele anregungen. Denn in der Natur haben sich im Laufe der Zeit ein schonender Umgank mit Materialien, eine Energie sparende Leichtbauweise und eine Mülvermeidung durch Rükführung der Materialien in den Naturkreißlauf durchgesetzt. Die Leichtbauweise von Knochen ist in ihrem inneren gut erkenbar: An den Stellen, auf die starke Kräfte einwirken, gibt es viel material. Hier weisen viele Knochen schwamartige Knochenbelkchen auf, die sich weit verzweigen. Sie sind so ausgerichtet, dass sie die Zug- und Druckeinwirkungen auf die Knochen aushalten. Dort aber, wo wenig Kraft auf die Knochen einwirkt, gipt es kein Material, sondern Hohlräume, die sie leichter machen.

b Berichtige die fehlerhaften Wörter. Ordne sie den Strategien zu, mit deren Hilfe die Fehler zu vermeiden sind.

PUNKTE

____

____

____

____

c Nenne den Fehlerschwerpunkt:
Welche Strategie hat der Verfasser am wenigsten beachtet?

PUNKTE

5 **a Setze in der Fortsetzung des Textes die 6 fehlenden Kommas.**

Bereits im 19. Jahrhundert kamen Ingenieure auf die Idee die Leichtbauweise der Knochen als Vorbild für technische Konstruktionen zu nehmen. Sie begeisterte beispielsweise der Gedanke dass der Elefantenkopf trotz seiner leichten Knochen in der Lage ist schwere Lasten ohne Probleme wegzuschieben. Hier holten sie sich Ideen dafür leichte und trotzdem leistungsfähige Lastenkräne zu konstruieren. Auch Architekten reizte es das Leichtbauprinzip der Knochen auf die Stahlkonstruktion von Gebäuden zu übertragen. Der Eiffelturm in Paris ist zum Beispiel weltberühmt. Seine Erbauer wandten das Prinzip des Knochenbaus an und sie sparten so 20 Prozent an Gewicht und Material ein. Dass er trotzdem alle Stürme und Umwelteinflüsse aushält beweist er seit 1889.

b Markiere den Satz, in dem man ein Komma setzen kann, aber nicht setzen muss.

PUNKTE

c Kreuze an, gegen welche Kommaregel am häufigsten verstoßen worden ist. Komma:

PUNKTE

bei Aufzählungen ☐ in Satzreihen ☐ in Satzgefügen ☐ beim Infinitiv mit *zu* ☐

6 **Zähle deine Punkte mit Hilfe des Lösungsbeilegers zusammen (▶S. 22). Wo hast du noch Probleme?**

GESAMT

Rechtschreibstrategien anwenden – Fehler vermeiden

Strategien: Wörter verlängern und zerlegen

Methode **Wörter verlängern und zerlegen**

Am **Wortende** und **bei einsilbigen Wörtern** gilt die eindeutige Laut-Buchstaben-Zuordnung nicht immer:

- Man löst das Problem, indem man das Wort um eine Silbe verlängert, z. B.:
  *der Betru**g*** – denn: *betrü**g**en,* *das Ra**d*** – denn: *die Rä**d**er.*
- In zusammengesetzten Wörtern können sich Verlängerungsstellen befinden. Man muss sie zerlegen, z. B.:
  *die Ra**d**|wege* – denn: *die Rä**d**er, freun**d**|lich* – denn: *die Freun**d**e.*

1 **Kreuze an, welche Tierbezeichnungen verlängert werden müssen:**

die Termiten ☐ der Gepard ☐ das Dromedar ☐ der Leopard ☐ der Hund ☐

2 **a Kreuze an, welche Wörter man zerlegen muss.**

die Fledermaus ☐	der Kofferfisch ☐	die Sandfischhaut ☐	der Schlagflug ☐
die Spinnenseide ☐	die Wespenflügel ☐	der Flugsamen ☐	das Urpferdchen ☐

b Zerlege die Wortzusammensetzungen. Markiere die unklaren Laute.

c Schreibe die Verlängerungswörter in dein Heft.

3 **a Ordne die folgenden Wortbedeutungen den Adjektiven neben dem Wortgitter zu. Schreibe die Zahl dahinter.**

1. ohne Ursache, 2. nicht wichtig, 3. Gegenteil von männlich, 4. nicht nachgebend, 5. ohne Missgunst, 6. eingebildet, 7. mit Sorgfalt, 8. Farbton, 9. sensibel, 10. ohne Begrenzung, 11. nicht unwichtig

b Trage die Adjektive in das Wortgitter ein und markiere jeweils den unklaren Laut.

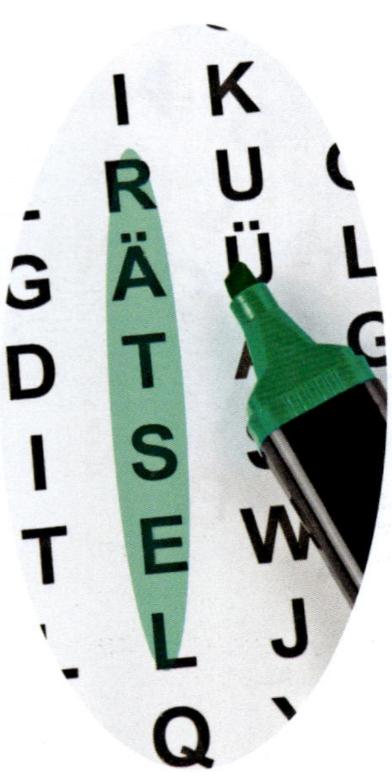

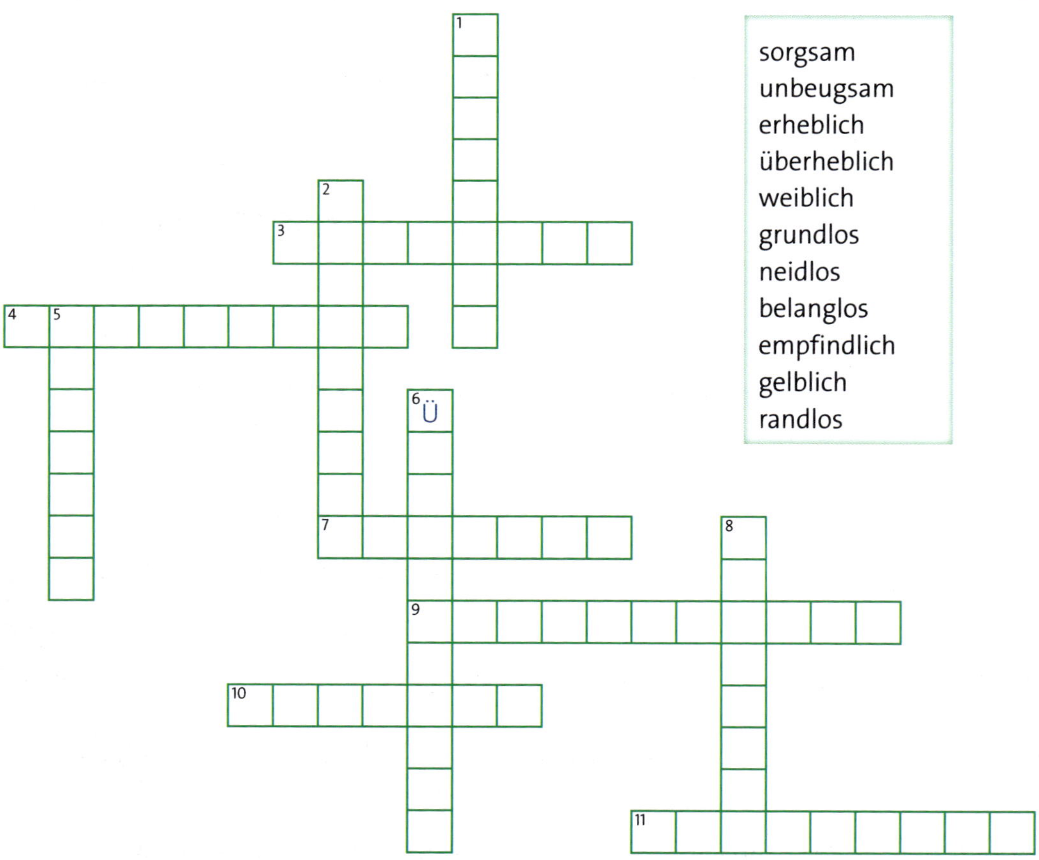

sorgsam
unbeugsam
erheblich
überheblich
weiblich
grundlos
neidlos
belanglos
empfindlich
gelblich
randlos

Strategien: Wörter ableiten und merken

Methode **Wörter mit *ä* und *äu* ableiten**

- **Ableiten** heißt: **verwandte Wörter** mit ***a*** und ***au*** finden, z. B.:
  *l**äu**ten* – denn: *l**au**t*, *der Kr**ä**mer* – denn: *kr**a**men.*
- Wörter mit *ä* und *äu*, für die man **kein verwandtes Wort** findet, muss man sich **merken,** z. B.: der *Säbel.*

1 **Finde Beweiswörter für die Schreibung mit *ä* bzw. *äu*.**

die Kräuter – das Kr ______ das Gebäude – b ______ der Wärter – ______

die Schläuche – ______ stählern – ______ wählen – ______

versäumen – ______ aufbäumen – ______ die Saugnäpfe – ______

die Säugetiere – ______ die Quälgeister – ______ das Zähnchen – ______

2 **Im folgenden Suchrätsel stehen 16 Wörter, zu denen man kein verwandtes Wort mit *a* oder *au* findet.**
a Markiere diese Merkwörter.
b Notiere sie neben dem Rätsel in alphabetischer Reihenfolge.

L	Y	C	E	C	M	Ä	D	C	H	E	N
Ä	I	G	Ä	J	W	D	K	V	G	Q	D
S	Ä	B	E	L	K	N	Ä	U	E	L	Ä
T	E	M	T	T	I	R	S	E	S	O	M
E	G	E	L	Ä	N	D	E	R	C	K	L
R	Ä	U	S	P	E	R	N	I	H	Ä	I
N	S	Ä	U	L	E	A	K	Ö	Ä	N	C
K	H	C	K	Ä	F	E	R	Z	F	G	H
R	B	Ä	R	U	E	K	Ö	S	T	U	H
Ä	A	U	T	O	R	I	T	Ä	T	R	O
H	M	G	M	S	N	S	J	G	A	U	E
E	L	K	T	F	M	Q	X	E	P	Z	C

______
______
______
______
______
______
______
______

3 **Entscheide, ob es sich bei den nachstehenden Wörtern um Ableitungs- oder Merkwörter handelt.**
Ergänze jeweils das zutreffende Strategiezeichen oder M.

○ ständig ○ aussätzig ○ ergänzen ○ das Gefäß ○ gefräßig ○ das Pflänzchen ○ der Jähzorn
○ der Träger ○ ächzen ○ die Säure ○ der Verstärker ○ erklären ○ die Dämmwirkung

4 **Bilde einen Satz, in dem mindestens drei Merkwörter mit *ä* oder *au* vorkommen.**

Einen Text überarbeiten – Strategien anwenden

1 **a** Die im folgenden Text unterstrichenen Wörter sind richtig geschrieben.
Ordne sie in die Strategietabelle unten ein.

b Finde die 16 Wörter im Text, die falsch geschrieben sind.
Ordne sie korrigiert in die richtige Spalte der Strategietabelle ein.

VORSICHT FEHLER!

Wie in Termitenbauten wirkungsvoll lüften und heizen

Termiten bevölkern extrem warme Gebiete. Ihre oft meterhohen Bauten kennzeichnen das Bild vieler Savannen und Steppen, wobei die verschiedenen Bauformen ihre Anpassungsfähigkeit an das Klima zeigen. Die Tierchen brauchen für das Überleben frische Luft, sind aber empfindlich gegen Zukluft. Sie haben es im Laufe ihrer Entwicklung gelernt, ihre mehrstöckigen Bauten mit zugfreien Belüftungssystemen auszustatten. Wie schaffen sie das? Da ist zunächst ihr Hauptbaustof: ein Gemisch aus Speichel und Kot, das nach dem Bauen sehr hart und stabil wird. Trotzdem sind die Wende der Termitenbauten durch winzige kleine Poren luftdurchlessig. Sie sind die Grundlage für eine ausgeklügelte Lüftungsanlage. Die warme Luft aus dem Inneren des Termitenbaus steigt durch die Poren auf, kühlt in den Lüftungsrohren der äußeren Wände ab und singt wieder zurück in den Keller. Während die Luft wieder nach unten strömt, wird die verbrauchte Luft gegen frischen Sauerstof ausgetauscht. Dieses zugfreie Belüftungsprinzip haben Forscher untersucht, um es als Vorbilt für Belüftungssysteme großer Bauten zu nutzen, denn auch Menschen brauchen frische Luft, mögen den Luftzuk aber nicht. Die Bauweise der Termiten bietet noch einen weiteren wichtigen Vorteil: Die Luft, die an der Termitenwant entlankströmt, zieht Werme zurück in den Raum und lesst sie dort. Gelinkt es, dieses Prinzip auf Gebeude zu übertragen, kann man den Energiebedarf um die Helfte reduzieren. Deswegen wird an der Entwicklung von Baustoffen gearbeitet, die mit Hilfe haarfeiner Hohlräume gleichzeitig eine wirkungsvolle Belüftung und Heizung möklich machen.

verlängern	zerlegen	ableiten	merken

2 Finde 5 Wörter im Text, deren Schreibweise man sich merken muss, weil sie mit keiner Strategie erklärbar ist. Trage sie in die Spalte ganz rechts ein.

Teste dich! – Dein Strategiewissen

1 **Kreuze die richtigen Aussagen an:**

PUNKTE

- [ ] Verlängern ist eine Strategie, um Fehler in der Wortmitte zu erkennen.
- [ ] Verlängern ist eine Strategie, um die Schreibung am Wortende zu ermitteln.
- [ ] Verlängern ist eine Strategie, um die Schreibung einsilbiger Wörter herauszufinden.
- [ ] Zerlegen muss man zusammengesetzte Wörter mit Verlängerungsstellen.
- [ ] Zerlegen muss man Wörter mit Bausteinen.
- [ ] Ableiten gilt nur für Wörter mit *ä* und *äu*.

2 **a Setze an die Fehlerstellen der folgenden Wörter das Symbol für die hilfreiche Strategie.**

PUNKTE

b Berichtige die Fehlerwörter.

PUNKTE

das Jahrtausent ____________________ die Schwimblase ____________________

keuflich ________________ krenkeln ________________ spannent ________________

die Stükzahl ________________ die Oberfleche ________________ der Aufwant ________________

3 **a Finde in dem nachstehenden Text die 14 Fehler und markiere sie.**

Neben ihrem ausgeklügelten Belüftungssystem bauen Termiten ihre Hügel angepast an die Klimabedingungen. Während sie sich durch pilzhutartige Decher gegen plötzliche Regengüsse schützen, begegnen sie der austrocknenden Hitze dadurch, dass sie ihren Termitenhügel gezielt zur sengenden Sonne hin ausrichten. Bei Kompastermiten zum Beispiel sind die Hügel so nach Norden ausgerichtet, dass die Mittagssonne nur die Schmalseite des Termitenhügels aufwermen kan. Bei traditionellen afrikanischen Heusern kann man die Konstruktionsprinzipien der Termiten erkennen. Sie sind mit Baumaterialien wie Lehm gebaut, die eine Lüftung durch Poren zulassen. Sie weisen nur auffellig kleine Öffnungen in ihren Wenden auf, um die Sonne abzuhalten. Wintfenger im oberen Bereich leiten den kühlenden Wint ins Gebeudeinnere nach unten. Luft, die von oben komt, hat außerdem noch den Vorteil, dass sie staupfrei ist.

b Schreibe die Wörter korrigiert in die richtige Spalte der Tabelle.
Tipp: **Ein Wort enthält zwei Fehler und muss in zwei Spalten eingetragen werden.**

PUNKTE

c Finde 5 Wörter, deren Schreibung man sich merken muss. Trage sie in die Tabelle ein.

PUNKTE

verlängern	zerlegen	ableiten	merken

4 **Prüfe deine Lösungen und die Punktzahl mit Hilfe des Lösungsheftes (▶ S. 23 f.).**

GESAMT

Rechtschreibung verstehen – Regeln anwenden

Doppelte Konsonanten – Achte auf die erste Silbe

Information | **Regel für doppelte Konsonanten**

- **Offene Silben enden** mit einem **Vokal. Geschlossene Silben** enden mit einem **Konsonanten.**
- **Doppelte Konsonanten** schreibt man **nur,** wenn die **erste Silbe** im **zweisilbigen Wort** geschlossen ist.
- Stehen an der **Silbengrenze zwei verschiedene Konsonanten, verdoppelt** man **nicht,** z. B.: *bummeln* – aber: *pumpen.*
- Um die Regel anzuwenden, muss man Einsilber verlängern und Wortzusammensetzungen zerlegen, z. B.: *soll* – denn: *sollen; die Soll|bruch|stelle* – denn: *sollen.*

1 **Entscheide, ob der Konsonant am Ende der ersten Silbe doppelt geschrieben wird.**

l/ll:	brü___en	die Pu___te	so___en	be___en	die Wä___der	ho___en
m/mm:	su___en	die Pu___pe	der Hu___or	fli___ern	das Zi___er	
t/tt:	ra___en	die Ra___e	die Ra___e	die Ren___e	der Win___er	
n/nn:	ze___tral	ne___en	we___den	die Ka___te	wei___en	ke___en

2 **a** **Ordne die Wörter aus Aufgabe 1 in die Tabelle ein.**
b **Ergänze die Überschriften und setze ein: offen/geschlossen; gleiche/verschiedene.**

Erste Silbe ______________	Erste Silbe ______________ Zwei ______________ Konsonanten	Zwei ______________ Konsonanten
ho len, ...	die Pul te, ...	brül len, ...

3 **Trage die Verlängerungswörter der folgenden einsilbigen Wörter in die Tabelle aus Aufgabe 2 ein:**

der Fang lang das Bild rot der Fall der Knall gelb grün braun hell

Wörter mit *h* – Wenn die erste Silbe offen ist, ...

Information **Regel für Wörter mit *h***

- Bei **manchen zweisilbigen Wörtern** steht das ***h*** in der **zweiten Silbe.** Es **öffnet** die **zweite Silbe hörbar,** z. B.: ***dre hen***.
- Steht das ***h*** in der **ersten Silbe** eines zweisilbigen Wortes, ist es **nicht hörbar.** Diese Wörter sind **Merkwörter,** z. B.: *fah ren*.
- Bei **einsilbigen Wörtern** kann man versuchen, das ***h*** **durch Verlängern hörbar zu machen,** z. B.: *er geht* – denn: *ge hen;* aber: *die Bahn – die Bah nen*.

1 **Kann man das *h* in den folgenden Wörtern hören oder nicht? Markiere das *h* mit dem Strategiezeichen ω oder M.**

gähnen gehen Nahrung erwähnen fahren bestehen vergehen die Röhre unzählig lehren

2 **a Prüfe durch Verlängern, ob es sich bei den nachstehenden Wörtern um Merkwörter handelt.**
b Trage die verlängerten Wörter in die richtige Spalte der Tabelle ein.

wahr zehn Uhr Reh Zeh der Stahl die Bahn das Jahr die Wahl die Zahl das Mahl

Wörter mit silbenöffnendem *h*	Merkwörter mit *h*
– Die erste Silbe ist offen/geschlossen.	– Die erste Silbe ist offen/geschlossen.
– Das *h* gehört zur ersten/zweiten Silbe.	– Das *h* gehört zur ersten/zweiten Silbe.
– Man spricht das Wort ohne *h*/mit *h*.	– Man spricht das Wort ohne *h*/mit *h*.

c Streiche in der jeweiligen Tabellenspalte unten die falschen Teile der Aussagen durch.

3 **Markiere in den folgenden Sätzen alle Merkwörter mit *h* durch das Strategiezeichen M.**

Ungefähr zur Zeit der ersten Weltausstellung im Jahr 1851 beschäftigte sich der Gärtner Joseph Monier mit der Frage, wie man Blumentöpfe stabilisieren könnte. Es gefiel ihm nicht, dass sie so leicht zerbrechen. Er entdeckte bei Kakteen eine netzartige Struktur, die wie ein stützendes Skelett wirkte. Das regte ihn dazu an, ein Drahtgitter in die Formen der Blumentöpfe zu legen, die er aus Zement goss. So wurden sie haltbarer. Später dehnte er seine Erfindung auf Bahnschwellen aus und legte so die Basis für modernen Stahlbeton.

4 **Bilde einen Satz, der mindestens drei Merkwörter mit *h* enthält.**

ss und ß in einer Wortfamilie – Achte auf die erste Silbe

Information **Regel für Wörter mit s-Laut**

- Man schreibt *ß*, wenn **die erste Silbe** offen ist und man den **s-Laut zischend** spricht, z. B.: ***drau ßen.***
- Man schreibt *ss*, wenn die **erste Silbe** geschlossen ist, z. B.: ***die Ros se.***
- In Wörtern einer **Wortfamilie** kann die Schreibung wechseln. Um sicher zu sein, braucht man das **zweisilbige Wort**, z. B.: ***das Maß – die Ma ße***; aber: ***er misst – wir mes sen.***

1 **Entscheide: ß oder ss?**

hei___en hi___en vermi___en pre___en gie___en flie___en bei___en

2 **Die folgenden zusammengehörenden Wortpaare hat der PC fälschlicherweise alle mit ss geschrieben.**
a Verbinde die Wörter einer Wortfamilie mit Pfeilen.
b Schreibe die Wörter einer Wortfamilie in richtiger Schreibung nebeneinander.

giessen	der Biss	reissen	der Frass	der Beschluss	vergessen	muss	
der Guss	müssen	beissen	der Riss	fressen	schliessen	liess	
das Schloss	wissen	messen	weiss	vergass	lassen	beschliessen	mass

3 **a Setze ein: ss oder ß?**

das Gebi___ der Bei___ring er bei___t er bi___ die Bi___wunde er hat gebi___en

b Bilde wie in Aufgabe 3 a zu folgenden Wörtern Zusammensetzungen, die mit ss oder ß geschrieben werden.

essen: ___

fließen: ___

schießen: ___

4 **a Setze ein: ss oder ß?**

A Das Wa___er eines Flu___es flie___t nicht überall gleichmä___ig schnell.

B Ein Hund, der bei___t, kann mit seinem Gebi___ gro___e Bi___wunden verursachen.
Deshalb sollte er immer einen Bei___schutz tragen.

C Weil der Regengu___ ausblieb, mu___ Gustav das Beet mit der Gie___kanne bewä___ern.

b Lass dir einen Satz aus Aufgabe 4 a diktieren. Schreibe in dein Heft.

i oder *ie*? – Achte auf die Silbenzahl

Information **Regel für Wörter mit *i* oder *ie***

- Man schreibt **immer *i*,** wenn die **erste Silbe** geschlossen ist, z. B.: *der Win ter.*
- Bei **zweisilbigen deutschen Wörtern** schreibt man in der Regel **in der ersten Silbe *ie*,** wenn sie offen ist, z. B.: ***die Bie ne.***
- In **mehrsilbigen Fremdwörtern** schreibt man auch in offenen Silben ***i*,** z. B.: ***die Ma schi ne.***
- Die Endung *-ieren* muss man sich als Ausnahme **merken.**

1 **Setze ein: *i* oder *ie*?**

Graff__t__ die Emot__on die Informat__on das Prakt__kum die Z__le die B__onik

das Lex__kon der Opt__mist der Pess__mist der Z__genkäse das S__l__z__um die Turb__ne

2 **a Vervollständige die folgenden Verben mit der Nachsilbe *-ieren*.**
b Ordne ihnen ihre Bedeutung zu. Schreibe die richtige Ziffer 1 bis 12 hinter die Worterklärung.

1								F	I	N	G					
2							P	A	R	O	D					
3								S	T	U	D					
4					K	A	P	I	T	U	L					
5							P	L	O	M	B					
6							F	L	A	M	B					
7								H	A	L	B					
8							B	L	O	C	K					
9								P	R	O	B					
10	V	E	R	B	A	R	R	I	K	A	D					
11									R	A	D					
12						M	A	R	S	C	H					

im gleichmäßigen Schritt gehen __
unterbinden __
vortäuschen __
aufgeben __
etwas komisch nachmachen __
lernen __
Löcher in Zähnen füllen __
Alkohol in Speisen anzünden __
verkleinern __
versuchen __
absperren __
Bleistift beseitigen __

3 **a Finde in der Wörterschlange die 14 Wörter mit *-ine*.**

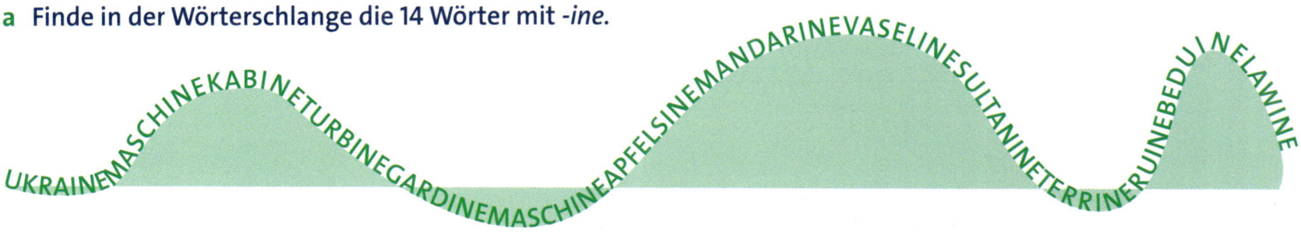

b Schlage die Bedeutung im Wörterbuch nach, wenn du sie nicht kennst. Schreibe sie auf.

____

____

4 **Formuliere in deinem Heft eine Merkhilfe für die i-Schreibung bei Fremdwörtern.**
Tipp: Beachte die fehlerträchtigen Nachsilben *-ine* und *-ieren*.

Fremdwörter mit *ph*, *th*, *ch* und *y* – Im Wörterbuch nachschlagen

M

Information **Schreibung von Fremdwörtern mit *ph, th, ch* und *y***

Fremdwörter weisen häufig die Schreibungen ***ph, th, ch*** und ***y*** auf, z. B.: ***Ph**ysik, **Th**eologie, **Ch**emie.*
Bei **einigen Fremdwörtern** kann man neben der Originalschreibweise eine **eingedeutschte Form** nutzen, z. B.: *Del**ph**in* oder *Del**f**in.*

1

a Unter den folgenden Wörtern stehen drei spanische. Das erkennst du an ihrer Schreibweise. Kreise sie ein.
b Markiere in den deutschen Fremdwortschreibungen alle Merkstellen mit dem Strategiezeichen M.

die Physik   Fisika   das Chlorophyll   die Theologie   das Theater   der Chor   Coro
die Physiotherapie   Fisioterapia   die Phrase   der Rhythmus

c Ordne die Fremdwörter aus dieser Aufgabe den folgenden Bedeutungen zu:

eine Wissenschaft = ______________________   Blattgrün = ______________________

Gruppe von Sängern = ______________________   Religionswissenschaft = ______________________

Schauspielhaus = ______________________   Heilbehandlung = ______________________

leere Redensart = ______________________   Takt, z. B. in der Musik = ______________________

2

a Schlage die folgenden Fremdwörter im Wörterbuch nach.
b Kreuze an, zu welchen es eine deutsche Schreibweise gibt.

das Photo ☐   das Diktaphon ☐   die Phrase ☐   die Phantasie ☐   das Phantom ☐
die Graphik ☐   das Theater ☐   der Thunfisch ☐   die Apotheke ☐   die These ☐

3

Lies laut die folgenden Fremdwörter mit *y*. Wie man spricht man das *y*?
Ziehe einen entsprechenden Pfeil, z. B.:

das Gymnasium   das Acrylglas   typisch   das Baby   die City   die Story   der Body
hydraulisch   die Dynamik   die Party   das Dynamit   der Dynamo   psychisch   das Symbol

Man sprich das *y* wie ein *i*.   Man spricht das *y* wie ein *ü*.

4

a Markiere in den Sätzen A und B alle Fremdwörter mit Merkstellen.

A In der Physikstunde ist das Thema die Leistung des Dynamos.

B Im Theater gibt es einen Themenabend rund um das Stück „Das Phantom der Oper".

b Formuliere eigene Sätze mit möglichsten vielen Fremdwörtern.

____

____

Teste dich! – Dein Regelwissen

1 Kreuze an, welche der Aussagen A bis G richtig und welche falsch sind.

PUNKTE

		richtig	falsch
A	Doppelkonsonanten schreibt man, wenn die erste Silbe in einem zweisilbigen Wort offen ist.	☐	☐
B	Zwei gleiche Konsonanten schreibt man, wenn die erste Silbe geschlossen ist.	☐	☐
C	Wenn nach der ersten geschlossenen Silbe zwei verschiedene Konsonanten folgen, verdoppelt man nicht.	☐	☐
D	Das *ie* kommt besonders häufig in Fremdwörtern vor.	☐	☐
E	*-ieren* ist eine Nachsilbe für Fremdwörter. Man schreibe diese mit *ie*.	☐	☐
F	*ch, th* und *ph* sind typisch für viele Fremdwörter.	☐	☐
G	Das *y* spricht man je nach Wort verschieden aus: als *i* oder als *ü*.	☐	☐

2 Berichtige die 16 Fehlerwörter im Text.
Ordne sie dem Fehlerschwerpunkt in der Tabelle unten zu.

PUNKTE

VORSICHT FEHLER!

Wolkenkratzer nach Art der Ackerschachtelhalme

Wolkenkratzer sind ein Sümbol für eine leistungsstarke Wirtschaft. Daher arbeiten Architekten süstematisch daran, Häuser zu bauen, die mehr als einen Kilometer hoch sind. Wenn der Mensch aber immer höher bauen will, dann braucht er neue statische Konzepte und matematische Berechnungen. Hier können die Archietekten von der Natur lernen. Vile Gräser bilden Halme aus, die hoch hinaus wachsen, dünn sind und trotzdem den starken Belastungen durch Wind und Wasser standhalten können. Sie schwanken im Wind, ohne zu knicken. Welche Bauprinzipien könten sich die Hochhauskonstrukteure zum Vorbild nehmen?

Der Risenackerschachtelhalm, der mehrere Meter hoch werden kann, verdankt seine Festigkeit zwei verschidenen Merkmalen. Seine Halme bestehen aus verschiedenen Abschniten. Ihre tragenden Strukturen sind nach aussen gestelt und sehen aus wie auf den Kopf gestellte Pagoden. Dadurch werden die Halme sehr stabil. Ein zweites Bauprinzip sind senkrechte Furchen, die die Schachtelhalme durchzihen. Sie versteifen und festigen die Halme zusätzlich. In Taiwan hat man 2004 einen Wolkenkratzer eröffnet, der die Skiline der Stadt Taipeh überragt. Desen Strukturen lehnen sich an den Ackerschachtelhalm an: Er hat einen festen Sockel und acht umgedrehte pagodenförmige Bauelemente, die wie der Ackerschachtelhalm ineinandergeschachtelt sind. Dadurch wird der riesige Turm stabiel, aber doch flexiebel. Das ist besonders wichtig, weil er in Taiwan häufig heftigen Stürmen und Erdbeben ausgesetzt ist. Aber er schwankt nur leicht hin und her.

Doppelkonsonanten	*i-ie*-Schreibung	*ss-ß*-Schreibung	Fremdwörter

3 a Umrahme im ersten Textabschnitt 5 zweisilbige Wörter, deren erste Silbe offen ist.

PUNKTE

b Unterschlängle im ersten Textabschnitt 5 Wörter, deren erste Silbe geschlossen ist.

PUNKTE

4 Prüfe deine Lösungen und die Punktzahl mit Hilfe des Lösungsheftes (▶ S. 26).

GESAMT

Groß- und Kleinschreibung – Nomen schreibt man groß

Nomenproben anwenden

1 **a In dem folgenden Zungenbrecher sind die Nomen kleingeschrieben und haben keine Begleiter. Markiere sie.**

Wenn fliegen hinter fliegen fliegen, fliegen fliegen fliegen hinterher.

b Berichtige den Satz mit Hilfe der Artikelprobe. Setze vor jedes Nomen einen Artikel und schreibe es groß.

Wenn die ____

____

c Prüfe dein Ergebnis: Wende bei allen Nomen entweder die Zählprobe oder die Adjektivprobe an, z. B.:

Wenn vier ____

____

2 **a Markiere in dem folgenden Text über Fliegen alle Nomen, die großzuschreiben sind:**

Wer will nicht fliegen als lästige störenfriede erwischen? Schlimm nur, dass der mensch in dem kampf so gut wie nie sieger ist. Man schleicht sich an und versucht den überraschungseffekt, aber eine erfolgreiche aktion wird das selten. Aber warum ist diese kleine nervensäge reaktionsschneller als der mensch, obwohl sie nur ein winzig kleines gehirn hat? Das liegt zum einen daran, dass die facettenaugen der fliege ihr einen rundumblick verschaffen. Sie sieht auch, was hinter ihr passiert. Das könnte der mensch nur, wenn er augen und kopf gleichzeitig bewegen würde. Zum anderen reagieren die sinneszellen der fliege viel schneller auf lichtveränderungen als die des menschen. Auch wenn wir noch so leise sind, hat die fliege den schatten der hand, die sie erwischen will, längst wahrgenommen. Das ist dadurch möglich, dass das gehirn der gewöhnlichen stubenfliege sehr einfach gebaut ist. Weil die informationen nur kurze und einfache wege zurücklegen müssen, gelangen sie schnell vom auge zum gehirn. forscher interessiert brennend, wie das fliegengehirn arbeitet und welche nervenzellen welche aufgaben übernehmen. Das ist schwierig zu erforschen, weil das gehirn so klein ist. Bei erfolg könnte man dann die schaltungen nachbauen, mit denen roboter wirkungsvoller ihre aufgaben erledigen.

b Kennzeichne die Begleiter der Nomen: Umrahme alle Artikelformen, unterschlängle Adjektive.
c Beweise bei den Nomen ohne Begleiter, dass es sich um Nomen handelt. Nutze eine Probe.

____

____

Verben wie Nomen nutzen

Methode **Nomen und nominalisierte Verben durch Proben erkennen**

Nomen schreibt man groß. In Texten erkennt man sie mit Hilfe von **drei Proben.**
- **Artikelprobe:** Vor Nomen kann man einen Artikel setzen, z. B.: ***die*** *Giraffe,* ***der*** *Gecko,* ***das*** *Zebra.*
- **Zählprobe:** Nomen kann man zählen, z. B.: ***zwei, drei, zehn, viele, einige*** *Giraffen.*
- **Adjektivprobe:** Nomen kann man durch Adjektive näher beschreiben, z. B.: *der* ***flinke*** *Gecko.*
- **Die Artikel- und die Adjektivprobe** helfen auch bei **Verben, die wie Nomen** genutzt werden, z. B.: ***das*** *Schwimmen,* ***beim*** *Schwimmen,* ***schnelles*** *Schwimmen.*

1 **Verben kann man wie Nomen nutzen. Man erkennt das an ihren Begleitern. Setze die Verben in Klammern in der richtigen Groß- oder Kleinschreibung ein, z. B.:**

Menschen können *hüpfen, laufen, springen.* Roboter müssen *das Hüpfen, Laufen und Springen* erst lernen.

Menschen (lernen) ____________ die Bewegungsabläufe beim (heranwachsen) ____________________.

Bei Maschinen wird natürliches (lernen) ____________________ durch das (entwickeln und funktionieren)

____ von Technik ersetzt.

2 **Formuliere die folgenden Sätze A bis D so um, dass die fett hervorgehobenen Verben nominalisiert werden.**

A Menschen träumen von Robotern, die für sie schwere Lasten **schleppen,** schwierige Aufgaben **lösen**, langweilige Arbeit **abnehmen** und gefährliche Situationen **meistern.**

Menschen erwarten von den Robotern das ____________________

____.

B Häufig stehen Roboter in Industriehallen, wo sie ermüdende Arbeiten **übernehmen** bzw. **erleichtern.**

Aufgabe der Roboter in Industriehallen ist das ____________________ *bzw.*

____.

C Ihre Aufgabe ist es: Waren **herstellen** und **verpacken,** Gegenstände **heben**, Farben **mischen**, Teile **verschweißen**, Tanks passend mit Treibstoff **abfüllen.**

Ihre Aufgabe ist das ____________________

____.

D Ziel der Bioniker ist es, Roboter mit menschlichen Eigenschaften **auszustatten,** um sie in Privathaushalten einzusetzen. Sie müssen z. B. den Rasen **mähen,** im Haushalt **helfen,** alte Menschen **pflegen** und vieles mehr.

Ziel der Bioniker ist das ____________________,

um sie auch in Privathaushalten einzusetzen. Ihre Aufgabe ist z. B. ____________________

____.

Adjektive wie Nomen nutzen

Methode **Nominalisierte Adjektive durch Proben erkennen**

Adjektive kann man **nominalisieren,** dann **schreibt man sie groß.**
Nominalisierungen erkennt man an ihren **Begleitern.** Durch folgende **Proben** kann man sie erkennen:
- **Artikelprobe:** ***Das Schöne*** *an dem Sport ist, dass man* ***das Beste*** *für seinen Körper tut.*
- **Zählprobe:** *Wer Sport treibt, kann* ***viel Gutes*** *für sich tun.*

1 **Prüfe anhand des folgenden Textbeispiels, welche nachstehenden Aussagen zur Nominalisierung zutreffen. Kreuze die richtigen an.**

Japan ist führend in der Frage, ob für die Pflege kranker Menschen Roboter **interessant** sein könnten. Das **Interessante** daran wäre, dass Pfleger mehr Zeit für die Menschen hätten. Um solche Roboter bauen zu können, muss noch viel **Interessantes** in der Natur entdeckt und nachgebaut werden.

- ☐ Vor der Nominalisierung kann ein Artikel stehen.
- ☐ Vor der Nominalisierung kann ein unbestimmtes Zahlwort stehen.
- ☐ Nominalisierungen stehen in der Grundform des Adjektivs.
- ☐ Die Grundformen nominalisierter Adjektive werden verändert.

2 **Ergänze den folgenden Lückentext durch passende nominalisierte Adjektive. Nutze diese:**

bekannt   wichtig (2x)   besonders   neu   praktisch   erstrebenswert   krank   alt

Hospi und Rimo

In Japan werden Roboter für die Pflege der vielen ______________ und ______________ entwickelt und mit einem Gesicht versehen, damit der Mensch etwas ______________ vor sich sieht, wenn er sich Arbeiten abnehmen lässt. Etwas sehr ______________ dafür ist offensichtlich, wie freundlich Roboter gucken. Der Pflegecomputer „Hospi" ist mit zwei Augen und einem Strichmund ausgestattet. Das ______________ an ihm ist, dass er durch die Stationen rollt und zum Beispiel Medikamente verteilt. Seine kleinere Ergänzung heißt Rimo und ist für die Pflege am Menschen entwickelt. Das ______________ an Rimo ist, dass er weibliche Züge hat, über das ganze Gesicht strahlen und sogar mit den Wimpern klimpern kann. Etwas ______________ ist die Ausstattung mit einer Kamera am Kopf. Damit kann Rimo dem Arzt alles ______________ an Informationen liefern, ohne dass dieser selbst zu dem Patienten gehen muss.

Ob die Roboter allerdings etwas ______________ in der Pflege sind, bleibt abzuwarten.

Zusammen- und Getrenntschreibung – Achte auf die Wortarten

Zusammenschreibung – *Wassereis* und *wasserblau*

Information **Zusammenschreibung**

Zusammen schreibt man folgende **Verbindungen:**
- **aus Nomen und Nomen (auch bei Fremdwörtern),** z. B.: *der Rattenroboter, der Servicepoint.*
- **mit Adjektiven,** z. B.: *messerscharf, bitterkalt.*
- **von Verben mit unveränderlichen Wörtern,** z. B.: *hin + gehen = hingehen.*

1 ●○○ **Bilde mit Hilfe der beiden Wortspeicher einige Zusammensetzungen. Trage sie in die Tabelle ein.**

Wasser Nacht Schnee Blut Zitronen Eis

blau hell mittel dunkel schwarz weiß rot gelb blau kalt heiß

A **Nomen + Nomen**	B **Nomen + Adjektiv**	C **Adjektiv + Adjektiv**
______________	______________	______________
______________	______________	______________
______________	______________	______________

2 ●○○ **a Bilde Verbindungen von Verben und unveränderlichen Wörtern, z. B.: *aus + laufen = auslaufen.***

an aus auf ab vorbei hin los weiter hinterher um weiter zurück statt mit

____

____

gehen laufen fahren halten geben stehen finden setzen weichen statten arbeiten rollen forschen

b Trage in die folgenden Sätze eine sinnvolle Zusammensetzung aus Aufgabe 2 a ein.

Roboter auf Rollen können nach dem Start ziemlich schnell ______________. Gibt es Hindernisse, merken sie das. Sie können dem Hindernis ______________, es ______________ oder stehen bleiben. Dann müssen sie ein Stück ______________. Danach können sie ohne Probleme ______________. Roboter, die sich auf zwei Beinen bewegen, sind langsamer als Menschen und müssen ihnen ______________. An ihrer Schnelligkeit wird gearbeitet, aber noch kann man Roboter nicht mit Technik ______________, mit deren Hilfe sie rennen können. Dazu müssten sie sich für kurze Zeit mit beiden Beinen in der Luft ______________.

Zusammenschreibung – Von *weiterentwickelten Robotern* und *Zukunftsforschern*

1 ●○○

a Streiche im folgenden Text die Fehlschreibungen durch.
b Ordne 5 richtig geschriebene Wörter nach der Art ihrer Zusammensetzung in die nachstehende Tabelle ein.

Die *Roboter Entwickler/Roboterentwickler* stehen vor der schwierigen Aufgabe, die menschlichen Fähigkeiten beim *Aufrecht gehen/Aufrechtgehen* auf die Technik zu *über tragen/übertragen*. Dazu nutzen sie zum Beispiel biegsame Materialien, mit denen sie insbesondere Muskeln *nach bauen/nachbauen*. Sie wollen einen Roboter *weiter entwickeln/weiterentwickeln*, der auf zwei Beinen laufen und sogar Treppen *super leicht/superleicht* steigen kann. Japan hat mit dem berühmten ASIMO bereits vor Jahren einen solchen *Service Roboter/Serviceroboter* gebaut, der das kann und als Attraktion wie eine *Empfangs Dame/Empfangsdame* auf Veranstaltungen *ein gesetzt/eingesetzt* wird. Er ist die *Grund Lage/Grundlage* für hochtechnische *Zukunfts Forschung/Zukunftsforschung* mit dem Ziel der Verbesserung von Robotern, die für ihre Aufgaben keine Fernbedienung und kein *Strom Kabel/Stromkabel* mehr brauchen, das sie wie eine Hundeleine mit der *Strom Quelle/Stromquelle* verbindet. Den berühmten ASIMO kann man sich im Internet *an sehen/ansehen*.

Nomen + Nomen	Zusammensetzungen mit Adjektiven	Verben + unveränderliche Wörter

2 ●●●

a Markiere in der Textfortsetzung alle Fehlschreibungen in den Wortzusammensetzungen.
b Trage sie berichtigt in die Tabelle zu Aufgabe 1 ein.

VORSICHT FEHLER!

Ein Problem für ASIMO ist sein hohes Gewicht, das er ständig mit sich herum schleppen muss. Er braucht viel moderne Technik, und die macht ihn super schwer. Und natürlich ist er ein großer Energie Fresser, weshalb seine Akkus immer schnell entladen sind und wieder auf geladen werden müssen. Deshalb arbeiten Roboter Entwickler daran, neue Modelle zu Energie Sparern zu machen. Und wo bekommen sie hilfreiche Anregungen dazu? Natürlich in der Natur. Alle Lebewesen müssen für ihre Fortbewegungs Weise Energie auf nehmen. Je mehr sie verbrauchen, desto mehr Nahrung müssen sie suchen, und das ist nicht immer einfach. Tiere und Menschen sind daher so gebaut, dass sie für alle Bewegungen möglichst wenig Energie verbrauchen. Von diesem Einfalls Reichtum der Natur können die Bioniker profitieren.

Getrenntschreibung – *Forschungen betreiben* und *erfolgreich sein*

Information **Getrenntschreibung**

Getrennt schreibt man in der Regel folgende **Verbindungen:**
- **Nomen und Verben,** z. B.: *Forschungen betreiben, Roboter entwickeln, ...*
- **Verben und Verben**, z. B.: *forschen müssen, arbeiten gehen, ...*
- **alle Zusammensetzungen mit *sein*,** z. B.: *da sein, neugierig sein, erfolgreich sein, ...*

1 ●○○ **Schreibe 6 Verbindungen mit *sein* richtig auf.**

da dabei vorbei gebaut
zurück fertig
zusammen hinüber
aus an auf bereit hier

→ sein

2 ●○○ **a Bilde mit Hilfe der drei Wortspeicher Verbindungen. Trage sie in die Tabelle ein.**

Roboter Ultraschall
Reflektoren Sensoren
Muskeln Schlangen

→

entwickeln aussenden
nachbauen nachbilden
erforschen fotografieren
auswerten

→

müssen sollen
können wollen
lernen messen

A Nomen + Verb	B Verb + Verb
Roboter ent...	*entwickeln kö...*

●○○ **b Ergänze die folgenden Sätze durch passende Verbverbindungen. Nutze die Tabellenspalte B.**

Es ist wichtig, dass Forscher die Bewegung von Tieren

______ ______.

Man stattet Tiere mit Sensoren aus, damit die Forscher die Bewegungen

______ ______. Wärmebildkameras

______ ______,

welche Körperteile besonders beansprucht sind.

Getrenntschreibung – Wenn Hunde und Ratten *Vorbilder sind*

1 ●●○

a Streiche in dem folgenden Text die Fehlschreibungen durch.

b Ordne die richtig geschriebenen Wörter nach der Art ihrer Zusammensetzung in die nachstehende Tabelle ein.

Der Roboter BigDog wurde in Boston für den Einsatz beim Militär entwickelt. Seinen Namen hat er bekommen, weil er einem Hund ähnelt. Er kann *Lastentragen/Lasten tragen*, sich im *Geländefortbewegen/Gelände fortbewegen*, *Hügelerklettern/Hügel erklettern*, durchs *Wasserwaten/Wasser waten*, durch *Schlamm stapfen/Schlammstapfen* und jederzeit *verfügbarsein/verfügbar sein*.

Sein Vorteil ist, dass er Gepäck auf dem Rücken *tragenkann/tragen kann* und dass er sich mit seinen langen Beinen *abstützenkann/abstützen kann*, falls er *stürzensollte/stürzen sollte*. Ein weiterer Vorteil ist, dass Sensoren ihm sagen, ob er sich *drehen soll/drehensoll*, ob er aufrecht *laufen soll/laufensoll* oder ob er sich besser *fallenlassen/fallen lassen* sollte. Alle diese Bewegungen kann er problemlos ausführen.

Nomen + Verben	Verb + Verb	Verbindungen mit *sein*

2 ●●●

a Markiere in dem folgenden Text alle Fehlschreibungen in den Wortverbindungen.

b Trage sie berichtigt in die Tabelle zu Aufgabe 1 ein.

VORSICHT FEHLER!

Der Name RATNIC macht deutlich, wer Vorbild für diesen Roboter war: Ratten sind gute Kletterer und haben für die Entwicklung dieses Kletterroboters wichtige Impulsegeliefert. Da dieser Roboter sehr leichtist, kann er Röhren und Stangen hinaufklettern. Das gelingt dadurch, dass er nicht mit Hilfe der Beine gelenktwird, sondern durch Motoren, die sich in seiner Wirbelsäulebefinden. Die Beine haben die Aufgabe, die Rohre und Stangen zu umklammern. Die Krallen der Kletterroboter sind den Füßen des Chamäleons nachempfunden, das auf einem Ast besonders flink rennen und kletternkann. Dessen Füße sind sehr beweglich, sodass es sich auf verschiedenen Untergründen festhaltenkann. Die Füße des Kletterroboters sind ebenfalls beweglich konstruiert worden.

Eingesetzt werden die beweglichen kleinen Roboter, um Kabelschächte und Rohre zu überprüfen. Sie können gut Schädenfeststellen, wenn sie mit Infrarotkameras ausgestattetsind. In Zukunft will man sie mit Werkzeugen oder kleinen Roboterarmen ausstatten. Dann würden sie sogar kleine Reparaturen in den Rohren und Schächten durchführenkönnen.

Teste dich! – Groß oder klein, getrennt oder zusammen?

1 **Kreuze die richtigen Aussagen an:**

A Verbindungen von zwei Nomen werden in der Regel zusammengeschrieben.

B Verbindungen von zwei Verben werden in der Regel getrennt geschrieben.

C Verbindungen von Nomen und Adjektiven und von zwei Adjektiven schreibt man getrennt.

D Verbindungen mit *sein* schreibt man immer getrennt.

E Mit Hilfe der Adjektivprobe und der Zählprobe kann man Nomen erkennen.

F Nominalisierte Verben und Adjektive erkennt man an ihren Begleitern.

2 **Prüfe in dem folgenden Text die Großschreibung:**

a **Unterstreiche 7 Nomen mit typischer Nomenendung, die aus anderen Wortarten gebildet sind.**

b **Umrahme 5 Nomen, die von einem Adjektiv begleitet werden.**

c **Kreise 5 Nomen ein, die keinen Begleiter haben. Beweise mit Hilfe einer Nomenprobe.**

VORSICHT FEHLER!

Insektenfühler

Wer selbstständige Roboter, die sich ohne Fernsteuerung bewegen, bauen möchte, benötigt für diese eine gute Bewegungsapparatur. Eine weitere Voraussetzung sind Sensoren, die dem Roboter Orientierung ermöglichen. Insekten zeigen den Roboterentwicklern, wie die Natur diese Aufgabe löst.

Da die meisten Roboter so *konstruiertsind*, dass sie sich wie Insekten *fort bewegen*, liegt es nahe, dass die Ingenieure versuchen, Roboter nach dem Vorbild von Insekten auch mit Fühlern *aus zu statten*. So haben Wissenschaftler 2005 einen künstlichen Fühler entwickelt, der dem Sinnesorgan der *Stab Heuschrecke nach gebildet* ist. Das Tastorgan besteht aus einem 40 cm langen Plastikstabpaar, an dessen Spitze ein einziger *Beschleunigungs Motor* steckt. *An getrieben* durch zwei kleine Motoren führen die künstlichen Fühler ovale Bewegungen aus und erforschen damit die Umgebung. Stößt der Fühler an einen Gegenstand, löst die Berührung an der Spitze Vibrationen aus, die der Beschleunigungsmesser registriert. Je nachdem, wo das Hindernis den künstlichen Fühler trifft, wird die Spitze mehr oder weniger weit *aus gelenkt*. Aus der Vibration lassen sich *Rück Schlüsse* auf die Lage der Hindernisse ziehen. So kann der Roboter die Umwelt ertasten und auch mit entsprechender Programmierung reagieren.

3 **Wie müssen die *kursiv* geschriebenen Wörter geschrieben werden: getrennt oder zusammen? Ordne die Wörter in der richtigen Schreibung den folgenden Verbindungen zu:**

Verbindungen von Nomen: ______________________________

Verbindungen mit Verben: ______________________________

4 **Prüfe deine Lösungen und die Punktzahl mit Hilfe des Lösungsheftes (▶ S. 28).**

Zeichensetzung – Kommaregeln

Das Komma in Satzgefügen – *Energie, die man braucht*

Information **Kommasetzung in Satzgefügen**

Satzgefüge (mindestens ein **Haupt- und** ein **Nebensatz**) werden **durch Kommas getrennt.**
- Der **Nebensatz** kann **vor** oder **nach** dem Hauptsatz stehen oder **eingefügt** sein.
- Nebensätze erkennt man daran, dass sie durch eine **Konjunktion** (***weil, da, wenn, dass, …***) oder durch ein **Relativpronomen** (*der, die, das*) **eingeleitet** werden, z. B.:

*Menschen brauchen, **wenn** sie überleben wollen, Energie.*
*Ein Baby, **das** richtig ernährt wird, entwickelt sich in der Regel gut.*

1 ●○○
a Unterstreiche in den folgenden Sätzen die Nebensätze. Setze die Kommas.
b Ordne den Sätzen den zutreffenden Buchstaben zu:
V: vorangestellter Nebensatz, N: nachgestellter Nebensatz, E: eingeschobener Nebensatz.

Alle Lebewesen benötigen zum Leben Energie die sie auf unterschiedliche Weise aufnehmen. ☐

Während Menschen und Tiere Nahrung zu sich nehmen nutzen Pflanzen die Sonnenenergie. ☐

Die Technik kann von den Tieren lernen wie man mit Energie und Rohstoffen sparsam umgeht. ☐

In der Arktis wo Lebewesen sich gegen eisige Kälte schützen müssen sorgt dickes Fell für Wärme. ☐

2 ●○○
a Markiere in den folgenden Hauptsätzen das Nomen, auf das sich das Relativpronomen bezieht.
b Setze die Kommas.

Wärme ist für viele Prozesse im Körper wichtig die bei abfallenden Temperaturen nicht mehr funktionieren.

Menschen die stark frieren schlottern und bekommen eine Gänsehaut.

Schlottern ist eine Reaktion des Körpers die zusätzliche Wärme erzeugt.

Die Gänsehaut ist ein Reflex aus der Urzeit in der der menschliche Körper noch ein dichtes Fell hatte.

Gesträubtes Fell bildet Luftpolster die den Körper warm halten und ihn gut isolieren.

3 ●○○
a Entscheide: *dass* oder *das*?
b Markiere das entscheidende Wort und setze die Kommas.

Für die meisten warmblütigen Säugetiere ist es bequem ____________ sie sich auf ihr Fell verlassen können.

Damit sich ein Eisbär tarnen kann, hat er ein Fell aus farblosen Haaren __________ weiß aussieht.

Damit ist gesichert __________ er für seine Beute bei der Jagd nur schwer zu erkennen ist.

Das Problem eines weißen Felles ist aber _________ _________ Sonnenlicht von hellen Oberflächen abprallt.

Das bedeutet __________ ein weißer Eisbär sich nicht gut im kalten Klima durch die Sonne aufwärmen kann.

Es wäre wärmetechnisch günstiger, wenn er schwarzes Fell hätte. Was macht die Natur?

Das Fell des Bären __________ ihm zu einer so guten Tarnung verhilft, ist weiß. Dafür ist seine Haut schwarz.

Das Komma in Satzgefügen – *Weißt du, dass Eisbären ...?*

1 ●●●
a Setze in die folgenden Textlücken richtig *das* oder *dass* ein.
b Unterstreiche die Relativsätze. Setze die fehlenden Kommas.
c Ordne jedem Nebensatz den zutreffenden Buchstaben zu:
V: vorangestellter Nebensatz, N: nachgestellter Nebensatz, E: eingeschobener Nebensatz.

________ die Haut des Eisbären schwarz ist kann man an der Nase, an den Lippen und an der Unterseite der Tatzen sehen. ☐ Dadurch ________ die Haut die Sonnenstrahlen am Nordpol gut einfangen kann können Eisbären sich auch bei wenig Sonne aufwärmen. ☐ ________ ist nur der erste Trick, der eine Anpassung an das kalte Klima darstellt. ☐ Die Haare des Eisbärfells die dick und wuschelig wirken sind innen hohl. ☐ Ein Eisbärhaar sieht aus wie eine Röhre während das Haar des Menschen dünn und fest ist. ☐ Das Haar des Eisbären leitet das Sonnenlicht auf die schwarze Haut wo es zur optimalen Erwärmung führt. ☐ Nun würden Forscher gerne wissen wie das funktioniert. ☐ Es wäre nämlich sehr gut wenn man diese Technik auf die Dämmung von Häusern übertagen könnte. ☐

2 ●●●
Überarbeite den folgenden Text:
a Verbinde die Hauptsätze A bis E mit dem jeweils folgenden + Hauptsatz zu sinnvollen Satzgefügen.
b Markiere deine Relativsätze.
c Umkreise die von dir verwendeten Konjunktionen.

A Eigentlich entweicht die als Wärme gespeicherte Sonnenenergie in kalten Gebieten sehr rasch. + Das stellt für den Eisbären ein besonderes Problem dar.

B Er braucht eine gleich bleibende Körpertemperatur. + Ohne sie würde er nicht leben können.

C Er ist an die Lebensbedingungen angepasst. + Er kann die Energie in seiner Fettschicht speichern.

D Außerdem wirkt sein Fell wie eine Wärmedämmung. + Es hält die Wärme am Körper.

E Außen ist der Eisbär so kalt wie seine Umgebung. + Selbst mit einer Wärmekamera kann man ihn nicht in seiner Umgebung aus Eis und Schnee auffinden.

____

____

____

____

____

____

____

____

Das Komma in Infinitivsätzen mit *zu* (Teil 1) – *Beobachten, um zu lernen*

Information **Kommasetzung bei Infinitiven mit *zu***

- Ein **einfacher Infinitiv mit** *zu* verlangt **meist kein Komma,** z. B.: *Du brauchst nicht zu kommen.*
- Werden Infinitive mit ***als, anstatt, außer, ohne*** oder ***um*** **eingeleitet,** setzt man ein **Komma,** z. B.: ***Anstatt*** *Hausaufgaben zu machen, las er lieber ein Buch.*
- Werden Infinitive durch ein **hinweisendes Wort angekündigt,** setzt man ein **Komma,** z. B.: *Denke* ***daran,*** *die Kommas zu setzen.* ***Es*** *ist gut, die Kommasetzung zu verstehen.*

1 ●○○

a Setze in dem folgenden Text die fehlenden Kommas.
b Markiere das Wort, das den Infinitiv einleitet oder ankündigt.
c Trage in die Kästchen ein: E = eingeleiteter Infinitiv, H = hinweisendes Wort.

Multifunktionale Körperteile von Tieren sind eine Voraussetzung dafür in der Natur überleben zu können. ☐

Das Fell des Eisbären ist dafür geeignet ihn im Eis zu tarnen und ihn warm zu halten. ☐

Aufgabe des Vogelgefieders ist es vor Feinden zu tarnen, warm zu halten und das Fliegen zu ermöglichen. ☐

Katzenpfoten sind wahre Wunderwerke: Um sich anzuschleichen werden die Krallen eingezogen. ☐

Um Beute zu fangen werden die Krallen ausgefahren. ☐

Um beim Klettern nicht abzurutschen werden die Krallen als Kletterhaken genutzt. ☐

Vom Menschen entwickelte Maschinen sind kaum in der Lage dazu mit diesen Leistungen mitzuhalten. ☐

Meist gelingt es ihnen nur eine Sache gut zu machen. ☐

Dennoch arbeiten Bioniker daran Produkte mit vielen Leistungsmöglichkeiten zu entwickeln. ☐

2 ●●○

In einem der Sätze aus Aufgabe 1 kannst du das Komma an zwei verschiedenen Stellen setzen. Schreibe beide Möglichkeiten auf.

____

____

3 ●○○

a Verbinde die folgenden Sätze sinnvoll und schreibe sie auf.
b Setze die Kommas und entscheide: E = eingeleiteter Infinitiv, H = hinweisendes Wort.

Wissenschaftler arbeiten mit Hochdruck daran …	… neue Märkte zu erschließen.
Bioniker erforschen die Tierwelt …	… multifunktionale Geräte zu entwickeln.
Die Wirtschaft setzt darauf …	… um sich Anregungen zur Entwicklung neuer Techniken zu holen.

____

____

____

____

Das Komma in Infinitivsätzen mit *zu* (Teil 2) – *Beobachten, um zu lernen*

1 ●●○
a Setze im folgenden Text die fehlenden Kommas.
b Trage in die Kästchen ein: E = eingeleiteter Infinitiv, H = hinweisendes Wort.

Um Wärmeenergie in Gebäuden zu sparen orientieren sich die Forscher am Eisbärfell. ☐
Ihr Ziel ist es Isolationsmaterialien zu entwickeln, die besonders viel Wärme im Gebäude bewahren. ☐
Andererseits sollen sie dazu in der Lage sein wenig Wärme wieder an die Umgebung abzugeben. ☐
Ursprünglich hatte man Kunststoffröhrchen eingesetzt um gute Isolationsmaterialien zu entwickeln. ☐
Den Forschern war es dabei aber nicht gelungen zufriedenstellende Ergebnisse zu erzielen. ☐
Anstatt Kunststoffröhren zu verwenden nutzen neu entwickelte Dämmungen Glasröhrchen. ☐
Und anstatt sie auf Hartschaumplatten zu montieren werden sie auf schwarzer, dünner Folie befestigt. ☐
Es scheint auf den ersten Blick unlogisch mit dünneren Stoffen höhere Dämmwerte zu erzielen. ☐
Die Forschungen am Eisbärfell führten dazu eine neue Wärmedämmung zu entwickeln. ☐

2 ●●●
Formuliere die Sätze A bis G zu Hauptsatz und Infinitivsatz mit *zu* um. Vergiss nicht die Kommas.

A Die Inuit in den kalten Eiswüsten brauchten Tierfelle. Nur mit ihnen konnten sie überleben.

_______________ um zu _______________.

B Bärenfelle brauchten sie, damit sie sich gegen die Kälte schützen konnten.

____.

C Robbenfelle waren wichtig, damit sie sich im und auf dem Wasser aufhalten konnten.

____.

D Heute setzen Inuit auf moderne Materialien. Sie dürfen dann aber nicht die schützenden Eigenschaften der Tierfelle erwarten.

____.

E In der Textilindustrie ist das Eisbärfell Vorbild.
Es werden Garne mit Hohlräumen entwickelt.

____

____.

F Diese neuartigen Materialien werden schon verwendet. Es werden vor allem Schlafsäcke daraus hergestellt.

____.

G Die Garne sind für die Dämmung geeignet. Jedoch wird die Lichtdurchlässigkeit nicht gewährleistet.

____.

Teste dich! – Satzgefüge und Infinitivsätze mit *zu*

1 Setze in den Sätzen H, I und L richtig *dass* oder *das* ein. Z

PUNKTE

A An Land verhilft das Fell dem Eisbären dazu es auch bei kältesten Temperaturen schön warm zu haben.

B Im Wasser hilft ihm das allerdings nicht weil einem nassen Fell die isolierenden Luftkammern fehlen.

C Im kalten Wasser hilft dann die dicke Speckschicht die auch Robben und Wale im Wasser überleben lässt.

D Techniker für Gebäudedämmungen nehmen sich solche Tiere zum Vorbild die auch in eiskalten Gewässern überleben können.

E Wenn die Wassertemperatur bei minus 2 °C liegt dann wird ein Thermometer auf der äußeren Robbenhaut minus 1,5 °C anzeigen.

F Im Körperinneren der Robbe bleibt die Temperatur bei 37 °C die sie für die Lebensprozesse braucht.

G Dabei ist die Speckschicht die für diese Leistung verantwortlich ist nur ca. sechs Zentimeter dick.

H Ihre Anpassungsfähigkeit macht es möglich ______ die Außenhaut der Weddellrobbenhaut immer nur ein wenig wärmer ist als die Außentemperatur.

I ______ ist unabhängig davon ob das Wasser plus 20 °C hat oder minus 5 °C.

J Aber eine Fingerlänge körpereinwärts wird bereits die Temperatur erreicht die das Tier benötigt.

K Das gelingt nur weil die Speckschicht fast keine Wärme ableitet.

L Damit hat die Robbe ein Energiesparsystem entwickelt ______ auf zusätzliches Heizen und Kühlen vollständig verzichten kann.

2
a Setze in den 12 Sätzen A bis L die 13 fehlenden Kommas.
b Trage in die Kästchen hinter den Sätzen richtig ein: Sg = Satzgefüge, I = Infinitivsatz.
c Umrahme das hinweisende Wort in dem Hauptsatz, das auf einen folgenden Infinitivsatz hinweist.
d Unterstreiche in den Satzgefügen die Konjunktionen in den Nebensätzen.

PUNKTE

PUNKTE

3 Formuliere den folgenden Satz in ein Satzgefüge um:

PUNKTE

Um Gebäude zu isolieren, muss man heute noch viel Material für die Dämmung verbrauchen.

______

______

4
a Unterstreiche im nachstehenden Beispiel den Nebensatz.

PUNKTE

Wenn man Häuser ohne zusätzlichen Energieaufwand dämmen will,
ist noch viel Entwicklungsarbeit nötig.

b Formuliere den ganzen Satz in einen Haupt- und einen Infinitivsatz um.

PUNKTE

______

______

5 Prüfe deine Lösungen und die Punktzahl mit Hilfe des Lösungsheftes (▶ S. 30).

GESAMT

Ich teste meinen Lernstand

Mit den folgenden Tests kannst du feststellen, wie erfolgreich du im Fach Deutsch gelernt hast.
Du kannst mit den Tests prüfen,

- wie gut du **Sachtexte, literarische Texte und Schaubilder lesen und verstehen kannst** (Test A),
- wie überzeugend du einen **informierenden und argumentierenden Text verfassen** kannst (Test B),
- wie sicher du in der **Grammatik** bist (Test C),
- welche **Rechtschreibstrategien** du beherrschst (Test D).

Wenn du wissen willst, was du im Fach Deutsch gelernt hast, kannst du alle Tests am Ende des Schuljahres bearbeiten. Aber auch während des Schuljahres kannst du prüfen, in welchen Bereichen du weiter üben musst. Plane feste Zeiten ein, um einen Test zu bearbeiten. Lies die Aufgaben genau, arbeite ruhig und gründlich. Zum Schluss kannst du deine Lösungen mit Hilfe des Lösungsheftes selbst kontrollieren, deine Punktzahl berechnen und deine Fähigkeiten bewerten.

Test A – Texte und Schaubilder lesen und verstehen

Im Folgenden findest du fünf unterschiedliche Materialien (M 1 bis M 5) zum Thema „Helden und Vorbilder". Jedes Material ist zunächst für sich zu bearbeiten. Gleichzeitig übst du verschiedene Aufgabenformate. Danach verfasst du auf ihrer Grundlage einen Informationstext zum Thema (▶ Test B).

M 1 Wettbewerbsgewinner und Vorbilder des Alltags

Die Initiative „step21" sowie die „Westdeutsche Allgemeine Zeitung" hatten eingeladen, um im Rahmen einer Abschlussfeier Wettbewerbsgewinner auszuzeichnen. Prämiert wurde vorbildliches Verhalten im Rahmen von Projekten, die sich um Toleranz und Verantwortung drehten.
Mehr als 300 Beiträge wurden eingesendet, viele von Schulklassen, wobei zahlreiche Einsendungen auch aus den europäischen Nachbarländern stammten.
Die Gewinner präsentierten ihre Texte, Videos, Fotos und Songs und begründeten die Wahl ihrer Vorbilder. Eine Preisträgerin in der Kategorie „Kinder", die 9-jährige Anastasia aus Berlin, benannte sich selbst als ihr eigenes Vorbild. Sie sagt: „Wer an sich glaubt, erreicht fast alles. Deshalb bin ich mein Vorbild, denn wer weiß besser als ich, was gut für mich ist und was sich gut anfühlt? Auch Popstars sind nur Menschen wie du und ich – oder?"
Sie gehört damit zu den 4 % Jugendlichen, die mit einem so großen Selbstbewusstsein ausgestattet sind, dass sie sich selbst zum Vorbild nehmen.
Überraschend ist, dass die Vorbilder der heutigen Jugend weniger die Medien- oder Popstars sind. Es sind mit 50 % der Nennungen vor allem Menschen aus dem Alltag: Eltern und Freunde, 1-Euro-Jobber, Altenpfleger, ... „Helden der Vergangenheit", wie zum Beispiel Albert Schweitzer oder John F. Kennedy, sind unter jungen Leuten fast in Vergessenheit geraten. Nur 2 % bezogen sich auf solche „klassischen" Vorbilder. Schauspieler, Musiker und Sportler machen zusammen gerade etwas über ein Viertel der Vorbilder aus. Dabei liegen die Sportler mit 11 % knapp vor den Musikern mit 10 %.

M 2 Vorbilder der 8- bis 21-Jährigen gemäß Wettbewerb

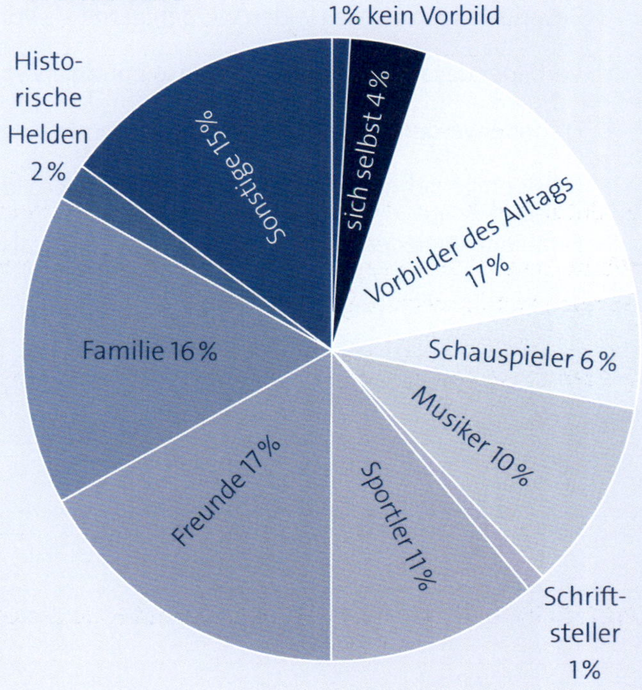

1 **Lies M1 (▶ S. 103). Kreuze die richtige Antwort an.**
Tipp: Bei Multiple-Choice-Aufgaben ist immer nur eine Lösung richtig.

PUNKTE ☐

Im Mittelpunkt des Wettbewerbs standen ...

A ☐ jugendliche Migranten in Deutschland.
B ☐ Vorbilder ausländischer Mitbürger.
C ☐ Vorbilder von Kindern und Jugendlichen.
D ☐ internationale Stars.

2 a **Kreuze zu M1 die richtige Antwort an.**

PUNKTE ☐

Den Veranstaltern des Wettbewerbs geht es vor allem um ...

A ☐ Eingliederung und Verständnis von Migranten.
B ☐ Toleranz und Verantwortung.
C ☐ Preise und Auszeichnungen.
D ☐ Werbeeinahmen.

b **Gib mit genauer Zeilenangabe die Textstelle an, die zu deiner Antwort passt: Z.** ____________________.

3 **Betrachte das Diagramm M2 (▶ S. 103). Kreuze die richtige Antwort an.**

PUNKTE ☐

Das Diagramm „Vorbilder der 8- bis 21-Jährigen gemäß Wettbewerb" ...

A ☐ zeigt das Umfrageergebnis von „step21" unter Kindern und Jugendlichen.
B ☐ veranschaulicht, wer befragt wurde.
C ☐ verdeutlicht, wer alles kein Vorbild ist.
D ☐ hebt hervor, wie wichtig die Bedeutung von Medien ist.

4 a **Setze das Diagramm M2 mit dem Text M1 in Verbindung.**
Unterstreiche Informationen, die sowohl im Text als auch im Diagramm auftauchen.
b **Ziehe Verbindungslinien zwischen den Angaben im Diagramm und den Zeilenangaben im Text.**

PUNKTE ☐

5 **Prüfe die Aussagen zum Diagramm. Kreuze für jede der folgenden Aussagen an, ob sie richtig oder falsch ist.**

PUNKTE ☐

	richtig	falsch
A 10 % der Befragten nehmen sich selbst zum Vorbild.	☐	☐
B Besonders historische Helden werden gerne als Vorbilder gewählt.	☐	☐
C Vorbilder des Alltags werden genauso häufig als Vorbilder genannt wie berühmte Sportler.	☐	☐
D Freunde werden zu 17 % als Vorbilder angesehen.	☐	☐
E Nur wenige nehmen sich Schriftsteller zum Vorbild.	☐	☐
F Familienmitglieder werden fast genauso häufig als Vorbilder genannt wie Freunde.	☐	☐

6 **Erkläre mit eigenen Worten, was die Initiative mit dem Wettbewerb herausfinden wollte.**

PUNKTE ☐

____

____

____

____

M 3 Vorbilder in einem Jugendroman

Jostein Gaarder

2084 – Noras Welt

Nora, die Hauptfigur des Romans, setzt sich intensiv mit dem Zustand ihrer Umwelt auseinander. Nicht nur im Blog ihrer Umweltgruppe, sondern auch mit ihrem Freund Jonas diskutiert sie oft und heftig über ihre Generation, die sie für sehr eigensüchtig hält. Sie meint, dass zu wenig Umweltbewusstsein vorhanden sei, und möchte sich vorbildlicher verhalten, um die Natur zu schützen.
Auch Jonas ist ihrer Meinung und hat in der Schule ein Referat zum Thema „biologische Vielfalt“ gehalten. Darin beschreibt er Möglichkeiten für vorbildliches Verhalten.
Nora blättert in diesem Referat und liest laut vor:

Gesetzt den Fall, du interessierst dich besonders für Tiger und willst helfen, gerade diese Art vor der Ausrottung zu bewahren. Dann könntest du in die Stadt gehen und alle, die dir begegnen, fragen, wie viel sie ausgeben würden, um die Lebensräume der Tiger zu retten. Vielleicht nimmst du eine Sammelbüchse mit und sammelst für den Tigerfonds, oder du organisierst einen Basar, einen Flohmarkt oder eine Lotterie. Da du dich an Menschen wendest, sind Dinge wie ein Basar, ein Flohmarkt oder eine Lotterie durchaus Mittel der Wahl. Fast alle werden, ohne groß darüber nachzudenken, eine Krone für den Tiger geben, manche auch zehn, also ungefähr so viel wie für einen Schokoriegel oder einen Brownie. Aber einige werden auch hundert Kronen geben, um den Tigern zu helfen, und einige sehr wenige sogar tausend oder zehntausend, jedenfalls wenn sie dafür in die Zeitung kommen. Wir dürfen zudem auf den einen oder anderen von Tigern faszinierten Großinvestor zählen, der gern ins Gespräch kommen möchte und vielleicht eine Million Dollar oder Euro spendet, damit die Tiger auch unseren Nachkommen erhalten bleiben. Für solche Summen werden ja auch Kunstwerke gekauft, also Dinge, die zwar Freude machen mögen, solange es sie gibt, die aber nicht lebendig sind, sich also nicht reproduzieren und sich deshalb nie weiter auf der Welt verbreiten können.

[...] Ich höre schon den Einwand, ob dem Menschen die Natur wirklich so wichtig ist. Haben wir aus der Erde nicht längst einen einzigen großen Vergnügungspark gemacht? Gibt es nicht viel zu viele Vergnügungen, zwischen denen wir uns entscheiden müssen, als dass es uns gelingen könnte, uns auf die großen und gemeinsamen Menschheitsaufgaben zu konzentrieren? Wir teilen uns alle diesen einen Planeten, aber nicht alle schaffen es, planetarisch zu denken. Dazu gibt es zu viel Freiheit auf der Welt, zu viele Rechte für den Einzelnen, zu viel Kaufkraft für die Reichen, zu viele Barrel Öl und Jetmotoren, mit denen die Reichsten der Reichen sich amüsieren können, aber zu wenig Verantwortungsgefühl für die Erde, auf der wir leben, und zu wenig Interesse an einer gerechten Verteilung der Rohstoffe auf der Welt. Es gibt viele Tausend andere Aspekte des Daseins, die den Menschen beschäftigen, ehe er sich mit etwas so Ausgefallenem befasst wie der Frage, was das Beste für die Erde ist und für die Natur.

Sehen wir uns doch nur an, was Zeitungen und Illustrierte alles über Sport und Lotterien schreiben, über Restaurants und Weine, Autos und Kreuzfahrtschiffe, Handys und Computer, Kochen und Fitness, [...] von Klatsch und Skandalen ganz zu schweigen. Jeder Tag hat seine Fernsehpromis oder Filmstars, die heiraten oder sich scheiden lassen, Drogenprobleme haben oder einen Entzug antreten. Darüber wird geredet. Bei diesen Themen finden wir die Menschen. Das ist es, wonach sie lechzen. Wir haben uns von der Natur entfernt, in der wir leben und von der wir am Ende doch so sehr abhängig sind. Wir sind schon so weit, dass die meisten Menschen mehr Fußballspieler und Filmstars beim Namen nennen können als Vögel.

Worauf ich hinauswill? [...] Wir wollen die enorme Zahl von tausendundeiner gefährdeten Tier- und Pflanzenart vor der Ausrottung bewahren. Das wird uns nur gelingen, wenn wir das, was wir über die menschliche Natur wissen, mit einbeziehen. Es wäre schon ein großer Schritt, wenn wir nur einen Bruchteil des Interesses an Sportergebnissen, Promiklatsch und fadenscheiniger Kunst und Kultur auf die Welt als solche übertragen könnten, auf die lebende Natur und den ganzen großen Schatz von Tier- und Pflanzenarten, die in Gefahr sind, ausgelöscht zu werden.

1 **Lies M 3 (▶ S. 105). Kreuze die richtige Antwort an.** PUNKTE

Nora liest in Jonas Referat, über ...

A ☐ die Abstammung des indischen Tigers.
B ☐ neue Umsiedlungsprojekte für bedrohte Tierarten.
C ☐ Ideen, sich in der Natur zu vergnügen.
D ☐ mangelndes Umweltbewusstsein.

2 **Ordne die Begriffe A bis F den Worterklärungen 1 bis 6 richtig zu. Verbinde sie mit Pfeilen.** PUNKTE

A Tigerfonds (Z. 7 f.)		1 Maßeinheit für Erdöl
B Krone (Z. 13)		2 begehren, erstreben
C Großinvestor (Z. 20)		3 fragwürdig, unglaubhaft
D Barrel (Z. 42)		4 Währungseinheit, z. B. in Norwegen
E lechzen (Z. 61)		5 Geldanleger in großem Stil
F fadenscheinig (Z. 73)		6 Geldanlage zur Förderung eines bestimmten Projekts

3 **Lies M 3 noch einmal genauer. Kreuze dann für jede der folgenden Aussagen an, ob sie richtig oder falsch ist:** PUNKTE

	richtig	falsch
A Im Referat geht es insgesamt um Möglichkeiten, sich für die biologische Vielfalt einzusetzen.	☐	☐
B Im Referat werden kaum Möglichkeiten skizziert, sich für den Erhalt der Natur zu engagieren.	☐	☐
C Im Referat werden rücksichtsloses Verhalten und zu geringes Verantwortungsgefühl der Menschen beklagt.	☐	☐
D Im Referat herrschen Beschreibungen des Lebensraums des indischen Tigers vor.	☐	☐
E Im Referat wird an ein größeres Engagement seitens der Menschen in Bezug auf die lebendige Natur appelliert.	☐	☐
F Im Referat vergleicht Jonas tatsächliche Interessen der Menschen an der Natur mit wünschenswerten Interessen.	☐	☐

4 **Ziehe Verbindungslinien, um richtige Aussagen zu M 3 zu bilden.** PUNKTE

A Jonas geht in seinem Referat der Frage nach, ...		1 ... dass die Menschen sich für Sensationen mehr interessieren als für die Natur.
B Er stellt die Möglichkeit vor, ...		2 ... Geld für die Rettung bedrohter Tierarten zu sammeln.
C Jonas meint, dass es zu viel Freiheit auf der Welt gibt, ...		3 ... ob unterschiedliche Tier- und Pflanzenarten in Zukunft gerettet werden können.
D Er bemängelt, ...		4 ... da viele Menschen sich nur vergnügen wollen.
E Jonas hält das Referat, ...		5 ... um bei seinen Zuhörern ein höheres Verantwortungsgefühl für die Erde zu entwickeln.

5 **Jonas bekräftigt in seinem Referat, wie wichtig es ist, sich für die Umwelt zu engagieren. Deshalb hat er z. B. die Idee für einen „Tigerfond“.**

PUNKTE

a Notiere die Textstellen, in denen er diese Idee beschreibt. Z. ______

b Was möchte Jonas mit seiner Tigerfonds-Idee bewirken? Formuliere mit eigenen Worten.

M 4 Klappentext zu „2084 – Noras Welt“

Aus dem Norwegischen von Gabriele Haefs. Wie es im Jahr 2084 auf der Erde aussieht, wenn wir so weitermachen wie bisher, das erlebt die 16-jährige Nora in ihren Träumen. Sie träumt von ihrer Urenkelin Nova, die ihr in einem Brief ihre Welt schildert: Der Meeresspiegel ist gestiegen, Klimaflüchtlinge ziehen umher, im Norden grasen Kamele, zahlreiche Arten sind ausgestorben. Im wirklichen Leben weiß Nora Bescheid über Ökologie, Klimawandel und Artensterben. Gemeinsam mit ihrem Freund gründet sie eine Initiative, um die Erdatmosphäre zu schützen. 20 Jahre nach „Sofies Welt“ (dt. 1993) stellt Jostein Gaarder in diesem Jugendbuch eine der drängendsten Fragen unserer Zeit: Können wir unsere Umwelt und das Klima retten?

1 **Ordne die Begriffe A bis C den Worterklärungen 1 bis 3 richtig zu. Verbinde sie mit Pfeilen.**

PUNKTE

A Klimaflüchtlinge (Z. 4)	1 Gemeinschaft, die sich aktiv für ein gemeinsames Projekt einsetzt
B Ökologie (Z. 6)	2 Wohnsitzwechsler wegen schlechter Umweltbedingungen
C Initiative (Z. 7)	3 Lehre von der Umwelt

2 **Ergänze mit Hilfe des Klappentextes M 4 den folgenden Steckbrief zu Gaarders Roman:**

PUNKTE

Autor: ______

Titel: ______

Thema: ______

______

______

Originalsprache: ______

Übersetzer: ______

Verlag: Hanser

Bekanntes Buch des Autors: ______

M 5 Rezensionen (Pressekritiken) zu „2084 – Noras Welt“

Berliner Zeitung, 05.09.2013: „Nur mal kurz die Welt retten“
Wer heute ein Kind ist, wird das Jahr 2084 erleben. Unter dieser Voraussetzung steht das neue Buch von Jostein Gaarder. Der Norweger, berühmt geworden durch seine Philosophiegeschichte „Sofies Welt“, schickt wieder ein Mädchen auf Erkundungen des Denkens. „2084 – Noras Welt“ heißt das Buch, das heute und in der Zukunft spielt. Seine Heldin Nora Nyrud hat viel Fantasie und lebhafte Träume. Der Psychiater, zu dem Noras Mutter sie schleppt, bescheinigt ihr, dass ihre Visionen nicht krank oder schlecht sind. Als der wissen will, ob sie sich vor irgendetwas fürchtet, gibt sie „die globale Erwärmung“ an.

Frankfurter Rundschau, 07.09.2013
Und wieder schickt Gaarder ein Kind in die Welt, berichtet Cornelia Geissler: Diesmal geht es um Nora, 16, die mit Blick in die Zukunft die Sorge um die Klimaerwärmung umtreibt. Der Komplexität dieses Themas wird „Gedankensortierer“ Gaarder zwar ohne Weiteres gerecht, schreibt die Kritikerin, doch muss sie im direkten Vergleich mit Gaarders Philosophie-Bestseller „Sofies Welt“, den sie bei dieser Gelegenheit in Form einer eingeschachtelten Kurzrezension gleich noch einmal ausführlich würdigt, deutlich weniger Punkte vergeben.

Süddeutsche Zeitung, 08.10.2013
Mehr ein Buch, über das sich anschließend gut diskutieren lässt, und weniger eines, das man gerne liest, urteilt der Kritiker Johan Schloemann über den neuen Jugendroman von Jostein Gaarder. Anhand der Geschichte von Nora, einer Jugendlichen aus der Mitte der norwegischen Gesellschaft, ruft Gaarder darin junge Leute dazu auf, etwas gegen Erderwärmung und die Klimakatastrophe zu unternehmen. Dabei scheinen die Fakten die Erzählung etwas zu erdrücken.

1 **Welche Beschreibung A bis D passt zu welcher Textsorte M 4 (▶ S. 107) und M 5? Ziehe Verbindungslinien.** PUNKTE

Beschreibung		Textsorte
A eine Romanbesprechung aus einer Zeitung		M 4: Klappentext
B eine knappe Inhaltsangabe, die aber einiges offenlässt		
C ein Meinungstext mit einer subjektiven Einschätzung des Romans		M 5: Rezension/Pressekritik
D ein Text, der zum Kauf des Buches anregen soll		

2 **Bewerte die folgenden Kritikpunkte A bis H der Rezensionen M 5 nach „eher positiv“ oder „eher negativ“.** PUNKTE

Kritikpunkte	eher positiv	eher negativ
A Wieder ist ein Kind die Heldin eines Gaarder-Romans.	☐	☐
B Die Sorge um die Klimaerwärmung wird thematisiert.	☐	☐
C Ein komplexes Thema wird angemessen vermittelt.	☐	☐
D „Noras Welt“ bleibt hinter Gaarders Bestseller „Sophies Welt“ zurück.	☐	☐
E Die Heldin des Romans hat viel Fantasie.	☐	☐
F Es ist ein Aufruf an junge Leute, etwas gegen Klimaerwärmung zu unternehmen.	☐	☐
G Die dargestellten Fakten erdrücken den Leser.	☐	☐

3 **Prüfe deine Lösungen mit Hilfe des Lösungsbeilegers (▶ S. 30 f.).** PUNKTE

Test B – Einen informierenden und einen argumentierenden Text schreiben

1 **a** **Informiere deine Klasse schriftlich über den Inhalt von Jostein Gaarders Roman „2084 – Noras Welt". Schreibe in dein Heft.**
Tipp: Nutze für deinen Text die von dir bearbeiteten Materialien M 3 bis M 5 (▶ S. 105–108).
b **Prüfe deinen Text mit Hilfe der Checkliste. Überarbeite ihn gegebenenfalls.**

PUNKTE

Checkliste

Einen informierenden Text über einen Roman verfassen

- Habe ich in meiner Einleitung Titel, Autor, Erscheinungsjahr und Thema des Jugendromans genannt?
- Habe ich im Hauptteil über wesentliche Inhalte des Romans informiert?
- Habe ich die Hauptfiguren näher beschrieben?
- Habe ich insgesamt möglichst sachlich informiert?
- Habe ich insbesondere für die Darstellung des Inhalts als Tempus das Präsens verwendet?

2 **Stell dir vor, du sollst dich mit Argumenten dafür einsetzen, dass „2084 – Noras Welt" für die nächste Klassenlektüre ausgewählt wird.**
a **Kreuze an, ob der Roman dazu die folgenden Bedingungen erfüllt:**

PUNKTE

	trifft zu	trifft nicht zu
A Er soll zum Thema „Vorbilder" passen.	☐	☐
B Es soll möglich sein, sich mit den Hauptfiguren zu identifizieren.	☐	☐
C Es soll dazu anregen, sich selbst für eine wichtige Sache einzusetzen.	☐	☐
D Er soll Schülerinnen und Schüler der Klasse 8 interessieren und sie zum Nachdenken anregen.	☐	☐

b **Begründe deine Buchempfehlung in deinem Heft.**
Beachte Folgendes:
– Stelle deine Meinung zum Roman dar.
– Begründe mit Argumenten, warum der Jugendroman zum Thema „Vorbilder" passt.
– Begründe mit Argumenten, warum er für deine Klasse interessant sein könnte.
Tipp: Nutze für deinen Text die von dir bearbeiteten Materialien M 1 bis M 5 (▶ S. 103–108) und die zutreffenden Bedingungen aus Aufgabe 2 a.

PUNKTE

3 **a** **Prüfe deine Lösungen mit Hilfe des Lösungsbeilegers (▶ S. 31). Trage die Punkte neben die Aufgaben ein.**
b **Übe erneut die Aufgaben, bei denen du keine oder wenige Punkte erreicht hast.**

GESAMT

Test C – Grammatik

1 **a** **Ergänze im folgenden Satz Artikel, Adjektive/Partizipien und Nomen in Klammern im richtigen Fall (Kasus).** PUNKTE

b **In welchem Kasus stehen die Lückenwörter? Kreuze an: Nominativ (N), Genitiv (G), Dativ (D), Akkusativ (A).** PUNKTE

	N	G	D	A
Bei der Abschlussfeier ______ *(der diesjährige Wettbewerb)*				
stellten ______ *(die aufgeregten Teilnehmer)*				
______ *(die geladenen Gäste)*				
______ vor. *(ihre ausgezeichneten Beiträge)*				

2 **Schreibe aus den Zeilen 1 bis 20 von M 1 (▶ S. 103) je eines der folgenden Pronomen (mit Zeilenangabe) heraus:** PUNKTE

______ (Relativpronomen), ______ (Possessivpronomen)

3 **a** **Der erste Absatz in M 1 (▶ S. 103, Z. 1–6) enthält einen Satz im Passiv. Unterstreiche ihn.** PUNKTE

b **In welcher Zeitform steht der Satz? Notiere.** PUNKTE

______

c **Schreibe den Satz ins Aktiv um. Verwende als Handelnden „die Jury".** PUNKTE

______

______

4 **a** **Stell dir vor, eine Schülerzeitung informiert über die Preisverleihung „Vorbilder des Alltags" (vgl. M 1, ▶ S. 103). Im Artikel muss Anastasias Aussage (Z. 16–20) in der indirekten Rede im Konjunktiv I wiedergegeben werden. Ergänze.** PUNKTE

Die Preisträgerin Anastasia nennt sich selbst als Vorbild. Sie ist der Meinung, wer an sich selbst ...

______

______

b **Schreibe den folgenden Satz in die direkte Rede um: Sinan meint, seine Freunde seien seine Vorbilder.** PUNKTE

______

5 **In welcher Zeitform stehen die Sätze in M3 (▶ S. 105) ab „Wir haben uns von der Natur …" (Z. 61) bis „… Natur wissen, mit einbeziehen" (Z. 70)? Verwende die Abkürzungen Perf., Präs., Fu. I.**

PUNKTE

Satz 1: ____________, Satz 2: ____________, Satz 3: ____________, Satz 4: ____________, Satz 5: ____________

6 **a Kennzeichne im folgenden Satz das Prädikat und alle weiteren Satzglieder in der angezeigten Weise: Subjekt, (Prädikat), Dativobjekt, Akkusativobjekt, adverbiale Bestimmung.**

PUNKTE

Auf einer Lesung präsentierte Jostein Gaarder dem begeisterten Publikum sein neues Buch.

b Stelle die Satzglieder des Satzes so um, dass man zu Beginn sofort erfährt, um wessen Buch es geht. Schreibe den Satz in der neuen Satzgliedstellung auf.

PUNKTE

7 **a Geht es einfacher? Formuliere den folgenden Satz in ein Satzgefüge mit einem Objektsatz (indirekter Fragesatz) um.**

PUNKTE

Der Autor erklärt den Zuhörern das Entstehen einer Schreibidee.

b Formuliere den folgenden umständlich formulierten Satz in ein Satzgefüge mit eingeschobenem Relativsatz um.

PUNKTE

Das durch seine Fakten den Leser erdrückende Buch ist dennoch lesenswert.

8 **a Schreibe die folgenden drei Sätze so um, dass aus den unterstrichenen Satzgliedern Adverbialsätze werden. Setze die nötigen Kommas.**

b Notiere die Art des Adverbialsatzes jeweils unter dem Satz.

PUNKTE

PUNKTE

Durch das Halten eines Referats informiert Jonas über „biologische Vielfalt".

Nach dem Halten des Referats beantwortet Jonas Fragen.

Wegen des großen Interesses der Schüler wird die Diskussion weiter fortgesetzt.

9 **a Prüfe deine Lösungen mit Hilfe des Lösungsbeilegers (▶ S. 31 f.). Trage die Punkte neben die Aufgabe ein.**

b Übe erneut die Aufgaben, bei denen du keine oder nur wenige Punkte erreicht hast.

GESAMT

Test D – Rechtschreibung

1 **a** **Lies in M 4 (▶ S. 107) noch einmal die folgenden angegebenen Sätze.**
b **Ziehe Pfeile zu der im Satz zutreffenden Kommaregel.**

PUNKTE

	Kommaregeln
Z. 1–3: „Wie es im Jahr 2084 ...“	A Ein eingeleiteter Infinitiv wird durch ein Komma vom Satz getrennt.
Z. 3–4: „Sie träumt von ihrer Urenkelin ...“	B Aufzählungen von Wortgruppen werden durch ein Komma getrennt.
Z. 4–5: „Der Meeresspiegel ist gestiegen ...“	C In Satzgefügen werden Haupt- und Nebensätze durch ein Komma getrennt.
Z. 5–6: „Im wirklichen Leben weiß Nora über ...“	D Ein Relativsatz wird durch ein Komma vom Satz getrennt.
Z. 6–8: „Gemeinsam mit ihrem Freund gründet sie eine ...“	E Aufzählungen werden durch ein Komma getrennt oder durch *und* oder *oder* verbunden.

2 **a** **Markiere in M 5 (▶ S. 108, Frankfurter Rundschau) fünf Wörter, die man verlängern muss.**
b **Schreibe die verlängerten Wörter auf.**

PUNKTE

3 **In M 5 (▶ S. 108) gibt es in den Texten der Frankfurter Rundschau und der Süddeutschen Zeitung Zusammenschreibungen von Wörtern. Finde für jede Spalte der Tabelle zwei Beispiele.**

PUNKTE

Nomen + Nomen	Verb + unveränderliches Wort

4 **Im Text M 5 (▶ S. 108) der Süddeutschen Zeitung findest du in Z. 1 die Wörter *anschließend*, *lässt* und *liest*.**

a **Bilde die Verlängerungswörter zu den beiden Einsilbern.** ______________________

PUNKTE

b **Ordne die Wörter *schließen*, *lesen* und *lassen* der folgenden Tabelle zu. Welche Schreibregel gilt jeweils?**

PUNKTE

erste Silbe offen, *s*-Laut summend gesprochen	
erste Silbe offen, *s*-Laut zischend gesprochen	
erste Silbe geschlossen	

5 **„Der Norweger [...] schickt wieder ein Mädchen auf ______ Erkundungen des Denkens.“ (S. 108, Berliner Zeitung). Beweise durch die Artikelprobe, dass es sich bei „Erkundungen“ um ein Nomen handelt.**

PUNKTE

6 **Prüfe deine Lösungen mit Hilfe des Lösungsbeilegers (▶ S. 32). Trage die Punkte neben die Aufgaben ein. Übe erneut die Aufgaben, bei denen du keine oder wenige Punkte erreicht hast.**

GESAMT